交通运输执法实务系列丛书

SHUILU ZHIFA SHIWU

水路执法实务

汪建江　主编

人民交通出版社股份有限公司
China Communications Press Co.,Ltd.

内 容 提 要

浙江省交通运输厅在总结历年执法实务的基础上，组织精兵强将编纂了“交通运输执法实务系列丛书”，共六个分册。本分册为《水路执法实务》，主要包括港航管理执法概述、港航规划与建设、港口管理执法、航道管理执法、水路运输执法、地方海事执法、港航监督检查、水路交通行政执法案卷质量规范等内容。

本系列丛书既可作为广大交通运输执法人员的培训教材，也可供其他法制工作者、法律爱好者阅读使用。

图书在版编目(CIP)数据

水路执法实务 / 汪建江主编. —北京：人民交通出版社股份有限公司，2018.6

(交通运输执法实务系列丛书)

ISBN 978-7-114-14658-9

Ⅰ. ①水… Ⅱ. ①汪… Ⅲ. ①水路运输-行政执法-基本知识-中国 Ⅳ. ①D922.14

中国版本图书馆 CIP 数据核字(2018)第 077051 号

交通运输执法实务系列丛书

书　　名：**水路执法实务**
著 作 者：汪建江
责任编辑：郭红蕊　张　淼
责任校对：孙国靖
责任印制：张　凯
出版发行：人民交通出版社股份有限公司
地　　址：(100011)北京市朝阳区安定门外外馆斜街 3 号
网　　址：http://www.ccpress.com.cn
销售电话：(010)59757973
总 经 销：人民交通出版社股份有限公司发行部
经　　销：各地新华书店
印　　刷：北京鑫正大印刷有限公司
开　　本：787×1092　1/16
印　　张：17.75
字　　数：338 千
版　　次：2018 年 6 月　第 1 版
印　　次：2018 年 6 月　第 1 次印刷
书　　号：ISBN 978-7-114-14658-9
定　　价：40.00 元
(有印刷、装订质量问题的图书由本公司负责调换)

本书编委会

主　编：汪建江

委　员：林建亚　徐　汇　刘耿耿　陈妙福　黄　河
丁武雄　林　勇　韩力平　徐　斌　王　青
郁百成　孔向平　陈立明　袁纪岳　殷晓明
江建能　曲少林　倪静馨　武月朝　于精忠
寿奇晗　白鸿宇

PREFACE 前言

近年来，在浙江省委省政府和交通运输部领导下，浙江交通以习近平新时代中国特色社会主义思想为指引，深入践行“八八战略”，全面落实法治浙江总体部署，交通法规体系更趋完善，执法规范化水平有效提升，法治队伍不断优化，为推进现代交通发展提供坚实保障。

面向新时代，为服务交通强国和“两个高水平”建设目标，纵深推进交通法治政府部门建设，努力打造“政治过硬、本领高强”的交通执法队伍。浙江省交通运输厅以开展“大学习大调研大抓落实”活动为契机，围绕“‘八八战略’再深化、改革开放再出发”要求，在系统总结历年执法实践的基础上，组织编纂了“交通运输执法实务系列丛书”，包括《法律基础》《执法基础》《公路执法实务》《水路执法实务》《道路运输执法实务》《工程监管执法实务》六个分册。

“交通运输执法实务系列丛书”立足浙江、面向全国，体现交通行业特色，采取以案释法的形式贯穿整个系列的编纂，侧重以发生在浙江省的交通执法案例来总结工作经验、普及法制教育。本系列丛书既可作为交通运输执法人员培训教材，也可供其他法制工作者、法律爱好者阅读使用。

丛书编写组

2018 年 6 月 29 日

前言 PREFACE

CONTENTS 目录

第一章 港航管理执法概述

第一节 港航执法的主体

浙江省港航管理系统行政上实行“条块结合、以块为主”的管理模式。浙江省港航管理局是浙江省(以下简称“省”)交通运输厅管理的副厅级事业单位,同时挂省地方海事局、省船舶检验局、省航道管理局的牌子,实行一套班子领导。各市级(12家单位)、县级港航管理机构的设置与省港航管理局相对应,行政隶属关系模式各地有差别。台州、舟山市港航管理局及嘉兴市港务管理局在行政上隶属于市政府领导,其他设区的市港航管理机构在行政上隶属于同级交通运输主管部门领导。县级港航管理机构的行政隶属关系有三种模式:一是隶属同级人民政府,如象山县港航管理局;二是隶属市港航管理局,如杭州、湖州、舟山市等地的县级港航管理机构;三是其他单位在行政上隶属于同级交通运输主管部门领导。

“四牌一门”管理体制充分整合了港口、航道、水路运输、地方海事和船舶检验等五大职能,主要内容为:贯彻执行国家和省有关水路交通建设和养护、水上交通安全、船舶检验、水路运输、港口、航道管理的法律、法规、规章、方针、政策,即“三政一事一检”。这些职责大多由法律法规直接授权各级港航管理、地方海事、船舶检验机构履行。

一、港口管理

1.港口管理体制

根据《中华人民共和国港口法》规定,国务院交通运输主管部门主管全国的港口工作。根据《中华人民共和国港口法》《浙江省港口管理条例》等规定,省交通运输厅主管全省港口工作,省港航管理局具体负责本省行政区域内的港口管理。市、县人民政府管理的港口,由市、县人民政府确定一个部门具体实施对港口的行政管理,该部门称为“所在地港口管理部门”。省港航管理局和所在地港口管理部门统称“港口管理部门”。

根据《中华人民共和国港口法》《中华人民共和国港口法释义》和《国务院办公厅转发交通部等部门关于深化中央直属和双重领导港口管理体制改革意见的通知》(国办发〔2001〕91号)的规定,“一港一政”是港口管理体制的法定形式,指一个港口的行政管理由一个部门负责统一管理。在浙江省现行的港口管理体制下,有省级政府管理、市级政府管理、县级政府管理等三种管理模式。各港口的所在地港口管理部门由管理该港口的人民政府依法确定。

目前,浙江省所在地港口管理部门大致分为三类:一是指定交通运输主管部门直接履行港口行政管理职责。如湖州、绍兴市交通运输局,单位性质为行政机关。二是成立专门的港口管理局。如宁波市港口管理局(与宁波市交通运输委员会合署办公),单位性质为行政机关。三是指定港航管理机构为所在地港口管理部门。如杭州、温州、嘉兴、丽水、台州、舟山市港航管理局和嘉兴市港务管理局,单位性质为事业单位。各县级港航管理机构按分工具体承担所辖港区的管理工作。

2.港口管理的主要内容

“一港一政”的“政”即港口管理,主要包括以下七项内容:港口规划的编制和组织实施、港口的建设管理、港口经营管理、港口安全监督管理、引航监督管理、港口统计、港口规费征收和使用。港口管理部门依法履行港口的行业管理职责。其中,省交通运输厅负责内河港口规划编制、港口项目建设和港口岸线使用管理,具体工作由省港航管理局承担。《浙江省港口管理条例》和国家《危险化学品安全管理条例》等授权省港航管理局具体负责其他港口管理工作(含港口经营和安全生产监管)。省海洋港口发展委员会负责海港规划、海港岸线使用和海港项目投资等管理。

3.港口管理涉及的其他部门

港口是一个复杂的系统,涉及的管理部门众多,目前主要包括交通运输(含海事、航道、水路运输、船舶检验、公路管理、道路运输、质监)、发展和改革、经济和信息化、安全生产监管、住房和城乡建设(规划)、海洋与渔业、国土资源、水利、环境保护、工商、税务、财政、公安、消防、海关、检验检疫(商品检验、动植物检疫和卫生检疫)、边防、口岸等有关部门。各涉港部门按照各自职责做好港口管理的相关工作。

二、航道管理

1.航道管理体制

根据《中华人民共和国航道法》规定,国务院交通运输主管部门主管全国航道管理工作,并按照国务院的规定直接管理跨省、自治区、直辖市的重要干线航道和国际、国境河流航道等重要航道。根据《中华人民共和国航道法》和《浙江省航道管理条例》规定,县级以上交通运输主管部门按照省政府的规定主管所辖航道的管理工作,县级以上航道管理机构具体承担航道管理工作。其中,省交通运输厅负责航道规划编制、项目建设管理,具体工作委托省港航管理局承担。授权省港航管理局具体实施航道养护、航政管理等其他航道管理工作，具体内容包括：负责编制全省航道养护计划并监督、指导实施；负责重点养护工程的设计审查和验收工作；负责涉航建筑物通航净空尺度和技术要求的管理；指导全省内河过船建筑物和航标等设施的管理。

目前，浙江省负责航道管理的部门主要有三类：一是各级港航管理机构，单位性质为事业单位，属于法律、地方性法规授权的组织。二是未设置港航管理机构的，由交通运输主管部门直接履行航道管理职责（例如金华市的部分地区）。三是舟山市等部分地区的海洋综合执法部门，履行依照有关规定划转的航道执法职责。港口等企事业单位自行建设的专用航道由建设单位或者使用单位养护和管理，并接受航道管理机构的监督检查。

2.航道管理涉及的其他部门

航道管理内容复杂，涉及面广，仅靠交通运输主管部门及其所属的航道管理机构的管理是不够的。航运借水行舟，要与农业灌溉、城乡防洪、城市供排水、生态环保治理、水力发电、水上养殖、国防、水上体育和娱乐等活动共用水体和河道，在航道管理工作中就必须体现水资源综合利用的原则。因此，各级发展和改革、财政、城乡规划、国土资源、水利、海洋、渔业、环境保护、海事、港口管理等部门和航道沿线乡（镇）人民政府应当按照各自职责，充分发挥各自的职能，共同做好航道管理工作。

三、水路运输管理

1.水路运输管理体制

根据《中华人民共和国国际海运条例》的规定，国务院交通运输主管部门和有关的地方人民政府交通运输主管部门依照条例规定，对国际海上运输经营活动实施监督管理，并对与国际海上运输相关的辅助性经营活动实施有关的监督管理。根据《国内水路运输管理条例》的规定，县级以上交通运输主管部门主管本行政区域的水路运输管理工作，县级以上水路运输管理机构承担水路运输管理工作。

目前，浙江省负责水路运输管理的部门有三类：一是各级港航管理机构，单位性质为事业单位，属于行政法规授权的组织。二是未设置港航管理机构的，由交通运输主管部门直接履行水路运输管理职责（例如金华市的部分地区）。三是舟山市水路客运由交通运输主管部门直接履行管理职责。

2.水路运输管理的主要内容

省级管理部门的水路运输管理职责。省交通运输厅负责组织领导全省行政区域内水路运输业管理工作。除省交通运输厅委托省港航管理局承担国际海运业监管之外，省港航管理局依法承担全省国内水路运输的行业管理工作；负责全省水路运输市场监管，组织开展全省国内水路运输经营行为的监督检查工作，维护水运市场秩序；负责全省水路运输经营资质、船舶交易等管理工作，组织开展全省国内水路运输经营资质的核查、预警等经营资质动态监管，并具体实施下列国内水路运输行政审批等事项：①审查并转报由交通运输部和长江航务管理局实施的国内水路运输行政审批事项；②省际普通货船运输企业的水路运输业务经营许可（舟山市除外）；③船舶管理业务经营许可（舟山市除外）；④省政府国有资产监督管理机构履行出资人职责的水路运输企业及其控股公司（简称“省属企业”）的水路运输业务经营许可（省际客船运输、省际危险品船运输除外）；⑤办理交通运输部、长江航务管理局委托的国内水路运输经营行政审批事项；⑥组织协调全省重点物资、紧急客货水路运输和军事运输。

市级港航管理机构的水路运输管理职责。①指导、监督辖区内国内水路运输管理工作，并明确市、县级港航管理机构水路运输管理工作分工；②具体实施辖区内下列国内水路运输行政审批等事项：a.审查并转报由上级机关实施的国内水路运输行政审批事项；b.省内旅客运输企业、省内货物运输企业的水路运输业务经营许可及其船舶营业运输证配发，新增省内客船、省内危险品船运力许可；c.个体内河省际、省内普通货物运输业务经营许可及其船舶营业运输证配发；d.企业省际普通货船的船舶营业运输证配发（证件盖省级港航管理机构印章）；e.办理省级港航管理机构委托的国内水路运输经营行政审批事项；③船舶代理、水路旅客运输代理、水路货物运输代理业务备案（纳入工商“多证合一”），新增普通货船运力备案；④负责辖区内国内水路运输经营资质的核查、预警等动态监管和经营行为的监督检查（包括省属企业），依法查处违法违规行为，维护国内水路运输市场秩序。

县级港航管理机构的水路运输管理职责。①按照市级港航管理机构的明确分工，依法承担水路运输经营行政审批、备案事项的受理、审核、转报、发证、送达等工作；②负责做好辖区内国内水路运输经营资质的核查、预警等动态监管和经营行为的监督检查（包括省属企业），依法查处违法违规行为，维护国内水路运输市场秩序。

四、水上交通安全管理

1.水上交通安全管理体制

根据《中华人民共和国内河交通安全管理条例》《浙江省水上交通安全管理条例》等规定，县级以上交通运输主管部门主管本行政区域内通航水域的水上交通安全管理工作。国家直属海事管理机构和地方海事管理机构按照国家和省确定的职责权限负责管辖通航水域的水上交通安全监督管理和防治船舶污染监督管理。设区的市或者县（市、区）人民政府确定的部门或者机构，负责内河非通航水域的漂流、游乐等水上活动和内河农（林）自用船舶水上航行活动的安全监督管理。

2.水上交通安全管理的主要内容

县级以上人民政府应当履行下列水上交通安全领导责任和管理职责：①确定内河非通航水域水上活动安全监督管理的部门或者机构；②制定水上交通安全突发事

件应急预案，建立健全水上交通安全预防、预警和应急救援等工作机制；③制定内河农(林)自用船舶的船身长度限制、编号造册、乘载人数限额等相关管理制度；④法律、法规、规章和上级人民政府规定的其他水上交通安全管理职责。

县级以上交通运输主管部门应当履行下列水上交通安全管理职责：①协调国家直属海事管理机构、组织地方海事管理机构依法履行水上交通安全监督管理职责，组织港航、船舶检验等管理机构依法履行水上交通安全管理相关职责；②督促、指导水路运输和港口经营单位建立健全并落实水上交通安全生产和安全管理责任制度，及时排查和整治安全隐患；③法律、法规、规章和本级人民政府规定的其他水上交通安全管理职责。其中，省交通运输厅主管全省行政区域内通航水域的水上交通安全管理工作。

海事管理机构应当履行下列水上交通安全监督管理职责：①建立健全水上交通安全监督检查制度，依法对水上交通安全实施监督检查，查处水上交通安全违法行为；②根据水上交通安全突发事件应急预案，制定水上交通安全突发事件部门应急预案，并定期组织演练；③法律、法规、规章和本级人民政府规定的其他水上交通安全监督管理职责。其中，省地方海事局负责省管通航水域的水上交通安全监管，管理通航环境和水上交通秩序，调查处理水上交通事故；负责省管通航水域防止船舶污染监督管理和船舶载运危险货物的安全监督；负责省管通航水域船舶登记和船员适任资格管理；指导省管通航水域船员培训和船员服务机构工作；负责拟订和组织实施省管水域水上交通安全方面的有关应急计划、预案、政策；组织、协调和指挥省管通航水域水上搜救、船舶污染水域的清除工作。

3.水上交通安全管理涉及的其他部门

乡(镇)人民政府、街道办事处应当对本管辖区内水上交通安全管理履行下列职责：①确定船舶水上交通安全管理的专(兼)职人员；②负责内河农(林)自用船舶的编号造册、船号牌发放，开展必要的安全和救生知识宣传；③指导、督促村(居)民委员会、船舶所有人建立健全船舶安全责任制；④协助开展安全检查，督促村(居)民委员会、船舶所有人落实安全隐患的防范和整改工作。

县级以上渔业、水利、体育、旅游、安全生产监督、公安、环境保护等管理部门按照各自法定职责，做好水上交通安全管理的相关工作。如渔船安全监管由海洋与渔业(渔政)部门负责；用于专业体育训练和参加比赛的体育运动船艇安全监管由体育部门负责；船舶建造质量安全监管由省经贸委负责；乡镇非运输船舶由县乡政府参照乡镇运输船舶安全监管的有关规定落实监管责任。渔港水域安全监管由海洋与渔业(渔政)部门负责；城市园林水域安全监管部门由各市人民政府根据当地实际确定。

五、船舶检验

根据《中华人民共和国船舶和海上设施检验条例》规定，省船舶检验局和各检验处负责全省的船舶法定检验。其中,省船舶检验局负责法规规定的船舶和船用产品的法定检验管理,负责全省船舶法定检验机构资质和人员管理工作。入级船舶由中国船级社负责检验。

第二节　港航行政执法的依据

港航行政执法的主要依据包括《中华人民共和国宪法》《中华人民共和国立法法》,规范共同行政行为的《中华人民共和国行政许可法》《中华人民共和国行政处罚法》《中华人民共和国行政强制法》《中华人民共和国行政诉讼法》《中华人民共和国行政复议法》等法律、法规、规章,各立法、司法解释,《中华人民共和国建筑法》《建设工程勘察设计管理条例》《建设工程质量管理条例》《建设项目环境保护管理条例》等工程建设领域的法律、法规、规章,《中华人民共和国消防法》《中华人民共和国突发事件应对法》《中华人民共和国水土保持法》等配合实施的法律、法规、规章,港航管理领域的法律、行政法规、地方性法规、部门规章、省市政府规章、规范性文件、标准规范和国际公约等。

一、港口行政执法主要依据

1.主要法律、法规及国际公约

(1)《中华人民共和国港口法》。该法是为了加强港口管理,维护港口的安全与经营秩序,保护当事人的合法权益,促进港口的建设与发展而制定的法律。该法由第十届全国人大常委会第三次会议于2003年6月28日通过,自2004年1月1日起施行,根据2015年4月24日第十二届全国人大常委会第十四次会议通过的《关于修改〈中华人民共和国港口法〉等七部法律的决定》修正。该法是港口管理的龙头法,共6章61条,主要内容包括总则、港口规划与建设、港口经营、港口安全与监督管理、法律责任和附则。从事港口规划、建设、维护、经营、管理及其相关活动,适用该法。

(2)《中华人民共和国安全生产法》。该法是为了加强安全生产工作,防止和减少生产安全事故,保障人民群众生命和财产安全,促进经济社会持续健康发展而制定的法律。该法由第九届全国人大常委会第二十八次会议于2002年6月29日通过,自2002年11月1日起施行,根据2009年8月27日第十一届全国人大常委会第十次会议通过的《全国人民代表大会常务委员会关于修改部分法律的决定》第一次修正;根据2014年8月31日第十二届全国人大常委会第十次会议通过的《全国人民代表大会常务委员会关于修改〈中华人民共和国安全生产法〉的决定》第二次修正。该法共7章114条,主要内容包括总则、生产经营单位的安全生产保障、从业人员的安全生产权利义务、安全生产的监督管理、生产安全事故的应急救援与调查处理、法律责任和附则。从事港口经营活动的港口经营人的安全生产,适用该法。

(3)《危险化学品安全管理条例》。该条例是为加强危险化学品的安全管理,预防和减少危险化学品事故,保障人民群众生命财产安全,保护环境而制定的行政法规。该条例由2002年1月26日国务院令第344号公布,自2002年3月15日起施行;由2011年3月2日国务院令第591号修订,自2011年12月1日起施行;根据2013年12月7日国务院令第645号修正。该条例共8章102条,主要内容包括总则、生产、储存安全、使用安全、经营安全、运输安全、危险化学品登记与事故应急救援、法律责任和附则。港口管理部门职责范围内的危险化学品储存和运输的安全管理,适用该条例。

(4)《浙江省港口管理条例》。该条例是为了加强港口管理,保护和合理开发利用港口资源,维护港口的安全与经营秩序,保障当事人的合法权益,促进港口的建设与发展而制定的地方性法规。该条例由浙江省第十届人大常委会第三十二次会议于2007年5月25日通过,自2007年10月1日起施行。该条例共7章54条,主要内容包括总则、港口规划、港口岸线使用和港口建设、港口经营、港口安全与监督、法律责任和附则。该条例适用于本省行政区域内港口的规划、建设、维护、经营、管理及其相关活动。

(5)《浙江省安全生产条例》。该条例是为了加强安全生产工作,防止和减少生产安全事故,保障人民群众生命和财产安全,促进经济社会持续健康发展,维护社会稳定而制定的地方性法规。该条例由2006年7月28日浙江省第十届人大常委会第二十六次会议通过,2016年7月29日浙江省第十二届人大常委会第三十一次会议修订,自2016年8月1日起施行。该条例共5章51条,主要内容包括总则、生产经营单位的安全生产保障、安全生产监督管理、法律责任和附则。在本省行政区域内从事港口经营活动的单位(含个体工商户,统称生产经营单位)的安全生产以及相关监督管理,适用该条例。该条例对港口管理部门的部分安全监管职责边界进行了明确。

(6)《国际船舶和港口设施保安规则》(ISPS规则)。2002年12月在伦敦召开的国际海事组织海上保安外交大会通过,2004年7月1日生效。该规则包括A、B两个部分,其中A部分是强制性的要求,B部分是对A部分要求的实施提供指导,其内容相互对应。主要内容有三个方面,即对缔约国政府的要求、对公司和船舶的要求和对港口设施的要求。

(7)《国际海运危险货物规则》(IMDGCODE)。为保障船舶载运危险货物和人命财产安全、防止事故发生、防止海洋污染、使航行更安全、使海洋更清洁而制定该规则。该条例于1965年9月27日由国际海事组织以A.81(Ⅳ)决议通过,修正案于2013年7月1日以默认方式被接受,并于2014年1月1日起生效。

2.主要规章

港口行政执法主要规章见表1-1。

港口行政执法主要规章　　表1-1

序号	规章名称	发布文号	生效日期	修改情况	适用范围
1	《船舶引航管理规定》	交通部令2001年第10号	2002.01.01		适用于在沿海、内河和港口从事船舶引航活动
2	《港口大型机械防阵风防台风管理规定》	交通部令2003年第3号	2003.06.01		适用于全国港口的大型机械防阵风、防台风管理工作
3	《港口统计规则》	交通部令2005年第13号	2006.02.01		适用于港口建设、经营、管理及相关活动的统计工作
4	《港口规划管理规定》	交通部令2007年第11号	2008.02.01		适用于港口规划的编制、审批、公布、修订与调整、实施和监督管理等活动
5	《中华人民共和国港口设施保安规则》	交通部令2007年第10号	2008.03.01	2016年9月2日交通运输部令2016年第68号修正	适用于为航行国际航线的客船、500总吨及以上的货船、500总吨及以上的特种用途船和移动式海上钻井平台服务的港口设施保安工作
6	《港口经营管理规定》	交通运输部令2009年第13号	2010.03.01	2014年12月23日,经交通运输部令2014年第22号修正;交通运输部令2016年第43号第二次修正	适用于港口经营及相关活动
7	《港口岸线使用审批管理办法》	交通运输部 国家发展和改革委员会令2012年第6号	2012.07.01		适用于在港口总体规划区内建设码头等港口设施使用港口岸线审批
8	《港口危险货物安全管理规定》	交通运输部令2017年第27号	2017.10.15		适用于新建、改建、扩建储存、装卸危险货物的港口建设项目和进行危险货物港口作业(包括在港区内装卸、过驳仓储危险货物等行为)
9	《危险货物水路运输从业人员考核和从业资格管理规定》	交通运输部令2016年第59号	2016.10.01		适用于危险货物水路运输从业人员的考核和从业资格管理

续上表

序号	规章名称	发布文号	生效日期	修改情况	适用范围
10	《水路旅客运输实名制管理规定》	交通运输部令 2016 年第 77 号	2017.01.10		适用于实施水路旅客运输船票实名售票、实名查验行为
11	《港口工程建设管理规定》	交通运输部令 2018 年第 2 号	2018.03.01		适用于从事港口工程建设活动
12	《浙江省港口岸线管理办法》	省人民政府令第 280 号	2010.12.01		适用于本省行政区域内港口岸线的规划、利用和管理

二、航道行政执法主要依据

1.主要法律、法规

(1)《中华人民共和国航道法》。该法是为规范和加强航道的规划、建设、养护、保护,保障航道畅通和通航安全,促进水路运输发展而制定的法律。该法由第十二届全国人大常委会第十二次会议于 2014 年 12 月 28 日通过,自 2015 年 3 月 1 日起施行;根据 2016 年 7 月 2 日第十二届全国人大常委会第二十一次会议通过的《关于修改〈中华人民共和国节约能源法〉等六部法律的决定》修改。该法共 7 章 48 条,主要内容包括:总则、航道规划、航道建设、航道养护、航道保护、法律责任和附则。该法适用于航道的规划、建设、养护和保护等活动。

(2)《中华人民共和国航道管理条例》。该条例是为加强航道管理,改善通航条件,保证航道畅通和航行安全,充分发挥水上交通在国民经济和国防建设中的作用而制定的行政法规。该条例由 1987 年 8 月 22 日国务院国发〔1987〕78 号发布,自 1987 年 10 月 1 日起施行;根据 2008 年 12 月 27 日国务院令第 545 号修订。该条例共 6 章 32 条,主要内容包括:总则、航道的规划和建设、航道的保护、航道养护经费、罚则和附则。该条例适用于沿海和内河的航道、航道设施以及与通航有关的设施。

(3)《中华人民共和国航标条例》。该条例是为了加强对航标的管理和保护,保证航标处于良好的使用状态,保障船舶航行安全而制定的行政法规。该条例由 1995 年 12 月 3 日国务院令第 187 号发布,自 1995 年 12 月 3 日起施行;根据 2011 年 1 月 8 日国务院令第 588 号修订。该条例共 25 条,主要内容包括:对航标的管理和保护、危害航标或影响航标效能等违法行为的查处等进行了规定。该条例适用于在中华人民共和国的领域及管辖的其他海域设置的航标。

(4)《浙江省航道管理条例》。该条例是为合理开发利用水运资源,加强航道管理,保障航道安全畅通,发挥航道在交通运输中的重要作用而制定的地方性法规。

该条例由浙江省第十一届人大常委会第二十次会议于2010年9月30日通过,自2011年1月1日起施行;根据2011年11月25日浙江省第十一届人大常委会第二十九次会议通过的《浙江省人民代表大会常务委员会关于修改〈浙江省专利保护条例〉等十四件地方性法规的决定》第一次修正;根据2017年11月30日浙江省第十二届人民代表大会常务委员会第四十五次会议《关于修改〈浙江省水资源管理条例〉等十九件地方性法规的决定》第二次修正。该条例共6章48条,主要内容包括:总则、航道规划和建设、航道养护、航道保护和管理、法律责任和附则。该条例适用于浙江省行政区域内航道和国家确定由本省管理的沿海航道的规划、建设、养护、保护和管理。

2.主要规章

航道行政执法主要规章见表1-2。

航道行政执法主要规章　　表1-2

序号	规章名称	发布文号	生效日期	修改情况	适用范围
1	《船闸管理办法》	交通部令1989年第5号	1989.10.01		适用于船闸管理、保养与修理、安全生产等活动
2	《中华人民共和国航道管理条例实施细则》	(91)交工字609号	1991.10.01	2009年6月23日,经交通运输部令2009年第9号修正	适用于航道、航道设施及与通航有关的设施管理工作
3	《内河航标管理办法》	交通部令1996年第2号	1996.08.01		适用于江河、湖泊、水库、运河等内河通航水域的航标管理
4	《航道建设管理规定》	交通部令2007年第3号	2007.05.01		适用于从事航道建设活动
5	《航道工程竣工验收管理办法》	交通部令2008年第1号	2008.03.01	2014年9月5日交通运输部令2014年第13号修正	适用于航道工程竣工验收工作
6	《航道通航条件影响评价审核管理办法》	交通运输部令2017年第1号	2017.03.10		适用于对与航道有关的工程进行航道通航条件影响评价审核及监督实施

三、水路运输行政执法主要依据

1.主要法律、法规

(1)《中华人民共和国国际海运条例》。该条例是为了规范国际海上运输活动,保护公平竞争,维护国际海上运输市场秩序,保障国际海上运输各方当事人的合法权益而制定的行政法规。该条例由2001年12月11日国务院令第335号公布,自2002年1月1日起施行;根据2013年7月18日国务院令第638号第一次修正;根据

2016年2月6日国务院令第666号公布第二次修正。该条例共7章57条,主要内容包括:总则、国际海上运输及其辅助性业务的经营者、国际海上运输及其辅助性业务经营活动、外商投资经营国际海上运输及其辅助性业务的特别规定、调查与处理、法律责任和附则。该条例适用于进出中华人民共和国港口的国际海上运输经营活动以及与国际海上运输相关的辅助性经营活动。

(2)《国内水路运输管理条例》。该条例是为规范国内水路运输经营行为,维护国内水路运输市场秩序,保障国内水路运输安全,促进国内水路运输业健康发展而制定的行政法规。该条例由2012年9月26日国务院令第625号公布,自2013年1月1日起施行;根据2016年2月6日国务院令第666号第一次修正;根据2017年3月1日国务院令第676号第二次修正。该条例共6章46条,主要内容包括:总则、水路运输经营者、水路运输经营活动、水路运输辅助业务、法律责任和附则。该条例适用于经营国内水路运输以及水路运输辅助业务。

2.主要规章

水路运输行政执法主要规章见表1-3。

水路运输行政执法主要规章　　表1-3

序号	规章名称	发布文号	生效日期	修改情况	适用范围
1	《水路货物运输质量管理办法》	交运发〔1992〕62号	1992.04.01		适用于我国沿海、江河、湖泊以及其他通航水域中一切从事营业性货物运输的水运企业、单位和个人(含联户)及各级水路运输行政管理部门
2	《水路旅客运输规则》	交水发〔1995〕1178号	1996.06.01	1997年8月26日,经交水发〔1997〕522号第一次修正;2014年1月2日交通运输部令2014年第1号第二次修正	适用于我国沿海、江河、湖泊以及其他通航水域中一切从事水路旅客运输(含旅游运输)、行李运输及其有关的装卸作业
3	《水路危险货物运输规则(第一部分　水路包装危险货物运输规则)》	交通部令1996年第10号	1996.12.01		适用于在我国境内从事危险货物的船舶运输、港口装卸、储存等业务,除国际航线运输(包括港口装卸)、军运、散装危险货物另有规定外
4	《外商独资船务公司审批管理办法》	交通部、对外贸易经济合作部令2000年第1号	2000.01.02	2015年7月5日交通运输部令2015年第16号修正	适用于外国航运公司在华设立独资公司

续上表

序号	规章名称	发布文号	生效日期	修改情况	适用范围
5	《中华人民共和国国际海运条例实施细则》	交通部令2003年第1号	2003.03.01	2013年8月29日,经交通运输部令2013年第9号第一次修正,2017年3月7日交通运输部令2017年第4号第二次修正	适用于国际海上运输经营活动和与国际海上运输相关的辅助性经营活动管理
6	《外商投资国际海运业管理规定》	交通部、商务部令2004年第1号	2004.06.01	2014年4月23日交通运输部、商务部《关于修改〈外商投资国际海运业管理规定〉的决定》修改(交通运输部商务部令2014年第8号)	适用于外商在中国境内投资经营国际海上运输业务以及与国际海上运输相关的辅助性经营业务
7	《老旧运输船舶管理规定》	交通部令2006年第8号	2006.08.01	2009年11月25日,经交通运输部令2009年第14号第一次修正;2014年9月5日交通运输部令2014年第14号第二次修正;2017年5月23日交通运输部令2017年第16号第三次修正	适用于拥有中华人民共和国国籍,从事水路运输的海船和河船
8	《国内水路运输管理规定》	交通运输部令2014年第2号	2014.03.01	2015年5月12日交通运输部令2015年第5号第一次修正;2016年12月10日交通运输部令2016年第79号第二次修正	适用于国内水路运输管理
9	《国内水路运输辅助业管理规定》	交通运输部令2014年第3号	2014.03.01		适用于国内水路运输辅助业务管理
10	《内河运输船舶标准化管理规定》	交通运输部令2014年第23号	2015.04.01		适用于我国境内江河、湖泊、水库及其他内河通航水域从事运输的船舶,但在与外界不通航的封闭性水域内从事运输的船舶除外
11	《水路旅客运输实名制管理规定》	交通运输部令2016年第77号	2017.01.10		适用于在我国境内实施水路旅客运输船票实名售票、实名查验行为

四、地方海事行政执法主要依据

1.主要法律、法规

(1)《中华人民共和国水污染防治法》。为了保护和改善环境,防治水污染,保护水生态,保障饮用水安全,维护公众健康,推进生态文明建设,促进经济社会可持续发展,制定该法律。该法由2008年2月28日第十届全国人大常委会第三十二次会议修订,自2008年6月1日起施行;根据2017年6月27日第十二届全国人大常委会第二十八次会议《关于修改〈中华人民共和国水污染防治法〉的决定》修正。该法共8章103条,主要内容包括:总则、水污染防治的标准和规划、水污染防治的监督管理、水污染防治措施、饮用水水源和其他特殊水体保护、水污染事故处置、法律责任和附则。我国领域内的江河、湖泊、运河、渠道、水库等的船舶水污染防治适用于该法。

(2)《中华人民共和国大气污染防治法》。为保护和改善环境,防治大气污染,保障公众健康,推进生态文明建设,促进经济社会可持续发展,制定该法律。该法由2015年8月29日第十二届全国人大常委会第十六次会议修订,自2016年1月1日起施行。该法共8章129条,主要内容包括:总则、大气污染防治、大气污染防治的监督管理、大气污染防治措施、重点区域大气污染联合防治、重污染天气应对、法律责任和附则。机动船舶的大气污染防治使用该法。

(3)《中华人民共和国环境噪声污染防治法》。为防治环境噪声污染,保护和改善生活环境,保障人体健康,促进经济和社会发展,制定该法律。该法由1996年10月29日第八届全国人大常委会第二十二次会议通过,自1997年3月1日起施行。该法共8章64条,主要内容包括:总则,环境噪声污染防治的监督管理、交通运输噪声污染防治、法律责任和附则等。机动船舶等交通运输工具在运行时所产生的干扰周围生活环境的声音污染防治适用该法。

(4)《中华人民共和国内河交通安全管理条例》。该条例是为了加强内河交通安全管理,维护内河交通秩序,保障人民群众生命、财产安全而制定的行政法规。该条例由2002年6月28日国务院令第355号公布,自2002年8月1日起施行;根据2011年1月8日国务院令第588号第一次修正;根据2017年3月1日国务院令第676号第二次修正。该条例共11章95条,主要内容包括:总则,船舶、浮动设施和船员,航行、停泊和作业,危险货物监管,渡口管理,通航保障,救助,事故调查处理,监督检查,法律责任和附则。在我国内河通航水域从事航行、停泊和作业以及与内河交通安全有关的活动,必须遵守本条例。

(5)《中华人民共和国船员条例》。该条例是为了加强船员管理,提高船员素质,维护船员的合法权益，保障水上交通安全，保护水域环境而制定的行政法规。该条例由2007年4月14日国务院令第494号公布，自2007年9月1日起施行；根据2013年7月18日国务院令第638号第一次修正；根据2013年12月7日国务院第645号第二次修正；根据2014年7月29日国务院令第653号第三次修正；根据2017年3月1日国务院令第676号第四次修正。该条例共8章57条，主要内容包括：总则，船员注册和任职资格，船员职责，船员职业保障，船员培训和船员服务，监督检查，法律责任和附则。该条例适用于我国境内的船员注册、任职、培训、职业保障以及提供船员服务等活动。

(6)《防止拆船污染环境管理条例》。该条例是为防止拆船污染环境，保护生态平衡，保障人体健康，促进拆船事业的发展而制定的行政法规。该条例由1988年5月18日国务院国发〔1988〕31号发布，自1988年6月1日起施行；根据2016年2月6日国务院令第666号第一次修正；根据2017年3月1日国务院令第676号第二次修正。该条例共28条，适用于在我国管辖水域从事岸边和水上拆船活动的单位和个人。

(7)《中华人民共和国船舶登记条例》。该条例是为了加强国家对船舶的监督管理，保障船舶登记有关各方的合法权益，制定的行政法规。该条例由1994年6月2日国务院令第155号发布，自1995年1月1日起施行；根据2014年7月29日国务院令第653号修改。该条例共10章59条，主要内容包括：总则，船舶所有权登记，船舶国籍，船舶抵押权登记，光船租赁登记，船舶标志和公司旗，变更登记和注销登记，船舶所有权登记证书、船舶国籍证书的换发和补发，法律责任和附则。该条例适用于船舶（船舶上装备的救生艇筏和长度小于5米的艇筏除外）登记管理，但不适用于军事船舶、渔业船舶和体育运动船艇的登记。

(8)《危险化学品安全管理条例》。该条例是为加强危险化学品的安全管理，预防和减少危险化学品事故，保障人民群众生命财产安全，保护环境而制定的行政法规。该条例由2011年3月2日国务院令第591号公布，自2011年12月1日起施行；根据2013年12月7日国务院令第645号修正。该条例共8章102条，主要内容包括：总则，生产、储存安全，使用安全，经营安全，运输安全，危险化学品登记与事故应急救援，法律责任和附则。海事管理机构监管职责范围内的危险化学品运输的安全管理，适用该条例。

(9)《浙江省水上交通安全管理条例》。该条例是为了加强水上交通安全管理，维护水上交通秩序，保障公民人身、财产安全而制定的地方性法规。该条例由2015年5月27日浙江省第十二届人大常委会第20次会议通过，自2015年9月1日起施行。该条例共8章57条，主要内容包括：总则、安全管理职责、船舶和船员管理、内河农（林）自用船舶管理、通航保障、水上搜救、法律责任和附则。该条例适用于在浙江省沿海、内河水域的船舶航行和作业、船舶和船员管理、通航保障、水上搜救以及与水上交通安全有关的活动。

2.主要规章

地方海事行政执法主要规章见表1-4。

地方海事行政执法主要规章　　表1-4

序号	规章名称	发布文号	生效日期	修改情况	适用范围
1	《船舶遇险紧急通信处置细则》	(87)交海字617号	1987.08.27		适用于船舶遇险和紧急通信的处理
2	《中华人民共和国交通部拆解船舶监督管理规则》	(89)交安监字723号	1990.02.04		适用于在我国沿海、内河及其港口水域进行交接的拟拆解废钢船，以及从事水上拆解活动和在综合港港区水域从事拆船活动的单位和个人
3	《客渡轮专用信号标志管理规定》	交通部令1990年第26号	1991.07.01		适用于在我国江河、湖泊、水库以及沿海海峡两岸或岛屿间横越航道的专门从事公共交通运输的客渡轮。水翼船、气垫船和航行于港澳地区及国境河流、湖泊的客渡轮，不适用该规定
4	《船舶升挂国旗管理办法》	交通部令1991年第32号	1991.11.01		适用于中国籍民用船舶以及进入中华人民共和国内水、港口、锚地的外国籍船舶
5	《中华人民共和国内河避碰规则》	交通部令1991年第30号	1992.01.01	2003年9月2日，经交海发〔2003〕357号修正	适用于我国境内江河、湖泊、水库、运河等通航水域及其港口航行、停泊和作业的一切船舶、排筏
6	《内河船舶航行日志记载规则》	交通部令1992年第40号	1993.01.01		适用于我国内河机动船舶。但是军事船舶、公安船舶、渔船和体育运动船艇不适用本规则
7	《内河船舶轮机日志记载规则》	交通部令1992年第41号	1993.01.01		适用于我国内河机动船舶。但是军事船舶、公安船舶、渔船和体育运动船艇不适用本规则
8	《中华人民共和国船舶交通管理系统安全监督管理规则》	交通部令1997年第8号	1998.01.01		适用于在我国沿海及内河设有船舶交通管理系统的区域内航行、停泊和作业的船舶、设施及其所有人、经营人和代理人

续上表

序号	规章名称	发布文号	生效日期	修改情况	适用范围
9	《中华人民共和国船舶载运危险货物安全监督管理规定》	交通部令2003年第10号	2004.01.01	2012年3月14日交通运输部令2012年第4号修改	适用于船舶在我国管辖水域载运危险货物的活动
10	《中华人民共和国船舶最低安全配员规则》	交通部令2004年第7号	2004.08.01	2014年9月5日交通运输部令2014年第10号修正	适用于我国国籍的机动船舶的船员配备和管理
11	《中华人民共和国高速客船安全管理规则》	交通部令2006年第4号	2006.06.01	2017年5月23日交通运输部令2017年第17号修正	适用于在我国通航水域航行、停泊和从事相关活动的高速客船及船舶所有人、经营人和相关人员
12	《中华人民共和国内河交通事故调查处理规定》	交通部令2006年第12号	2007.01.01	2012年3月14日交通运输部令2012年第3号修正	适用于船舶、浮动设施在我国内河通航水域内发生的交通事故的调查处理。但是渔船之间、军事船舶之间发生的交通事故以及渔船、军事船舶单方交通事故的调查处理不适用该规定
13	《中华人民共和国航运公司安全与防污染管理规定》	交通部令2007年第6号	2008.01.01		适用于航运公司安全与防污染管理体系的建立、实施、保持及其相关活动的监督管理
14	《中华人民共和国引航员管理办法》	交通部令2008年第2号	2008.05.01	2013年12月24日交通运输部令2013年第20号修正	适用于引航员任职、培训、考试和评估的管理活动
15	《中华人民共和国船员注册管理办法》	交通部令2008年第1号	2008.07.01		适用于我国境内的船员注册以及相关管理活动
16	《中华人民共和国船员服务管理规定》	交通部令2008年第6号	2008.10.01	2013年8月31日交通运输部令2013年第10号修正	适用于我国境内提供船员服务
17	《游艇安全管理规定》	交通部令2008年第7号	2009.01.01		适用于我国管辖水域内游艇航行、停泊等活动的安全和防治污染管理
18	《中华人民共和国船员培训管理规则》	交通运输部令2009年第10号	2009.10.01	2013年12月24日交通运输部令2013年第15号修正	适用于我国境内从事船员培训业务

续上表

序号	规章名称	发布文号	生效日期	修改情况	适用范围
19	《中华人民共和国船舶识别号管理规定》	交通运输部令2010年第4号	2011.01.01		适用于对中国籍船舶识别号管理
20	《中华人民共和国水上水下活动通航安全管理规定》	交通运输部令2011年第5号	2011.03.01	2016年9月2日交通运输部令2016年第69号修正	适用于公民、法人或者其他组织在我国内河通航水域或者岸线上从事可能影响通航安全的水上水下活动
21	《内河渡口渡船安全管理规定》	交通运输部令2014年第9号	2014.08.01		适用于我国内河水域的渡口渡船相关活动及安全监督管理
22	《水上交通事故统计办法》	交通运输部令2014年第15号	2015.01.01		适用于我国管辖水域内发生的水上交通事故及中国籍船舶在我国管辖水域以外发生的水上交通事故的统计和上报
23	《中华人民共和国海事行政许可条件规定》	交通运输部令2015年第7号	2015.07.01	2016年9月2日交通运输部令2016年第73号第一次修正；2017年5月23日交通运输部令2017年第19号第二次修正	适用于申请及受理、审查、决定海事行政许可所依照的海事行政许可条件
24	《中华人民共和国海上海事行政处罚规定》	交通运输部令2015年第8号	2015.07.01	2017年5月23日交通运输部令2017年第21号修正	适用于在中国管辖沿海水域及相关陆域发生的，或者在中国管辖沿海水域及相关陆域外但属于中国籍的海船发生的违反海事行政管理秩序的行为实施海事行政处罚
25	《中华人民共和国内河海事行政处罚规定》	交通运输部令2015年第9号	2015.07.01	2017年5月23日交通运输部令2017年第20号修正	适用于在中国内河水域及相关陆域发生的违反海事行政管理秩序的行为实施海事行政处罚
26	《中华人民共和国内河船舶船员值班规则》	交通运输部令2015年第20号	2016.05.01		适用于100总吨及以上中国籍内河船舶的船员值班
27	《中华人民共和国内河船舶船员适任考试和发证规则》	交通运输部令2015年第21号	2016.05.01		适用于内河船舶船员的适任考试和"内河船舶船员适任证书"的签发

续上表

序号	规章名称	发布文号	生效日期	修改情况	适用范围
28	《中华人民共和国防治船舶污染内河水域环境管理规定》	交通运输部令2015年第25号	2016.05.01		适用于船舶在我国内河水域从事航行、停泊、作业及其他影响内河水域环境的活动
29	《船舶检验管理规定》	交通运输部令2016年第2号	2016.05.01		适用于船舶检验活动及从事船舶检验活动的机构和人员的管理
30	《危险货物水路运输从业人员考核和从业资格管理规定》	交通运输部令2016年第59号	2016.10.01		适用于危险货物水路运输从业人员的考核和从业资格管理
31	《中华人民共和国船舶登记办法》	交通运输部令2016年第85号	2017.02.10		适用于船舶的登记。军事船舶、渔业船舶和体育运动船艇的登记不适用该办法
32	《中华人民共和国船舶安全监督规则》	交通运输部令2017年第14号	2017.07.01		适用于对中国籍船舶和水上设施以及航行、停泊、作业于我国管辖水域的外国籍船舶实施的安全监督工作。不适用于军事船舶、渔业船舶和体育运动船艇
33	《浙江省渡口安全管理办法》	省人民政府令第88号	1997.10.01	2005年12月27日,经省人民政府令第209号修订;2016年12月16日省政府令第350号修正	适用于本省所有渡口及与渡口安全管理活动有关的单位、个人
34	《浙江省水上交通事故处理办法》	省人民政府令第91号	1998.02.01		适用于在本省通航水域内船舶、排筏、设施发生的交通事故

五、船舶检验行政执法主要依据

1.主要法规

《中华人民共和国船舶和海上设施检验条例》。该条例是为了保证船舶、海上设施和船运货物集装箱具备安全航行、安全作业的技术条件,保障人民生命财产的安全和防止水域环境污染,而制定该行政法规。该条例由1993年2月14日国务院令第109号发布,自1993年2月14日起施行。该条例共7章34条,主要内容包括:总则、船舶检验、海上设施检验、集装箱检验、检验管理、罚则和附则。该条例适用于在或将在我国登记的船舶、我国企业法人所拥有的集装箱的检验；从事国际航行的渔业辅助船舶外的其他渔业船舶、军用舰艇、公安船艇和体育运动船艇以及按规定不需要登记的船舶不适用该条例。

2.主要规章

船舶检验行政执法主要规章见表1-5。

船舶检验行政执法主要规章 表1-5

规章名称	发布文号	生效日期	适用范围
《船舶检验管理规定》	交通运输部令2016年第2号	2016.05.01	适用于船舶检验活动及从事船舶检验活动的机构和人员的管理

六、港航管理行政规范性文件

1.制定主体

(1)港口行政规范性文件：省交通运输厅、省港航管理局、所在地港口管理部门。

(2)航道行政规范性文件：各级交通运输主管部门、各级航道管理机构。

(3)水路运输行政规范性文件：各级交通运输主管部门、各级水路运输管理机构。

(4)地方海事行政规范性文件：省地方海事局。

(5)船舶检验行政规范性文件：省船舶检验局、省船舶检验局各检验处。

2.认定标准

港航管理行政规范性文件，是指各制定主体依照法定权限和规定程序制定的，涉及不特定的公民、法人和其他组织的权利义务，在一定时期内反复适用，在本行政区域内具有普遍约束力的规章以下的各类行政文件。具有以下三方面特征：

(1)"行政性"，行政规范性文件的制定主体应符合要求，文件的内容属于行政管理的范围，并作为行政管理的依据。

(2)"外部性"，行政规范性文件的调整对象属于行政机关、财政拨款的单位及其所属人员以外的公民、法人或者其他组织。调整对象不是指行政规范性文件发布的对象，而是指行政规范性文件中管理内容涉及的对象。

(3)"规范性"，行政规范性文件有"一定时期内反复适用""普遍约束力""涉及权利义务"的特点。"一定时期"包括几天、几个月或者几年；"反复适用性"是指文件做出的规定，自实施之日起的一个时间段内，对同类事项可多次适用；"普遍约束力"是指行政规范性文件的内容适用于不确定的公民、法人或者其他组织；"涉及权利义务"的内容，主要是指直接或者间接对公民、法人或者其他组织做出禁止性、允许性、强制性事项，以及相应的权利义务或者责任。

行政规范性文件的名称一般使用“规定”“办法”“实施细则”“实施办法”等。但界定行政规范性文件不以文件的名称和形式作为判断标准,而是要辨别文件的内容是否符合行政规范性文件的特征。

下列文件不属于行政规范性文件:

(1)会议纪要,商洽性工作函(包括机关之间的商洽工作、询问和答复问题,向有关主管部门请求批准),工作规划、计划、要点,工作考核、监督检查、行政责任追究等方面的文件,涉及对人事、财务、外事等内部管理事项的文件及工作表彰、通报;

(2)仅涉及特定行政相对人权利和义务的行政决定或者批复;

(3)内部工作制度;

(4)指导本地区本系统下级行政机关就行政处罚、行政许可等裁量权细化量化作出的规定;

(5)文件内容不涉及管理职权或者行政措施,且影响公民、法人或者其他组织权利义务的指导意见;

(6)为实施专项行动或者阶段性整顿,部署有关工作,明确有关部门工作职责和工作要求的方案(包括工作方案或者实施方案),但不涉及不特定的公民、法人和其他组织权利、义务的;

(7)突发公共事件的应急预案;

(8)原文转发上级文件;

(9)行业技术标准类文件、技术操作规程;

(10)其他不涉及行政相对人权利和义务、不具有普遍约束力或者不可以反复适用的文件。

3.制定程序和内容

制定行政规范性文件应当严格遵守法定权限和程序,法定程序主要包括:编制制定计划、调研论证、意见征求、合法性审查、负责人集体讨论、公布、备案、异议处理、解释解读、评估、清理。行政规范性文件进行清理后,各制定主体应当按要求及时公布继续有效、废止和失效的行政规范性文件目录。未列入继续有效的文件目录的行政规范性文件,不得作为行政管理的依据。

行政规范性文件的内容应当符合法律、法规、规章和国家的方针政策。根据内容需要,行政规范性文件应当明确制定目的和依据、适用范围、主体、权利义务、具体规范、操作程序、施行日期或者有效期限(涉及的内容属于阶段性工作的)等内容。不得设定行政许可、行政处罚、行政强制等应当由法律、法规、规章设定的事项;没有法律、法规、规章为依据,不得规定限制或者剥夺公民、法人和其他组织合法权利,或者增加公民、法人和其他组织义务的内容。法律、法规、规章和上级行政规范性文件已经明确的管理事项,本级行政规范性文件原则上不再作重复规定。

第三节　港航执法的内容

一、港口执法的内容

港口行政许可包括：港口工程施工图设计文件审批；建设项目使用港口岸线许可（①建设项目使用港口岸线许可；②临时使用港口岸线许可）；港口危险货物建设项目安全设施设计审查；港口危险货物建设项目安全条件审查；港口经营许可（①港口经营许可；②港口理货经营许可）；在港口内进行采掘、爆破等活动许可；危险化学品水路运输人员资格认可（装卸管理人员资格认可）。

港口行政处罚包括：违反港口规划管理秩序的违法行为，违反港口建设管理秩序的违法行为、违反港口经营管理秩序的违法行为、违反港口安全生产监管秩序的违法行为等四个方面实施的行政处罚。

港口行政强制包括：查封场所、设施或者财物，扣押财物，违法建筑物、构筑物、设施的强制拆除，代履行和加处罚款。

港口其他权力事项包括：交通建设工程竣（交）工验收备案[港口工程竣（交）工验收备案]、港口经营与安全生产备案（①港口安全评价报告及落实情况备案；②应急预案备案；③重大事故隐患备案；④重大危险源备案；⑤储存剧毒化学品备案；⑥法定代表人或者办公地址变更备案；⑦变更或者改造固定经营设施备案）、港口危险货物作业报告、港口危货储存单位主要安全管理人员考核。

二、航道执法的内容

航道行政许可包括：航道工程施工图设计文件审批；涉航建筑物许可（航道通航条件影响评价审核）（①航道通航条件影响评价审核；②临时涉航建筑物许可；③过船建筑物运行方案审查）；断航施工许可；内河专用航标许可。

航道行政处罚包括：违反航道建设的违法行为、违反航道养护的违法行为、违反航道保护的违法行为、违反航标管理的违法行为等四个方面实施的行政处罚。

航道行政强制包括：扣押财物，违法建筑物、构筑物、设施的强制拆除，代履行和加处罚款。

航道其他权力事项包括：交通建设工程竣（交）工验收备案[航道工程竣（交）工验收备案]、水运建设工程开工备案（航道工程开工备案）。

三、水路运输执法的内容

水路运输行政许可包括：水路运输业务经营许可（①水路运输业务经营许可；②内河个体普通货船运输业务经营许可；③新增客船投入运营审批；④新增危险品船投入运营审批）；船舶管理业务经营许可。

水路运输行政处罚包括：对水路运输经营者违法行为的处罚和对水路运输辅助业务违法行为的处罚。

水路运输行政强制：加处罚款。

水路运输其他权力事项包括：船舶营业运输证配发；水路运输及辅助业务备案（①水路运输经营变更备案；②水路班轮运输经营备案；③船舶管理业务经营变更备案；④船舶代理、水路运输代理业务经营备案；⑤新增普通货船运力备案；⑥船舶管理协议备案）。

四、地方海事执法的内容

地方海事行政许可包括：危险化学品水路运输人员资格认可（①申报人员资格认可；②集装箱现场检查员资格认可），水上水下活动许可（①通航水域水上水下活动许可；②内河载运或拖带超限物体许可），船员适任证书签发（①内河船舶船员适任证书签发；②内河船舶船员特殊培训合格证签发；③内河游艇操作人员适任证书签发；④内河船员服务簿签发），船舶国籍证书签发（①船舶国籍证书签发；②临时船舶国籍证书签发），船舶进入或穿越禁航区许可，船舶进行散装液体污染危害性货物水上过驳作业审批，载运危险货物和污染危害性货物进出港口审批。

地方海事行政处罚包括：违反船舶、浮动设施所有人、经营人安全管理秩序的违法行为，违反船舶、浮动设施检验和登记管理秩序的违法行为，违反内河船员管理秩序的违法行为，违反航行、停泊和作业管理秩序的违法行为，违反危险货物载运安全监管管理秩序的违法行为、违反船舶、浮动设施遇险救助管理秩序的违法行为、违反内河交通事故调查处理秩序的违法行为和违反防治船舶污染水域监管秩序的违法行为等九个方面实施的行政处罚。

地方海事行政强制包括：查封场所、设施或者财物，扣押财物，代履行，其他强制执行和加处罚款。

地方海事行政确认包括：船舶文书签注（含船舶现场监督报告、船旗国监督检查报告、航行日志、轮机日志、垃圾记录簿、货物记录簿、油类记录簿、船上污染应急计划、船上油污应急计划、船舶垃圾管理计划等文书签注）；高速客船操作安全证书核发；船舶登记；水上交通事故责任认定；船舶最低安全配员证书签发和船舶进出港口报告。

地方海事其他权力事项包括：海事备案（①内河通航水域安全作业备案；②内河

船员服务机构备案;③游艇俱乐部备案);通航水域禁航区、交通管制区、锚地和安全作业区划定。

五、船舶检验执法的内容

船舶检验行政许可:船舶法定检验证书核发。

船舶检验行政确认:船用产品检验。

船舶检验其他权力事项:船舶法定检验(①船舶法定检验;②船舶图纸审查)。

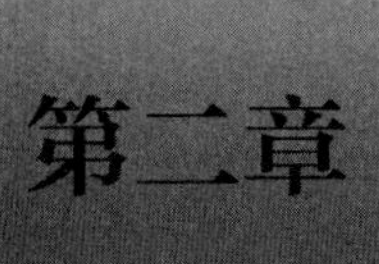

第二章 港航规划与建设

第一节 港口规划

一、港口规划的体系

《中华人民共和国港口法》将港口规划分为港口布局规划和港口总体规划。

1.港口布局规划

港口布局规划,是指港口的分布规划,分为全国港口布局规划和省、自治区、直辖市港口布局规划。

港口布局规划主要包括规划范围内港口的分布体系、水陆域利用、岸线利用和各港的位置、规模、性质、功能等内容。

2.港口总体规划

港口总体规划,是指一个港口在一定时期的具体规划。

港口总体规划包括港口的水域和陆域范围、港区划分、吞吐量和到港船型、港口的性质和功能、水域和陆域使用、港口设施建设岸线使用、建设用地配置以及分期建设序列等内容。

港口总体规划应当符合港口布局规划。

注:①港口布局规划与港口总体规划的关系。根据《港口规划管理规定》,港口布局规划主要确定港口的总体发展方向,明确各港口的地位、作用、主要功能与布局等,合理规划港口岸线资源,促进区域内港口健康、有序、协调发展,并指导区域内港口总体规划的编制。港口总体规划主要确定港口性质、功能和港区划分,根据港口资源条件、吞吐量预测和到港船型分析,重点对港口岸线利用、水陆域布置、港界、港口建设用地配置等进行规划。

②港口的重要性分类。《中华人民共和国港口法》将我国的港口分为三类,即国家级的主要港口、省级的重要港口和其他港口。重要程度不同的港口,其审批主体也不同。

根据交通运输部公布的港口名录,浙江省的宁波舟山港、温州港为全国沿海主要港口,台州港、嘉兴港为省级沿海重要港口;杭州港、嘉兴内河港、湖州港为全国内河主要港口。

③港区控制详细规划。《浙江省港口管理条例》将港口规划分为全省港口布局规划、港口总体规划和港区控制性详细规划。

港区控制性详细规划是指具体港区依据港口总体规划编制的在一定时期的实施性规划,是对港口总体规划的细化和深化。

二、港口规划的管理

交通运输部负责全国的港口规划管理工作。

省政府港口管理部门负责本行政区内的港口规划管理工作。

港口所在地的市、县人民政府港口管理部门或者省人民政府设立的负责特定港口管理的部门具体实施该港口的规划管理工作。

1.港口规划的审批与公布

不同层级的港口规划,其相应的编制、审查、批准、公布主体及程序也不同,具体情况如表2-1。

港口规划编制、审查、批准及公布主体与程序区分表　　表2-1

规划体系	编制部门	审查部门	征求意见部门	批准及公布部门
全国港口布局规划	交通运输部	交通运输部		国务院
省级港口布局规划	省港口管理部门	省政府	交通运输部	省政府
全国主要港口总体规划	市港口管理部门	市政府	国务院有关部门和有关军事机关	交通运输部会同省政府公布
省级重要港口总体规划	市港口管理部门	市政府	交通运输部	省政府公布,交通运输部备案
其他港口总体规划	市港口管理部门	市政府	省港口管理部门	市政府公布,省政府备案

2.港口规划的修订与调整

港口规划一经批准,未经规定程序任何单位和个人不得随意更改。

组织编制港口规划的单位可以根据经济社会和港口发展的需要修订或者调整港口规划。

港口规划的修订是指对港口规划的范围、港口性质及功能、岸线利用、港口布局及水陆域布置等进行重大变更。

港口规划的调整是指对港口规划进行局部修改。

第二节　航道规划

一、航道规划的体系

《中华人民共和国航道法》将航道规划分为全国航道规划、流域航道规划、区域航道规划和省、自治区、直辖市航道规划。

1.全国航道规划

全国航道规划是指国家对全国内河及沿海重要航道进行的具有布局性质的规划,如2007年国务院批准的《全国内河航道与港口布局规划》,规划布局了全国“两横一纵两网十八线”内河高等级航道网络。

2.流域航道规划

流域航道规划是指对长江、珠江等流域航道进行的规划。规划中包含了干流及支流航道规划,使干支航道形成网络,充分发挥干支直达、通江达海的作用。

3.区域航道规划

区域航道规划是指对特定区域如长江三角洲、珠江三角洲、环渤海地区等区域航道进行的规划,也包括跨行政区域的重要航道,解决跨行政区域航道发展问题,如交通运输部制定的《长江三角洲高等级航道网规划》《长江干线航道发展》。

4.省、自治区、直辖市航道规划

省、自治区、直辖市航道规划,是指各省、自治区、直辖市对本省、自治区、直辖市辖区内的航道进行的规划。

二、航道规划的管理

1.航道规划的审批与公布

全国航道规划由国务院交通运输主管部门会向国务院发展改革、水行政主管部门编制,报国务院批准公布。

流域航道规划、区域航道规划由国务院交通运输主管部门编制并公布。

省级航道规划编制由省交通运输厅会同同级发改委、水利厅等部门编制,报省政府会同交通运输部批准公布。

注:不同规划等级航道编制审批。依据《浙江省航道管理条例》规定:

一至四级航道规划由省交通运输主管部门会同同级国土资源、城乡规划、水利、渔业等部门编制,并要征求航道沿线设区的市人民政府的意见;为了和行政法规规定的审批权限保持一致,审批程序和权限规定要经省人民政府审核同意后,依法向国家有关部门办理报批手续。如《浙江省内河航运发展规划》就是由浙江省人民政府和交通运输部联合批复的,其中包含了一至四级航道的规划。

五级至七级航道规划和准七级航道规划由设区的市交通运输主管部门会同同级国土资源、城乡规划、水利、渔业等部门编制,并征求航道沿线县级人民政府的意见,经设区的市人民政府和省交通运输主管部门审核同意后,报省人民政府批准。

2.航道规划的修改

任何单位和个人不得擅自修改航道规划。

航道规划的修改按照航道规划制定程序办理。

第三节　港航建设

一、项目分类与立项方式

港口航道建设项目因投资主体不同,相应的立项方式也不同。

(一)项目分类

1.按建设内容分为港口工程建设项目和航道工程建设项目

(1)港口工程建设,是指在港口规划范围内,为实现港口功能进行新建、改建和扩建的码头工程(含舾装码头工程)及其同时立项的配套设施、防波堤、锚地、护岸等工程建设。

(2)航道工程建设,是指航道整治、航道疏浚和航运枢纽、过船建筑物等航道设施及其他航道附属设施的新建、扩建和改建活动。

2.按资金来源分为企业投资项目和政府投资项目

(1)企业投资项目是指企业在中国境内投资建设的固定资产投资项目。

(2)政府投资项目是指县级以上人民政府采用直接投资和资本金注入等方式所进行的固定资产投资项目。

(二)项目立项方式

1.企业投资项目区别不同情况实行核准制和备案制

企业投资建设国家、浙江省发布的《政府核准的投资项目目录》内的固定资产投资项目,须按照规定报送企业投资项目主管部门核准。投资建设本目录外的项目,实行备案管理。

2.政府投资项目实行审批制

政府投资建设国家、浙江省发布的《政府核准的投资项目目录》内的固定资产投资项目,须按照规定报送投资综合管理部门审批。

注:①《政府核准的投资项目目录》随着国家审批制度改革的推进,近年来多次调整,审批权限逐步下放。根据《浙江省人民政府关于发布〈政府核准的投资项目目录〉(浙江省 2017 年版)的通知》规定如下:

煤炭、矿石、油气专用泊位:由省级按国家批准的相关规划核准。

集装箱专用码头:由省级按国家批准的相关规划核准。

内河航运:跨省(区、市)高等级航道的千吨级及以上航电枢纽项目由省级按国家批准的相关规划核准。纳入国家高等级航道网规划和省级骨干航道规划的航道(含航电枢纽)项目由省级核准。其余项目由设区市核准。

②港口工程建设一般为企业投资,基本采用核准或备案方式。省发改委负责煤矿油箱四大货种内河港口建设项目立项核准,省海港委负责煤矿油箱四大货种沿海港口建设项目立项核准;其余港口建设项目由地方企业投资主管部门备案。

③航道工程建设一般为政府投资,参照《政府核准的投资项目目录》,实行审批方式。

二、项目基本建设程序

根据《港口建设管理规定》《航道建设管理规定》,港口航道项目基本建设程序可归纳为立项、报建、实施和验收四个阶段。

(一)立项阶段

1.工程可行性研究

开展工程可行性研究,编制工程可行性研究报告。

政府投资的航道建设项目,一般需先行开展预可行性研究,编制项目建议书。

2.前置审批事项

根据《国务院办公厅关于印发精简审批事项规范中介服务实行企业投资项目网上并联核准制度工作方案的通知》(国办发〔2014〕59号)规定如下:

一是精简前置审批。只保留规划选址、用地预审(用海预审)两项前置审批,其他审批事项实行并联办理。对重特大项目,也应将环评(海洋环评)审批作为前置条件(见表2-2)。

两个前置条件　　表2-2

序号	前置条件	负责部门	设定依据
1	选址意见书	城乡规划主管部门	《中华人民共和国城乡规划法》
2	用地预审意见	国土资源部门	《中华人民共和国土地管理法实施条例》 《中华人民共和国土地管理法》
	海域使用预审意见	海洋行政主管部门	《中华人民共和国海域使用管理法》

二是优化审批程序。其他确需保留在项目开工前完成的审批事项,与项目核准实行并联办理。对于在同一阶段同一部门实施的多个审批事项予以整合,“一次受理、一并办理”。

3.立项申报

企业投资的港口工程建设,履行核准或者备案手续。

采用直接投资和资本金注入方式的政府投资的航道建设项目,审批项目建议书、可行性研究报告。对于省审批的政府投资项目,符合省级及以上综合规划、专项规划的建设项目,立项审批原则上只批项目可行性研究报告,不再审批项目建议书,由省级投资综合管理部门出具项目受理通知书。

(二)报建阶段

1.报建审批事项

根据《国务院关于印发清理规范投资项目报建审批事项实施方案的通知》(国发〔2016〕29号)规定如下:

投资项目报建审批事项,是投资项目申请报告核准或者可行性研究报告批复之后、开工建设之前,由相关部门和单位依据法律法规向项目单位做出的行政审批事项(见表2-3)。

另涉及安全的强制性评估不列入行政审批事项(见表2-4)。

行政审批事项　　表 2-3

序号	审批事项	负责部门	设定依据
1	非重特大项目环评审批	环境保护行政主管部门	《中华人民共和国环境影响评价法》
2	海洋环境影响评价意见(非重特大项目)	海洋行政主管部门	《中华人民共和国海洋环境保护法》《中华人民共和国防治海岸工程建设项目污染损害海洋环境管理条例》
3	节能审查意见	县级以上发展改革部门	《中华人民共和国节约能源法》《公共机构节能条例》
4	建设项目压覆重要矿床审批	省级以上地质矿产主管部门	《中华人民共和国矿产资源法》
5	生产建设项目水土保持方案审批	水行政主管部门	《中华人民共和国水土保持法》
6	洪水影响评价(与水工程规划同意书审核、河道管理范围内件事项目工程建设方案审批合并)	水行政主管部门	《中华人民共和国防洪法》《中华人民共和国水法》《中华人民共和国河道管理条例》
7	航道通航条件影响评价审核	交通运输主管部门或者航道管理机构	《中华人民共和国航道法》
8	港口岸线使用审批	交通运输主管部门或者港口管理部门	《中华人民共和国港口法》
9	水运工程设计文件审查	县级以上交通运输主管部门	《中华人民共和国港口法》《中华人民共和国航道法》《建设工程勘察设计管理条例》《港口建设管理规定》(交通部令 2007 年第 5 号)《航道建设管理规定》(交通部令 2007 年第 3 号)
10	建设用地(含临时用地)规划许可证核发	城市、县城乡规划主管部门	《中华人民共和国城乡规划法》

续上表

序号	审批事项	负责部门	设定依据
11	农用地转用审批	国务院、省级人民政府	《中华人民共和国土地管理法》《中华人民共和国土地管理法实施条例》
12	土地征收审批	国务院、省级人民政府	《中华人民共和国土地管理法》《中华人民共和国土地管理法实施条例》
13	供地方案审批	市、县或上级人民政府	《中华人民共和国土地管理法》《中华人民共和国土地管理法实施条例》《中华人民共和国城市房地产管理法》《中华人民共和国物权法》
14	建设工程文物保护和考古许可	文物主管部门	《中华人民共和国文物保护法》
15	建设项目使用林地及在林业部门管理的自然保护区、沙化土地封禁保护区建设审批(核)	林业主管部门	《中华人民共和国森林法》《中华人民共和国森林法实施条例》《中华人民共和国防沙治沙法》

涉及安全的强制性评估事项　　表 2-4

序号	评估事项	负责部门	设定依据
1	职业病危害预评价	安全监管部门	《中华人民共和国职业病防治法》
2	建设项目安全预评价	安全监管部门	《中华人民共和国安全生产法》《建设项目安全设施“三同时”监督管理暂行办法》(安全监管总局令第 36 号)《危险化学品建设项目安全监督管理办法》(安全监管总局令第 45 号)
3	地质灾害危险性评估	国土资源部门	《地质灾害防治条例》

注:1.建设工程文物保护和考古许可仅针对涉及文物的情况下办理;建设项目安全预评价仅针对客运和危化类港口建设项目。

2.沿海港口建设项目申请使用 3000 吨级以上的非深水岸线由省海港委负责审批。

2.主要工作内容

(1)并联开展各行政审批事项和强制性评估工作,确保在项目开工前完成。

(2)编制初步设计文件;报交通运输主管部门(港口管理部门)审批。

(3)根据批准的初步设计文件,编制施工图设计,报交通运输主管部门(港口管理部门)审批。

(4)根据批准的施工图文件,确定项目施工、监理单位。

(5)办理质量安全监督手续。

(6)向国土或海洋部门办理用地/用海审批手续。

注:省级立项的项目,初步设计文件由省交通运输厅出具行业意见报省发改委批复,航道工程施工图设计文件由省交通运输厅审批,港口工程建设施工图设计文件由所在地港口管理部门审批。

(三)实施阶段

实施阶段,从业单位应当以诚信为本,按照合同约定全面履行义务。

(1)项目单位:应当按照合同约定履行相应的职责,为项目实施创造良好的条件。

(2)勘察、设计单位:应当按照合同约定,按期提供勘察设计资料和设计文件。工程实施过程中,应当按照合同约定派驻设计代表,提供设计后续服务。

(3)施工单位:应当按照合同约定组织施工,管理和技术人员及施工设备应当及时到位,以满足工程需要。要均衡组织生产,加强现场管理,确保工程质量和进度,做到文明施工和安全生产。

(4)监理单位:应当按照合同约定配备人员和设备,建立相应的现场监理机构,健全监理管理制度,保持监理人员稳定,确保对工程的有效监理。

(5)设备和材料供应单位:应当按照合同约定,确保供货质量和时间,做好售后服务工作。

(6)试验检测单位:应当按照试验规程和合同约定进行取样、试验和检测,提供真实、完整的试验检测资料。

(四)验收阶段

验收阶段主要分为交工验收、专项验收和竣工验收三个部分,依次开展。

1.交工验收

单位工程完成后,需组织交工验收。

交工验收由项目单位组织,检查施工合同的执行情况和监理工作情况,在质量监督机构质量鉴定的基础上,提出工程质量等级建议。交工验收合格后,项目单位须及时完成项目的交工验收报告。

2.专项验收

项目主体工程全部通过交工验收后,需抓紧开展环保设施、安全设施、消防设施、职业病防护设施、档案等专项验收或备案,认真组织竣工决算等工作。

3.竣工验收

完成各专项验收或备案及竣工决算等,方可组织竣工验收。

竣工验收合格后,方可正式投入使用。

第四节　水运工程执法案例分析

一、案由

××有限公司未经依法批准，建设港口设施使用港口岸线案。

二、案情简介

20××年11月17日11时10分，××县港口行政执法人员董某、李某在××港外干门实施检查时，发现××有限公司正在建造海洋工程平台，执法人员要求××有限公司负责人张某出示港口岸线使用许可文件，张某未能出示相关许可文件。

三、案件性质

建设港口设施使用港口岸线必须经所在地港口管理部门、省交通运输厅、省海港委、交通运输部按权限批准，取得港口岸线使用权。此类案件应注意相关违法行为之间的冲突与竞合，其中，向港口水域倾倒泥土、砂石与本违法行为在某一阶段的结果上有所类似，但两者的目的不一致，前者一般对倾倒的泥土、砂石非为使用之目的而倾倒，后者是为建设港口设施而实施的；项目法人应当办理设计审批、施工备案手续而未办理的，该违法行为与本案有一定的关联，但该违法行为的前提条件是港口设施项目是经过批准的，岸线使用权是已经取得的，如果未取得港口岸线使用权而建设港口设施的，应按照未经依法批准建设港口设施使用港口岸线案进行处理，而不能避重就轻按照未办理设施审批、施工备案案件进行处理，两者的违法严重程度不一样，违法行为的发生也有先后之分，如仅处理后者则前者就无法得到改正。侵占航道或航道设施、向航道内倾倒泥土、砂石等违法行为与本案由也存在竞合，但是否适用航道案由进行处理要视执法主体而定。

本案××有限公司在未经依法批准的情况下，擅自建造海洋工程平台使用港口非深水岸线。因此，××有限公司的行为违反了《中华人民共和国港口法》第十三条第一款的规定：“在港口总体规划区内建设港口设施，使用港口深水岸线的，由国务院交通运输主管部门会同国务院经济综合宏观调控部门批准；建设港口设施，使用非深水岸线的，由港口管理部门批准。但是，由国务院或者国务院经济综合宏观调控部门批准建设的项目使用港口岸线，不再另行办理使用港口岸线的审批手续。”

四、当事人

此类案件应处罚港口设施的建设单位或个人。

五、证据收集要求

(1)现场笔录:证明案件来源和现场情况。

(2)现场照片(或录像):证明20××年11月17日,××有限公司建造海洋工程平台的情况。

(3)对××有限公司负责人张某的询问笔录:证明××有限公司在未经批准的情况下使用岸线的情况。

(4)勘验(检查)笔录:证明××有限公司使用岸线的位置及长度。

(5)当事人的身份证明材料。

六、现场笔录的事实情况记录

20××年11月17日11时10分,××县港口行政执法人员董某、李某在××港外干门实施检查时,发现××有限公司正在建造海洋工程平台,执法人员要求××有限公司负责人张某出示港口岸线使用许可文件,张某未能出示相关许可文件。

七、对××有限公司负责人张某的询问要点

(1)核实被询问人的基本情况。(示例:请问你的姓名、年龄、性别、住址、单位及职务?)

(2)调查××有限公司在未经依法批准的情况下擅自建设海洋工程平台使用港口岸线的情况。(示例:××港外干门水域建造的是何项目?有什么用途?建设单位是谁?从什么时候开始建造的?目前工程已向港口水域填土多少米?占用陆域面积多少?设计停靠船舶吨级情况如何?你公司在外干门建造的项目使用港口岸线是否经过港口管理部门批准?)

(3)调查违法原因、目的。(示例:你公司为什么在未经批准的情况下使用港口岸线?)

(4)调查与裁量有关的情节。(示例:整个项目使用的港口岸线是深水岸线还是非深水岸线?使用的长度是多少?根据××总体规划,此段岸线有什么用途?)

(5)调查当事人对该行为的认识(含危害后果)。(示例:你知道这样做会带来什么危害后果吗?)

八、勘验(检查)笔录的勘验情况及结果

20××年11月18日10时25分,××县港口行政执法人员董某、李某在××港外干门××有限公司施工现场进行勘验,为建造海洋工程平台的建筑基地丈量,测得实际使用港口岸线长度为1201米,两端坐标点为X、Y。××有限公司负责人张某和施工单位××建设公司李某在场。

九、处理情况

港口案件应注意沿海港口和内河港口的行政处罚裁量基准划分及处罚额度有所不同。针对本违法行为的案件,违法程度“一般”一档以违法使用港口岸线的长度作为处罚裁量基准的划分依据。下列情形属于违法程度“严重”一档:①违法使用港口非深水岸线100米以上的或违法使用港口深水岸线的;②违法使用港口岸线建设客运、危险货物港口设施的。本案××有限公司使用的港口非深水岸线长为1201米,由所在地港口管理部门按“严重”一档进行裁量,即给予当事人××有限公司处罚款人民币5万元整的行政处罚。此类案件应由县级以上地方人民政府或者港口管理部门责令限期改正;逾期不改正的,由做出限期改正决定的机关申请人民法院强制拆除违法建设的设施。

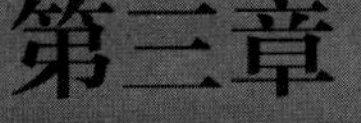

第三章　港口管理执法

第一节　概　　述

一、港口定义、要件及分类

（一）港口

港口是指具有船舶进出、停泊、靠泊，旅客上下，货物装卸、驳运、储存等功能，具有相应的码头设施，由一定范围的水域和陆域组成的区域。港口可以由一个或者多个港区组成。港口组成如图 3-1 所示。

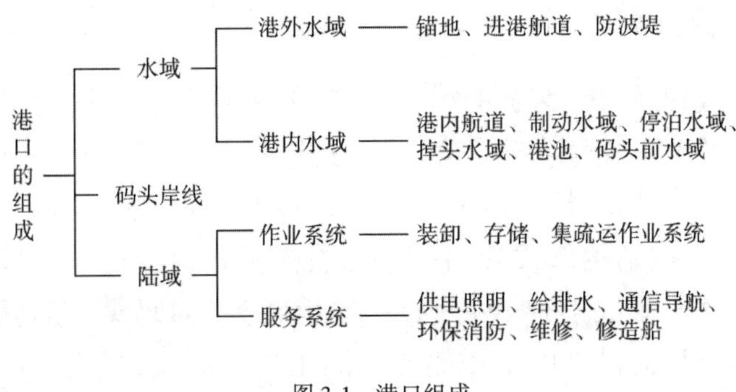

图 3-1　港口组成

构成港口须具备以下三方面的要件：

1.港口的功能要件

港口应具备的功能有：一是供船舶进出、停泊、靠泊的功能，港口应有供船舶安全进出的航道，应有供船舶安全停泊、靠泊的水域和设施；二是客运港口应有供旅客上下船舶的码头和客运服务设施；三是货运港口应有供船舶停靠装卸货物的泊位和货物装卸、储存的设施、设备。

2.港口的设施要件

构成港口，必须要有可供船舶停靠、旅客上下、货物装卸等使用的水工建筑物，即要有与港口功能相适应的码头设施（包括系船浮筒）。没有任何码头设施，船舶只是沿岸顺坡自然停靠进行货物装卸、人员上下的江河湖泊中的“小港点”，不属于《中华人民共和国港口法》所称的港口，不适用《中华人民共和国港口法》的规定。

3.港口的范围要件

港口是由一定范围的水域和陆域组成的特定区域。港口水域，包括港口内的航道、港池、锚地等一定范围的水上区域；港口陆域，包括码头上的装卸作业区、港口堆场、候船室等发挥港口功能所必不可少的与码头前沿水域相连接的一定范围的陆上区域。没有固定的水域和陆域范围的船舶停靠点，不属于港口范畴。对于合法建设的港口，其水域和陆域的范围界限应当在该港口总体规划中确定并公布。明确港口的水域和陆域范围，对于加强港口管理、维护港口秩序是非常必要的。

（二）港口的分类

根据《中华人民共和国港口法》，港口可以分为：主要港口、重要港口和一般港口，并实行名录式管理。主要港口为地理位置重要、吞吐量较大、对经济发展影响较广的港口，主要港口名录由国务院交通运输主管部门征求国务院有关部门意见后确定并公布。2004年，交通部发布了中国主要港口名录的公告，其中浙江省宁波、舟山、温州港列入沿海主要港口名录，杭州、嘉兴、湖州港列入内河主要港口名录。重要港口由省政府征求国务院交通运输主管部门的意见后确定，浙江省重要港口包括沿海港口：台州港、嘉兴港；内河港口：宁波内河港、绍兴港、丽水港、金华兰溪港。

二、码头定义及分类

码头一般指供船舶停靠、装卸货物和上下旅客的水工建筑物，是港口的主要组成部分，按码头的平面布置分：有顺岸式、突堤式、墩式等，其中墩式码头又分为与岸用引桥连接的孤立墩或用联桥连接的连续墩。按断面形式分，有直立式、斜坡式、半直立式和半斜坡式。按结构形式分，有重力式、板桩式、高桩式、斜坡式、墩柱式和浮码头式等。按用途分，有一般件杂货码头、专用码头（油码头、煤码头、矿石码头、集装箱码头等）、客运码头、供港内工作船使用的工作船码头以及为修船和造船工作而专设的修船码头、舾装码头等。

码头结构形式根据使用要求、自然条件和施工条件综合考虑确定，常见的码头结构形式有重力式码头、高桩码头、板桩码头等。

（1）重力式码头依靠建筑物自重和结构范围的填料重量保持稳定，结构整体性好，坚固耐用，损坏后易于修复，有整体砌筑式和预制装配式，适用于较好的地基。

（2）高桩码头由基桩和上部结构组成，桩的下部打入土中，上部高出水面，上部结构有梁板式、无梁大板式、框架式和承台式等。高桩码头属透空结构，波浪和水流可在码头平面以下通过，对波浪不发生反射，不影响泄洪，并可减少淤积，适用于软土地基。

（3）板桩码头由板桩墙和锚碇设施组成，并借助板桩和锚碇设施承受地面使用荷载和墙后填土产生的侧压力。板桩码头结构简单,施工速度快,除特别坚硬或过于软弱的地基外,均可采用,但结构整体性和耐久性较差。

三、泊位定义及分类

泊位一般指码头停靠船的位置。泊位长度一般包括设计船舶的长度和船与船之间的必要安全间隔。泊位的基本尺度包括泊位长度、前沿水深等。

(1)泊位长度:是码头建筑物靠船一侧的竖向平面与水平面的交线,即停靠船舶的沿岸长度。港口各类码头泊位的总长度是港口规模的重要标志,说明它能同时靠码头作业的船舶数量。

(2)前沿水深:是指码头前沿在设计低水位时保证设计船型满载吃水作业所需要的水深。在水深不足的沿海港口,为使较大的船舶乘潮进港后能够靠码头进行装卸作业,通常在新建码头前一定的水域范围内(一般为二倍船宽),适当挖深,使其在设计低水位时能够达到设计标准船型满载吃水所要求的水深。设计水深,是指在设计低水位以下的保证设计船型在满载吃水情况下安全停靠的水深。港口经营人应当及时对码头前沿水域进行疏浚,并将有关泊位的吨级、水深等资料及时通知靠泊船舶,确保靠泊、离泊和通航安全。

泊位按生产类型可分为:生产用泊位、非生产用泊位,其中生产用泊位又可分为经营性生产泊位、非经营性生产泊位。按服务类型可分为:公用泊位和非公用泊位。按主要用途可分为:专业化泊位、通用散货泊位、通用件杂货泊位、客货泊位、多用途泊位以及其他泊位,其中专业化泊位按从事作业的货种,可分为集装箱泊位、煤炭泊位、金属矿石泊位、原油泊位、成品油泊位、液体化工泊位、液化天然气泊位、液化石油气泊位、散装水泥泊位、散装粮食泊位、客运泊位、滚装泊位等。

第二节 港口经营管理

一、概述

港口作为国民经济和社会发展的重要的基础设施,从某种意义上讲,具有较强的区域垄断性和社会公益性。它除了具有旅客运输、货物装卸等服务功能外,还具有较强的社会服务功能。企业和公众对港口服务具有较强的依赖性,往往不可选择。港口的这些特点决定了政府必须对港口经营者设立严格的市场准入管理,选择那些经济条件好、服务信用高的经营者从事港口经营,切实维护企业和公众的合法权益。国家设立港口经营行政许可制度,是基于港口的特殊属性决定的。港口经营行政许可制度,是指国家依法设立的从事港口经营业务的市场准入制度。它要求经营者必须申请取得港口经营许可;未经许可,不得从事特定的港口经营业务。

为了维护正常的港口经营市场秩序,《中华人民共和国港口法》规定了从事港口经营活动必须遵守的基本规则,包括:

(1)从事港口经营活动,必须具备法定的资格条件,包括须有固定的经营场所,有符合规定的与所从事的港口经营活动相适应的经营设施、设备和专业技术人员、管理人员,以及法律、法规规定的其他条件,并依照法定的行政许可程序,经所在地港口管理部门审查,核发港口经营许可证后,方可在许可的范围内从事港口经营活动;

(2)港口经营必须遵守法律、法规和国务院交通运输主管部门关于港口作业规则的规定,为港口经营业务的用户提供公平、良好的服务,为旅客提供安全、快捷、便利的港口服务;

(3)港口经营人应当在其经营场所公布经营服务的收费项目和收费标准,未公布的不得实施;依法实行政府指导价或者政府定价的港口经营性收费,港口经营人必须按照规定执行;

(4)港口经营人有义务优先安排抢险、救灾和国防建设急需物资的作业;

(5)港口经营人应当遵守港口危险货物作业的规定,遵守有关安全生产的各项规定,加强安全生产管理,保证生产作业安全;

(6)港口经营人不得实施垄断和不正当竞争行为等。

二、有关概念

1.港口经营

港口经营,是指港口经营人在港口区域内为船舶、旅客和货物提供港口设施或者服务的活动。

港口经营人,是指依法取得经营资格从事港口经营活动的组织和个人。

港口设施,是指为从事港口经营而建造和设置的建(构)筑物。港口经营业务主要包括下列各项:

(1)码头及其他港口设施服务,含为船舶提供码头设施、过驳锚地、浮筒等设施;

(2)港口旅客运输服务,含为旅客提供候船和上下船设施服务;

(3)货物装卸、仓储服务,含在港区内提供货物装卸服务,在港区内提供货物仓储服务,集装箱装卸,车辆滚装服务;

(4)港口拖轮、驳运服务,含为船舶进出港、靠离码头、移泊提供顶推、拖带服务,港内驳运服务。

按照经营范围的不同,港口企业可分为:港口客运企业、港口普货企业、港口危货企业、港口拖轮企业、港口理货企业等。

2.港口理货

港口理货，是指在港口从事货物清点、查明货物的数量和表面情况等，并出具书面证明的一种业务。理货具有较强的公正性和独立性，经营人应当对其出具的证明负责，并承担相应的法律后果。理货证明往往也成为海关部门、保险公司、司法机关等经查验货物打击走私，依法征税，提供理赔，审理案件的一种重要文件和依据。从事港口理货业务，应向所在地港口管理部门提出申请办理港口经营许可手续。

《中华人民共和国港口法》规定：港口理货业务经营人应当公正、准确地办理理货业务。根据这一原则，港口理货业务经营人办理理货业务时必须做到客观、公正、准确，对理货中出现的货差货损等各种情况要如实记录，不得人为夸大或者缩小有关情况；要如实地根据理货结果出具理货报告，反映真实情况，不得弄虚作假。这是法律赋予经营人的一项义务，是维护船公司和货主合法权益的重要保证，经营人必须如实履行好这项义务。

为防止理货业务经营人因兼营货物装卸和仓储业务而影响理货的公正性和客观性，损害公司和货主的利益，《中华人民共和国港口法》规定：港口理货业务经营人不得兼营货物装卸经营业务和仓储经营业务。这是一项强制性规定，港口理货业务经营人必须严格遵守，不得以任何理由违反。当然，法律规定的是不得兼营货物装卸和仓储业务，并没有禁止单独经营这两项业务。言外之意，港口理货业务经营人只要将理货业务与货物装卸和仓储业务分开，独立分业经营，单独核算，分负盈亏，并不违反法律规定，是《中华人民共和国港口法》所允许的。

3.港作船舶

港作船舶类型包括：拖船、驳船、供水船、物料供应船、交通船、供油船、船舶污染物（船舶生活垃圾除外）接收船、船舶生活垃圾接收船、围油栏作业船、其他港作船舶等。

三、港口经营许可

从事港口经营，应当向所在地港口管理部门申请办理港口经营许可手续。港口经营许可包括港口经营许可和港口理货经营许可两个子项。从事港口经营必须达到从事港口业务经营的基本条件。只有具备了这些条件，才有从事港口业务经营的资格，否则不得从事港口业务经营。港口经营许可主要包括四方面的条件：

1.有固定的经营场所

所谓固定的经营场所，就是指拥有固定的并能满足经营业务需要的场地和空间。这是保证港口业务经营的地域要求。从港口业务的种类看，无论是哪一种业务，都离不开一定的经营场所。否则这种业务就无法进行。

2.有与经营业务相适应的设施、设备

所谓设施、设备，主要是指能够满足港口经营业务需要的各种码头及其配套设施、设备,旅客运输服务设施、设备,港内作业的装卸、驳运、仓储设施、设备和拖船经营设施、设备等。这些设施、设备是开展港口经营业务所必需的作业工具,没有这些相应的设施、设备,港口业务要么无法开展,要么难以有效地开展。

3.有与经营业务相适应的专业技术人员和管理人员

港口经营是一项专业性、技术性较强的工作。它要求必须具有一定的专业技术人员和管理人员作保证。否则,不仅影响港口经营业务的开展,而且可能带来诸多安全隐患,给企业和国家造成不必要的损失。

4.法律、法规、规章规定的其他条件

港口经营人在具备以上三方面条件的同时,还必须具备法律、法规、规章规定的其他条件,如关于环保的条件、安全的条件、卫生管理的条件等。关于这些条件,都分别由不同的法律、法规、规章规定,港口经营人也必须加以遵守。

以上四方面的条件,是从事港口经营的必备条件,必须同时具备,四者相辅相成,缺一不可。

符合法定条件和标准的,准予许可并核发"港口经营许可证"。"港口经营许可证"应当明确港口经营人的名称与办公地址、法定代表人、经营项目、经营地域、主要设施设备、发证日期、许可证有效期和证书编号。

"港口经营许可证"的有效期为 3 年。港口设施需要试运行经营的,所持有的"港口经营许可证"的有效期为试运行经营期,并在证书上注明。试运行经营期原则上不超过 6 个月;确需延期的,试运行经营期累计不得超过 1 年。租赁港口设施从事港口经营的,以出租方"港口经营许可证"有效期届满日期和租赁合同期限届满日期较近者为"港口经营许可证"有效期的截止日期。临时使用港口岸线的,"港口经营许可证"有效期不得超出临时使用港口岸线的截止日期。申请办理"港口经营许可证"延续手续的,港口经营人应当在"港口经营许可证"有效期届满之日 30 日以前提出。

四、港口经营管理

港口经营人应当按照核定的功能使用和维护港口经营设施、设备,并使其保持正常状态。港口经营人变更或者改造码头、堆场、仓库、储罐和污水垃圾处理设施等固定经营设施,应当依照有关法律、法规和规章的规定履行相应手续。依照有关规定无需经港口管理部门审批的,港口经营人应当向港口管理部门备案。从事港口旅客运输服务的经营人,应当采取必要措施保证旅客运输的安全、快捷、便利,保证旅客基本生活用品的供应,保持良好的候船条件和环境。港口经营人应当按照国家有关规定,及时向港口管理部门如实提供港口统计资料及有关信息。

1.港口经营、安全生产管理制度

港口经营人应当依照有关法律、法规和交通运输部有关港口安全作业的规定,加强安全生产管理，完善安全生产条件，建立健全安全生产责任制等规章制度，确保安全生产。

主要港口经营、安全生产管理制度及要求，见表3-1。

主要港口经营、安全生产管理制度及要求　　表3-1

序号	制度名称	相关要求
1	安全生产责任制	明确各岗位的责任人员、责任范围和考核标准等内容。港口经营人应建立相应的机制，加强对安全生产责任制落实情况的监督考核，保证安全生产责任制的落实
2	安全生产工作例会制度	明确安全生产例会的频次，及时了解和掌握安全生产情况，研究、协调、处理安全生产过程中存在的问题
3	安全生产奖惩制度	明确安全生产奖惩措施，夯实安全生产工作基础，强化安全管理，落实安全生产责任制，确保安全生产目标的实现
4	安全生产检查制度	明确检查要求，督促、检查本单位的安全生产工作，及时消除生产安全事故隐患。生产经营单位的安全生产管理人员应当根据本单位的生产经营特点，对安全生产状况进行经常性检查；对检查中发现的安全问题，应当立即处理；不能处理的，应当及时报告本单位有关负责人，有关负责人应当及时处理。检查及处理情况应当如实记录在案
5	安全教育培训制度	制订培训计划，对从业人员进行安全教育、法制教育和岗位技术培训，并建立安全生产教育和培训管理档案，记录保存期限不得少于三年
6	设施设备安全管理制度	按照国家标准、行业标准或者国家有关规定对安全设施、设备进行经常性维护、保养，保证安全设施、设备的正常使用。安全设施、设备应按要求设置明显的安全警示标志。危险货物专用库场、储罐的安全设施、设备定期进行检测、检验
7	劳动防护用品配备、管理和发放制度	为从业人员提供符合国家标准或者行业标准的劳动防护用品，并监督、教育从业人员按照使用规则佩戴、使用
8	危险作业安全管理制度	规范危险作业安全管理，保障人员、设备、生产安全，加强现场安全管理，确保操作规程的遵守和安全措施的落实
9	特种作业安全管理制度	规范特种作业管理，减少特种作业安全事故的发生，保护特种从业人员人身安全
10	关键设施设备、重点安全部位管理制度	加强关键装置及重点部位的安全管理，确保生产安全、稳定、正常有序地进行
11	施工和检维修安全管理制度	加强施工和检维修的安全管理，明确施工和检修安全管理措施和要求
12	重大危险源管理制度	明确重大危险源登记建档，定期检测、评估、监控，应急管理等相关要求
13	危险货物出入库核查、登记制度	明确危险货物出入库核查、登记具体要求和流程，确保措施明确

续上表

序号	制度名称	相关要求
14	剧毒化学品及构成重大危险源的其他危险货物的双人收发、双人保管制度	明确双人收发、双人保管管理措施要求
15	相关方及外用工管理制度	明确外来施工单位和外来人员的安全管理,保障生产秩序和安全生产
16	防火防爆管理制度	明确消防管理,防火防爆管理,包括禁烟管理,仓库及罐区安全管理的控制要求,生产过程中及相关工作的防火防爆安全管理
17	门卫管理制度	实行封闭式管理,设有保安限制区域,禁止无关车辆和人员进入
18	安全资金投入使用制度	应当保证安全资金投入,按规定提取和使用安全生产费用,且专门用于改善安全生产条件。安全生产费用在成本中据实列支
19	生产安全事故隐患排查治理制度	应当定期开展安全事故隐患排查,采取技术、管理措施,及时发现并消除事故隐患。事故隐患排查治理情况应当通过文字、图像等方式如实记录,并向从业人员通报。记录保存期限不得少于3年

2.安全生产管理机构和专职管理人员

依据《浙江省安全生产条例》,港口经营人属危险物品生产、经营、储存单位的,应当按照下列规定设置安全生产管理机构或者配备专职安全生产管理人员:

(1)从业人员300人以上的,应当设置安全生产管理机构,并按照不低于从业人员百分之一的比例配备专职安全生产管理人员;

(2)从业人员100人以上不足300人的,应当设置安全生产管理机构,并配备3名以上专职安全生产管理人员;

(3)从业人员50人以上不足100人的,应当设置安全生产管理机构,并配备两名以上专职安全生产管理人员;

(4)从业人员不足50人的,应当配备专职安全生产管理人员。

对一般港口经营人,从业人员300人以上的,应当设置安全生产管理机构,并配备两名以上专职安全生产管理人员;从业人员100人以上不足300人的,应当配备专职安全生产管理人员;从业人员不足100人的,应当配备专职或者兼职安全生产管理人员。

3.专业技术人员

(1)特种作业人员

特种作业,是指容易发生事故,对操作者本人、他人的安全健康及设备、设施的安全可能造成重大危害的作业。特种作业的范围由特种作业目录规定。依据《特种作业人员安全技术培训考核管理规定》(国家安全生产监督管理总局令第30号),特种作业目录纳入的作业类型主要包括电工作业、焊接与热切割作业、高处作业、制冷与空调作业、煤矿安全作业、金属非金属矿山安全作业、石油天然气安全作业、冶金

(有色)生产安全作业、危险化学品安全作业、烟花爆竹安全作业以及国家安全生产监督管理总局认定的其他作业等。

特种作业人员,是指直接从事特种作业的从业人员。特种作业人员必须经专门的安全技术培训并考核合格,取得“中华人民共和国特种作业操作证”后,方可上岗作业。安全生产监督管理部门负责特种作业人员的安全技术培训、考核、发证、复审工作。特种作业操作证有效期为6年,在全国范围内有效。特种作业操作证每3年复审1次。特种作业人员在特种作业操作证有效期内,连续从事本工种10年以上,严格遵守有关安全生产法律法规的,经原考核发证机关或者从业所在地考核发证机关同意,特种作业操作证的复审时间可以延长至每6年1次。

(2)特种设备作业人员

特种设备,是指涉及生命安全、危险性较大的锅炉、压力容器(含气瓶)、压力管道、电梯、起重机械和场(厂)内专用机动车辆,包括特种设备附属的安全附件、安全保护装置和与安全保护装置相关的设施。国家对特种设备实行目录管理,由国家质量监督检验检疫总局制定。各级政府负责特种设备安全监督管理的部门对港区内特种设备的安全实施监督管理。特种设备的作业人员及其相关管理人员统称特种设备作业人员。特种设备作业人员应当按照规定,经考核合格取得“特种设备作业人员证”,方可从事相应的作业或者管理工作。“特种设备作业人员证”每4年复审一次。

4.从业人员教育、培训管理

港口经营人应对从业人员进行安全教育、法制教育和岗位技术培训,保证从业人员具备必要的安全生产知识,熟悉有关的安全生产规章制度和安全操作规程,掌握本岗位的安全操作技能,了解事故应急处理措施,知悉自身在安全生产方面的权利和义务。采用新工艺、新技术或者使用新设备,港口经营人须了解、掌握其安全技术特性,采取有效的安全防护措施,并对从业人员进行专门的安全生产教育和培训。

港口经营人应制订培训计划,安排安全生产培训经费,建立安全生产教育和培训管理档案,如实记录安全生产教育和培训的时间、内容、参加人员以及考核结果等情况。安全生产教育和培训记录由从业人员本人核对并签名。记录保存期限不得少于3年。

港口经营人与从业人员订立的劳动合同,应当载明有关保障从业人员劳动安全、防止职业危害的事项,以及依法为从业人员办理工伤保险的事项。港口经营人应教育和督促从业人员严格执行本单位的安全生产规章制度和安全操作规程;并向从业人员如实告知作业场所和工作岗位存在的危险因素、防范措施以及事故应急措施。为从业人员提供符合国家标准或者行业标准的劳动防护用品,并监督、教育从业人员按照使用规则佩戴、使用。

被派遣劳动者应纳入港口经营人从业人员统一管理,享有从业人员的权利,履行从业人员的义务。接收中等职业学校、高等学校学生实习的,港口经营人应当对实习学生进行相应的安全生产教育和培训,提供必要的劳动防护用品。

港口设施保安主管及下列从事港口设施保安工作的人员,应当按照 ISPS 规则的有关要求,完成港口设施保安培训,具备履行其职责的港口保安管理、港口保安设备设施应用、港口保安风险分析等方面的知识和能力:①从事港口设施保安行政管理工作人员;②从事港口设施保安评估的人员;③制定《港口设施保安计划》的人员;④港口设施经营人中主管安全、生产的负责人。其他从事与港口设施保安有关工作的人员,应当按照 ISPS 规则的有关要求,经过相应的培训,具备履行其担任职责方面的知识和能力。万吨级以上的港口设施应有 6 人以上具备履行保安职责方面的知识和能力,万吨级以下的港口设施应有 3 人以上具备履行保安职责方面的知识和能力。

5.应急预案制定和备案

港口经营人应当依法制定本单位的危险货物事故应急预案、重大生产安全事故的旅客紧急疏散和救援预案以及预防自然灾害预案,并保障组织实施。港口经营人按照规定制定的各项预案应当报送港口管理部门和港口所在地海事管理机构备案。

应急预案应形成体系,针对各类可能发生的事故和所有危险源制定专项应急预案和现场处置方案,并明确事前、事发、事中、事后的各个过程中相关部门和有关人员的职责。港口经营人应当根据有关法律、法规、规章和相关标准,结合本单位组织管理体系、生产规模和可能发生的事故特点,确立本单位的应急预案体系,编制相应的应急预案,并体现自救互救和先期处置等特点。

《生产安全事故应急预案管理办法》(国家安全生产监督管理总局令第 88 号)规定,生产经营单位应急预案可分为综合应急预案、专项应急预案和现场处置方案。

综合应急预案,是指生产经营单位为应对各种生产安全事故而制定的综合性工作方案,是本单位应对生产安全事故的总体工作程序、措施和应急预案体系的总纲。

专项应急预案,是指生产经营单位为应对某一种或者多种类型生产安全事故,或者针对重要生产设施、重大危险源、重大活动防止生产安全事故而制定的专项性工作方案。

现场处置方案,是指生产经营单位根据不同生产安全事故类型,针对具体场所、装置或者设施所制定的应急处置措施。

第三节　港口安全生产管理

一、概述

所谓"安全生产",是指在生产经营活动中,为避免发生造成人员伤害和财产损失的事故而采取相应的事故预防和控制措施,以保证从业人员的人身安全,保证生产经营活动得以顺利进行的相关活动。

港口安全生产工作应当以人为本,坚持安全发展,坚持安全第一、预防为主、综合治理的方针,强化和落实港口经营人的主体责任,建立港口经营人负责、职工参与、政府监管、行业自律和社会监督的机制。港口经营人安全生产主体责任主要包括:安全生产、安全管理制度和措施的建立、落实责任;安全管理机构的设立、安全管理人员和有资质要求的从业人员配备责任;物质保障责任;必要的资金、技术投入责任;教育培训、应急演练责任;安全管理责任;事故报告和应急救援的责任等。

港口经营人应遵守《中华人民共和国安全生产法》《中华人民共和国港口法》《危险化学品安全管理条例》等法律、法规,加强安全生产管理,建立、健全安全生产责任制和安全生产规章制度,改善安全生产条件,推进安全生产标准化建设,提高安全生产水平,确保安全生产。

港口经营人的主要负责人对本单位的安全生产工作全面负责,对本单位安全生产工作的职责包括:①建立、健全本单位安全生产责任制;②组织制定本单位安全生产规章制度和操作规程;③组织制定并实施本单位安全生产教育和培训计划;④保证本单位安全生产投入的有效实施;⑤督促、检查本单位的安全生产工作,及时消除生产安全事故隐患;⑥组织制定并实施本单位的生产安全事故应急救援预案;⑦及时、如实报告生产安全事故。

港口经营人的安全生产管理机构以及安全生产管理人员应履行下列职责:①组织或者参与拟订本单位安全生产规章制度、操作规程和生产安全事故应急救援预案;②组织或者参与本单位安全生产教育和培训,如实记录安全生产教育和培训情况;③督促落实本单位重大危险源的安全管理措施;④组织或者参与本单位应急救援演练;⑤检查本单位的安全生产状况,及时排查生产安全事故隐患,提出改进安全生产管理的建议;⑥制止和纠正违章指挥、强令冒险作业、违反操作规程的行为;⑦督促落实本单位安全生产整改措施。

二、有关概念

1.相关术语

危险物品:根据《中华人民共和国安全生产法》,危险物品是指易燃易爆物品、危险化学品、放射性物品等能够危及人身安全和财产安全的物品。

危险化学品:根据《危险化学品安全管理条例》,危险化学品是指具有毒害、腐蚀、爆炸、燃烧、助燃等性质,对人体、设施、环境具有危害的剧毒化学品和其他化学品。危险化学品实行目录管理。危险化学品目录,由国务院安全生产监督管理部门会同国务院工业和信息化、公安、环境保护、卫生、质量监督检验检疫、交通运输、铁路、民用航空、农业主管部门,根据化学品危险特性的鉴别和分类标准确定、公布,并适时调整。

危险货物:根据《港口危险货物安全管理规定》,危险货物是指列入国际海事组织制定的《国际海运危险货物规则》和我国国家标准《危险货物品名表》(GB 12268),具有爆炸、易燃、毒害、感染、腐蚀、放射性等特性,容易造成人身伤亡、财产毁损或者对环境造成危害而需要特别防护的货物。

放射性物品:根据《放射性物品运输安全管理条例》,放射性物品是指含有放射性核素,并且其活度和比活度均高于国家规定的豁免值的物品。根据放射性物品的特性及其对人体健康和环境的潜在危害程度,将放射性物品分为一类、二类和三类。放射性物品的具体分类和名录,由国务院核安全监管部门会同国务院公安、卫生、海关、交通运输、铁路、民航、核工业行业主管部门制定。

剧毒化学品:剧毒化学品是指具有剧烈急性毒性危害的化学品,包括人工合成的化学品及其混合物和天然毒素,还包括具有急性毒性易造成公共安全危害的化学品。根据《剧毒化学品购买和公路运输许可证件管理办法》(公安部令第 77 号),剧毒化学品,按照国务院安全生产监督管理部门会同国务院公安、环保、卫生、质检、交通部门确定并公布的剧毒化学品目录执行。

废弃危险化学品:根据《废弃危险化学品污染环境防治办法》(国家环境保护总局令第 27 号),废弃危险化学品是指未经使用而被所有人抛弃或者放弃的危险化学品,淘汰、伪劣、过期、失效的危险化学品,由公安、海关、质检、工商、农业、安全监管、环保等主管部门在行政管理活动中依法收缴的危险化学品以及接收的公众上交的危险化学品。

2.危险货物类别、项别

根据《危险货物分类和品名编号》(GB 6944—2012),按危险货物具有的危险性或最主要的危险性分为 9 个类别。第 1 类、第 2 类、第 4 类、第 5 类和第 6 类再分成项别。类别和项别分列如下:

第 1 类　爆炸品

第 1.1 项　有整体爆炸危险的物质和物品

第 1.2 项　有迸射危险但无整体爆炸危险的物质和物品

第 1.3 项　有燃烧危险并有局部爆炸危险或局部迸射危险或这两种危险都有但无整体爆炸危险的物质和物品

第 1.4 项　不呈现重大危险的物质和物品

第 1.5 项　有整体爆炸危险的非常不敏感物质

第 1.6 项　无整体爆炸危险的极端不敏感物品

第 2 类　气体

第 2.1 项　易燃气体

第 2.2 项　非易燃无毒气体

第 2.3 项　毒性气体

第 3 类　易燃液体

第 4 类　易燃固体、易于自燃的物质、遇水放出易燃气体的物质

第 4.1 项　易燃固体、自反应物质和固态退敏爆炸品

第 4.2 项　易于自燃的物质

第 4.3 项　遇水放出易燃气体的物质

第 5 类　氧化性物质和有机过氧化物

第 5.1 项　氧化性物质

第 5.2 项　有机过氧化物

第 6 类　毒性物质和感染性物质

第 6.1 项　毒性物质

第 6.2 项　感染性物质

第 7 类　放射性物质

第 8 类　腐蚀性物质

第 9 类　杂项危险物质和物品,包括危害环境物质

注:类别和项别的号码顺序并不是危险程度的顺序。

3.港口安全设施

港口安全设施是指港口经营企业在港口生产活动中将危险因素、有害因素控制在安全范围内以及预防、减少、消除危害所配备的装置(设备)和采取的措施。新建、改建、扩建工程项目的安全设施,必须与主体工程同时设计、同时施工、同时投入生产和使用。安全设施投资应当纳入建设项目概算。

根据交通运输部制定的《港口安全设施目录》,港口安全设施目录可分为 5 大类:港口安全设施一般目录,危险货物码头及库场安全设施目录,客滚码头及库场安全设施目录,集装箱码头及库场安全设施目录,件杂货、散杂货码头及库场安全设施目录。各类码头及库场需要配置的、具有共性的安全设施,列入港口安全设施一般目录,包括码头及库场安全设施目录、港口消防安全设施目录、港口安全标志目录、港口个体防护设备设施目录。

(1)码头及库场安全设施目录包括:防冲安全设施,防撞安全设施,导、助航安全设施,系船安全设施,码头附属安全设施,库场安全设施,防风装置,防雷、防静电装置,通信设备设施,供配电系统安全设施,其他安全设施等类别;

(2)港口消防安全设施目录包括:固定式消防设施、移动式消防设施、消防供水安全设施、其他消防安全设施等类别;

(3)港口安全标志目录包括:禁止标志,警告标志,指令标志,提示标志,警示标志,危险货物类标志,起重机械危险部位标志,设备、管线安全标志,交通标志、标线等类别;

(4)港口个体防护设备设施目录包括:头部护具类、呼吸护具类、眼(面)护具类、耳朵防护类、手部防护类、脚部防护类、防护服类、防坠落护具类、其他防护类等

类别。

各类码头及库场的港口安全设施包括:一般目录中的设施、本类目录中的设施以及其他类目录中必要的设施。

危险货物码头及库场安全设施目录还包括:码头附属安全设施,装卸工艺系统安全设施,装卸设备安全设施,库场安全设施,阀门、管道安全设施,报警及警示装置,泄压、防爆、隔爆安全设施,密封安全设施,油气处理安全设施,防雷、防静电装置,通信设备设施,泄漏应急处置设备,给排水及含油污水处理设备设施,固定式消防设施,移动式消防设施,水上消防设施,消防供水/泡沫/干粉消防安全设施,火灾报警装置,其他消防安全设施。

客滚码头及库场安全设施目录还包括:码头附属安全设施、库场安全设施、装卸工艺系统安全设施、通信设施、固定式消防设施;集装箱码头及库场安全设施目录还包括:码头附属安全设施、库场安全设施。

件杂货、散杂货码头及库场安全设施目录还包括:码头附属安全设施,工艺系统安全设施,库场安全设施,报警及警示装置,泄压、防爆、隔爆安全设施,连续输送设施安全装置,煤炭翻车机、卸车安全装置,除尘装置。

4.重大危险源

《中华人民共和国安全生产法》第一百一十二条规定,重大危险源,是指长期地或者临时地生产、搬运、使用或者储存危险物品,且危险物品的数量等于或者超过临界量的单元(包括场所和设施)。

《危险化学品重大危险源辨识》(GB 18218—2009)中对危险化学品重大危险源定义是:危险化学品重大危险源,是指长期地或临时地生产、加工、使用或储存危险化学品,且危险化学品的数量等于或超过临界量的单元。单元,指一个(套)生产装置、设施或场所,或同属一个工厂的且边缘距离小于500米的几个(套)生产装置、设施或场所。

港口危险货物重大危险源,是指参照《危险化学品重大危险源辨识》(GB 18218—2009)标准辨识确定,港口区域内储存危险货物的数量等于或者超过临界量的单元(包括场所和设施)。

5.安全评价

根据《安全评价通则》(AQ 8001—2007),安全评价以实现安全为目的,应用安全系统工程原理和方法,辨识与分析工程、系统、生产经营活动中的危险、有害因素,做出评价结论的活动。安全评价可针对一个特定的对象,也可针对一定区域范围。安全评价按照实施阶段的不同分为三类:安全预评价、安全验收评价、安全现状评价。

安全预评价:在建设项目可行性研究阶段、工业园区规划阶段或生产经营活动组织实施之前,根据相关的基础资料,辨识与分析建设项目、工业园区、生产经营活动潜在的危险、有害因素,确定其与安全生产法律、法规、标准、行政规章、规范的符合性,预测发生事故的可能性及其严重程度,提出科学、合理、可行的安全对策措施建议,做出安全评价结论的活动。

安全验收评价:在建设项目竣工后正式生产运行前或工业园区建设完成后,通过检查建设项目安全设施与主体工程同时设计、同时施工、同时投入生产和使用的情况或工业园区内的安全设施、设备、装置投入生产和使用的情况,检查安全生产管理措施到位情况,检查安全生产规章制度健全情况,检查事故应急救援预案建立情况,审查确定建设项目、工业园区建设满足安全生产法律、法规、标准、规范要求的符合性,从整体上确定建设项目、工业园区的运行状况和安全管理情况,做出安全验收评价结论的活动。

安全现状评价:针对生产经营活动中、工业园区的事故风险、安全管理等情况,辨识与分析其存在的危险、有害因素,审查确定其与安全生产法律、法规、规章、标准、规范要求的符合性,做出安全现状评价结论的活动。安全现状评价既适用于对一个生产经营单位或一个工业园区的评价,也适用于某一特定的生产方式、生产工艺、生产装置或作业场所的评价。

三、港口危险货物建设项目安全设施审查及验收

1.港口危险货物建设项目安全条件审查

依据《危险化学品安全管理条例》《港口危险货物安全管理规定》,新建、改建、扩建从事港口危险货物作业的建设项目(以下简称“港口建设项目”)由港口管理部门进行安全条件审查。未经安全条件审查通过,港口建设项目不得开工建设。

省级港口行政管理部门负责下列港口建设项目的安全条件审查:①涉及储存或者装卸剧毒化学品的港口建设项目;②沿海 50000 吨级以上、长江干线 3000 吨级以上、其他内河 1000 吨级以上的危险货物码头;③沿海罐区总容量 100000 立方米以上、内河罐区总容量 5000 立方米以上的危险货物仓储设施。其他危险货物港口建设项目由项目所在地设区的市港口行政管理部门负责安全条件审查。

建设单位应当向港口建设项目所在地设区的市港口管理部门报送港口建设项目安全条件审查申请材料。市级港口管理部门应当对属于本级管理权限的申请材料予以受理并进行审查;对属于上级管理权限的申请材料进行形式审查并逐级上报。转报工作应当在 5 日内完成。港口管理部门应当自受理申请之日起 45 日内做出审查决定。

建设单位在申请安全条件审查前,应当委托具有法律法规规定资质的安全评价机构对该建设项目进行安全评价。《港口建设项目安全预评价规范》(JTS/T 170-2—2012),对港口危险货物建设项目安全预评价有关内容和要求做出了规范。

根据《港口建设项目安全预评价规范》(JTS/T 170-2—2012),港口建设项目安全预评价是指港口建设项目可行性研究的内容,对拟建工程设计方案以及类比工程进行分析,预测该项目存在的危险和有害因素的种类与程度,提出合理可行的安全对策措施及建设。

港口建设项目安全预评价范围应根据工程可行性研究内容、项目实施情况确定。评价的内容范围对工程可行性研究资料中的工程内容进行安全性预测并提出安全对策措施及建议。评价的地域范围应包括港口建设项目所含陆域和水域:陆域范围应包括码头、栈桥及港口建设项目建成后的陆域部分;水域范围应包括码头前沿停泊水域和回旋水域。评价范围应明确评价对象的作业范围和货种范围。

港口危险货物建设项目安全预评价内容应包括危险和有害因素辨识与分析、建设方案安全评价、事故危险性评价、有害因素危害评价、安全对策措施及建议和评价结论。

——危险和有害因素辨识与分析。对港口危险货物建设项目装卸、储运货种危险因素进行分析时,应列出危险货物的名称、联合国编号(UN 号)、包装及运输形式,并根据化学品安全技术说明书(MSDS)列出其理化特性、燃烧性、爆炸性、毒性、腐蚀性等特性参数,说明数据来源。同时,应明确是否属于法规规定的剧毒化学品、高毒化学品、易制化学品、监控化学品等。以集装箱、桶装、罐装、袋装等包装形式装卸、储运的危险货物可按照危险货物分析相应危险有害特性,并可按危险货物类别进行分析。此外,还应对港口危险货物建设项目装卸储运过程中可能导致的泄漏、扩散、火灾、爆炸等事故以及人员中毒窒息、灼烫等事故危险因素进行重点辨识分析。

——建设方案安全评价。建设方案安全评价的内容包括选址安全评价,总平面布置安全评价,装卸储运工艺及设备设施安全评价,水工结构安全评价,陆域形成、地基处理和堆场铺面安全评价,建筑物、构筑物安全评价,附属设施安全设施安全评价,消防安全评价,消防安全分析,靠离泊作业安全评价,供配电系统安全评价,照明系统安全评价,通信和控制系统安全评价,给排水系统安全评价等。

——事故危险性评价。事故危险性评价内容包括火灾爆炸指数评价,伤害和破坏范围评价等。油品、液体化工品、液化烃等易燃易爆液体散货港口建设项目宜采用道氏火灾爆炸指数法进行评价。道氏火灾爆炸指数法工艺单元的选择应将码头工艺设施和库区储存工艺设施分开。装卸储运易燃、易爆、有毒货物的港口建设项目应进行伤害和破坏范围评价,评价内容包括典型事故泄漏、扩散、火灾和爆炸的模拟计算。

2.港口危险货物建设项目安全设施设计审查

根据《中华人民共和国安全生产法》规定,矿山、金属冶炼建设项目和用于生产、储存、装卸危险物品的建设项目的安全设施设计应当按照国家有关规定报经有关部门审查,审查部门及其负责审查的人员对审查结果负责。《浙江省安全生产条例》规定，港区内新建、改建、扩建仅与码头相连的危险化学品储存建设项目以及专门为港口企业的装卸设备、车辆供应油品的加油站，由港口管理部门依法进行安全条件、安全设施设计审查和建设项目运营的安全生产监督管理。

由港口行政管理部门负责初步设计审批的危险货物港口建设项目，在初步设计审批中对安全设施设计进行审查。其他危险货物港口建设项目，由负责安全条件审查的港口行政管理部门进行安全设施设计审查。

有下列情形之一的，安全设施设计审查不予通过：①设计单位资质不符合相关规定的；②未按照有关法律、法规、规章和国家标准、行业标准的规定进行设计的；③对未采纳安全预评价报告中的安全对策和建议，未做充分论证说明的；④隐瞒有关情况或者提供虚假文件、资料的。安全设施设计审查未通过的，建设单位经过整改后可以重新申请安全设施设计审查。

已经通过审查的危险货物港口建设项目安全设施设计有下列情形之一的，建设单位应当报原审查部门重新申请安全设施设计审查：①改变安全设施设计且可能导致安全性能降低的；②在施工期间重新设计的。

生产经营单位新建、改建、扩建工程项目的安全设施，必须与主体工程同时设计、同时施工、同时投入生产和使用。安全设施投资应当纳入建设项目概算。

3.港口危险货物建设项目安全设施验收

《浙江省安全生产条例》规定，用于储存、装卸危险物品的建设项目，其安全设施应当按照批准的安全设施设计施工，并由建设单位负责验收。安全设施未经验收或者经验收不合格的，建设项目不得投入生产或者使用。建设项目投入生产或者使用，相关生产经营单位依法需要取得安全生产经营许可的，由实施安全生产经营许可的部门在实施相关安全生产经营许可时，查验经验收的安全设施是否符合安全生产法律、法规、标准和规程的要求。安全生产监督管理部门应当依法加强对建设单位验收活动和验收结果的监督核查。

港口危险货物建设项目的安全设施应当与主体工程同时建成，并由建设单位组织进行验收。验收前应当委托具有法律、法规规定资质的安全评价机构对建设项目及其安全设施进行安全评价，并编制安全验收评价报告。安全验收评价报告应当符合国家标准、行业标准和港口建设的有关规定。《港口建设项目安全验收评价规范》(JTS/T 170-3—2012)，对港口危险货物建设项目安全验收有关内容和要求做出了规范。

根据《港口建设项目安全验收评价规范》(JTS/T 170-3—2012)，港口建设项目安全验收评价是指港口建设项目竣工验收前，通过检查港口建设项目安全设施“三同时”的情况，检查安全生产管理措施到位情况，检查安全生产规章制度及操作规程健全情况，检查事故应急救援体系建立和试运行情况，审查港口建设项目是否满足安全生产法律、法规、标准等的要求，对港口建设项目的安全运行和安全管理进行评价。

港口建设项目安全验收评价应根据立项批复(审批、核准或备案)文件、项目设计文件、通过备案的该项目安全预评价报告以及项目实际实施范围情况确定评价范围。安全验收评价的地域范围包括港口建设项目所含陆域和水域:陆域范围应包括码头、栈桥及港口建设项目建成后的其他陆域部分;水域范围应包括码头前沿停泊水域和回旋水域。港口建设项目安全验收评价应明确评价对象的作业范围和货种范围。

危险货物安全验收评价内容应包括危险和有害因素的辨识与分析、安全技术条件与安全生产管理状况的符合性评价、主要安全设施"三同时"落实情况评价、危险危害程度的事故危险性评价、隐患整改意见及安全对策措施和评价结论等。

——安全技术条件符合性评价内容。安全技术条件符合性评价内容包括总平面布置安全评价,装卸储运工艺及设备设施安全评价,水工结构和建筑物、构筑物安全评价,常规安全防护措施评价,消防安全分析,靠离泊作业安全评价,供配电系统安全评价,通信和控制系统安全评价,其他配套设施及辅助生产设施安全评价和有害因素控制措施安全评价等。

——安全生产管理状况评价。安全生产管理状况评价包括经营单位安全生产管理机构评价、安全生产管理制度评价、安全生产教育培训评价、应急救援体系评价。经营单位安全生产管理机构的评价应评价安全生产管理机构的设置、安全生产管理人员的配置是否符合国家相关法律的规定。安全生产管理制度评价应包括安全生产责任制评价、安全生产规章制度评价和安全操作规章评价。

——主要安全设施"三同时"落实情况评价。主要安全设施"三同时"落实情况评价内容包括对安全预评价报告和项目初步设计提出的主要安全对策措施的采纳落实情况进行评价。

——事故危险性评价内容。事故危险性评价内容包括火灾爆炸指数评价,伤害和破坏范围评价等。

四、港口危险货物安全生产管理

1.港口危险货物作业安全评价

从事危险货物作业的港口经营人应当在取得经营资质后,委托具有相应资质条件的评价机构,对本单位的安全生产条件每3年进行一次安全评价,提出安全评价报告。安全评价报告的内容应当包括对安全生产隐患的整改方案。

出现下列情形之一的,危险货物港口经营人应当进行安全评价:①危险货物种类、数量或者装卸、储存方式及其相关设备、设施等发生重大变更的;②发生火灾、爆炸或者危险货物泄漏,导致人员死亡,或者人员重伤和直接经济损失达到较大事故以上的;③周边环境因素发生重大变化,可能对港口安全生产带来重大影响的。

《港口危险货物作业安全评价导则》(JT/T 845—2012),对港口危险货物作业安全评价的有关内容和要求做出了规范。根据导则,港口危险货物作业是指在港区区域内装卸、过驳、储存、运输和包装危险货物或者对危险货物集装箱进行装拆箱等项作业。

港口危险货物作业安全评价的内容包括辨识与分析危险有害因素,安全技术状况评价,安全生产管理状况评价,港口危险货物作业风险评价,安全隐患、整改措施及建议和安全评价结论。

安全技术状况评价,即为依据有关法律、法规、规章、标准、规范,采取选定的评价方法以实地调查、现场勘察的结果为基础,从周边环境及总体布局、靠离泊安全设施、库场、装卸工艺及设备设施、消防系统、常规防护设施与措施、电气系统、特种设备和强制检测设备、外部条件等方面进行安全符合性评价,查找安全隐患。

安全生产管理状况评价,即为依据有关法律、法规、规章、标准、规范,采用选定的评价方法以实地调查、现场查验的结果为基础,从企业资质、安全生产管理组织机构、从业人员资格、安全生产管理制度和操作规程、重大危险源管理、事故应急救援预案、日常安全管理等方面进行安全评价,查找安全隐患。

港口危险货物作业风险评价,即采用选定的评价方法对港口危险货物作业过程中存在的危险有害因素导致事故发生的可能性及其严重程度、影响范围进行预测性评价。

查找安全隐患、提出整改措施及建议,即为根据评价结果,依据有关法律、法规、规章、标准、规范的要求,明确指出港口危险货物作业存在的安全隐患,提出相应的整改措施及建议。整改措施及建议应具有针对性、可操作性和经济合理性。

安全评价结论内容包括评价对象营运期间存在的危险有害因素、符合性评价结果、评价对象是否满足港口危险货物作业的安全生产条件的内容。

港口危险货物作业安全评价中的安全技术状况评价和安全生产管理状况的评价内容与安全验收评价的内容基本一致。但是由于港口危险货物作业安全评价属于“安全现状评价”范畴,评价内容侧重于港口危险货物作业的现在状况以及运营过程中出现的变化状况,以及这些状况是否直接成为安全隐患或者间接造成安全隐患。

2.港口危险货物作业要求

禁止在港口装卸、储存国家禁止通过水路运输的危险货物。港口危险货物作业应当符合有关安全作业标准、规程和制度,并在装卸管理人员的现场指挥或者监控下进行。在港口内从事危险货物添加抑制剂或者稳定剂作业的,作业前应当将有关情况告知相关危险货物港口经营人。危险货物港口经营人应当对危险货物包装进行检查,发现包装不符合国家有关规定的,不得予以作业,并应当及时通知作业委托人处理。

危险货物港口经营人进行爆炸品、气体、易燃液体、易燃固体、易于自燃的物质、遇水放出易燃气体的物质、氧化性物质、有机过氧化物、毒性物质、感染性物质、放射性物质、腐蚀性物质的港口作业,应当划定作业区域,明确责任人并实行封闭式管理。作业区域应当设置明显标志,禁止无关人员进入和无关船舶停靠。

危险货物应当储存在港区专用的库场、储罐,并由专人负责管理;剧毒化学品以及储存数量构成重大危险源的其他危险货物,应当单独存放,并实行双人收发、双人保管制度。危险货物的储存方式、方法以及储存数量应当符合国家标准或者国家有关规定。危险货物港口经营人应当建立危险货物出入库核查、登记制度。

3.港口危险货物作业报告

在港口内进行危险货物的装卸、过驳作业开始24小时前,港口经营人应当将危险货物的名称、特性、包装和作业时间、地点报告所在地港口管理部门,港口管理部门应当在接到报告后24小时内做出是否同意作业的决定,通知报告人,并及时将有关信息通报海事管理机构。若报告人在取得作业批准后72小时内未开始作业的,应当重新报告。未经所在地港口管理部门批准的,不得进行港口危险货物作业。时间、内容和方式固定的港内危险货物装卸、过驳作业,可以按照港口管理部门的要求实行定期申报。

港口危险货物作业委托人应当向危险货物港口经营人提供完整准确的危险货物名称、联合国编号、危险性分类、包装、数量、应急措施等资料。作业委托人不得在委托作业的普通货物中夹带危险货物,不得将危险货物匿报或者谎报为普通货物。

4.安全生产备案管理

(1)安全评价报告及落实情况备案。从事危险货物作业的港口经营人应当将安全评价报告以及整改方案的落实情况报所在地港口管理部门备案。对出现危险货物种类、数量或者装卸、储存方式及其相关设备、设施等发生重大变更的;发生火灾、爆炸或者危险货物泄漏,导致人员死亡,或者人员重伤和直接经济损失达到较大事故以上的;周边环境因素发生重大变化,可能对港口安全生产带来重大影响等情形之一的,危险货物港口经营人应当进行安全评价,安全评价报告向“港口经营许可证”发证机关备案。

(2)剧毒化学品及重大危险源备案。危险货物港口经营人应当将其储存数量、储存地点以及管理措施、管理人员等情况,报所在地港口管理部门备案。危险货物港口经营人应当根据有关规定,进行重大危险源辨识,确定重大危险源级别,进行分级管理,对本单位的重大危险源登记建档,并报送所在地港口管理部门备案。重大危险源出现,可能影响重大危险源级别和风险程度情形的,应当对重大危险源重新进行辨识、分级、安全评估、修改档案,并及时报送所在地港口管理部门重新备案。

(3)重大事故隐患的排查和处理情况备案。危险货物港口经营人应当制定安全隐患排查制度,定期开展安全事故隐患排查,及时消除隐患,并将检查及处理情况形成书面记录。危险货物港口经营人应当将重大事故隐患的排查和处理情况及时向所在地港口管理部门备案。

(4)应急预案及其修订情况备案。危险货物港口经营人应当制定本单位危险货物应急预案,配备应急救援人员和必要的应急救援器材、设备,每半年至少组织一次应急救援培训和演练,并根据演练结果对应急预案进行修订。危险货物港口经营人应当将其应急预案及其修订情况报所在地港口管理部门备案。

五、港口危险货物重大危险源管理

港口危险货物重大危险源管理,包括港口危险货物重大危险源的辨识评估、登记建档、备案核销及安全管理等。

1.辨识评估

港口经营人应当对本单位的港口危险货物储存设施或场所进行港口重大危险源辨识,并记录辨识过程与结果。港口经营人应当对本单位的港口重大危险源进行安全评估并确定重大危险源等级。港口重大危险源按照其危险程度,由高到低依次划分为一级、二级、三级。港口经营人可以组织本单位的注册安全工程师、技术人员或者聘请有关专家对本单位港口重大危险源进行安全评估,也可以委托具有法律、法规、规章规定条件的安全评价机构对港口重大危险源进行安全评估。

依照有关法律、法规、规章等,港口经营人应当进行安全评价的,港口重大危险源安全评估可以与本单位的安全评价一起进行,也可以单独进行港口重大危险源安全评估。构成一级港口重大危险源的储存设施或场所,港口经营人应当委托具有法律、法规、规章规定条件的安全评价机构,采用定量风险评价方法进行安全评估,确定个人和社会风险值。

有下列情形之一的,港口经营人应当对港口重大危险源重新进行辨识分级,开展安全评估和完善档案:港口重大危险源安全评估满 3 年的;构成港口重大危险源的储存设施、场所进行新建、改建或扩建的;港口危险货物种类、数量或者储存方式及其相关设备、设施等发生重大变更,可能影响港口重大危险源级别和风险程度的;发生危险货物事故造成人员死亡,或者 10 人以上受伤,或者影响到公共安全的;外界生产安全环境因素发生变化,影响港口重大危险源级别和风险程度的。

2.登记建档

港口经营人应当对辨识确认的港口重大危险源及时进行登记建档。档案的主要内容包括:辨识、分级记录;港口重大危险源基本特征表;危险货物安全技术说明书;区域位置图、平面布置图、工艺流程图和主要设备一览表;港口重大危险源安全管理制度及安全操作规程;安全监测监控系统、措施说明、检测和检验结果;港口重大危险源事故应急预案;安全评估报告;港口重大危险源场所安全警示标志的设置情况;其他文件、资料。

3.备案核销

港口经营人在对港口重大危险源进行辨识、分级,并完成港口重大危险源安全评估报告后,应将港口重大危险源备案申请表和档案材料,向所在地港口管理部门备案。港口重大危险源出现重新辨识评估情形的,港口经营人应当修改档案,并及时向所在地港口管理部门重新备案。对不再构成港口重大危险源的,港口经营人应及时向所在地港口管理部门提出核销的书面申请报告。

4.安全管理

港口经营人应当建立健全港口重大危险源安全管理制度,落实港口重大危险源安全技术措施;应当明确港口重大危险源的责任人或责任机构,并对港口重大危险源的安全状况进行定期检查和日常巡查;对于检查发现的事故隐患,应及时采取措施予以消除。港口经营人应当根据危险货物种类、数量、储存工艺或相关设备、设施等实际情况,建立健全港口重大危险源安全监测监控体系,完善控制措施,按照国家有关规定,定期对港口重大危险源的安全设施和监测监控系统进行检测、检验,并进行经常性维护、保养,记录维护、保养、检测、检验结果,在重大危险源所在场所设置明显的安全警示标志,标明紧急情况下的应急处置办法。

港口经营人对港口重大危险源的管理和操作岗位人员进行安全操作技能培训,使其了解港口重大危险源的危险特性,熟悉港口重大危险源安全管理规章制度和安全操作规程,全面掌握本岗位的安全操作技能和在紧急情况下应当采取的应急措施。港口经营人应当将港口重大危险源的危险特性、可能的事故后果和应急措施等信息,以适当方式告知从业人员和其他相关单位、人员。

港口经营人应制定完善有关港口重大危险源事故应急预案体系,配备必要的防护、救援物资和装备,并进行经常性维护、保养,保障其完好。对存在吸入性有毒、有害气体的港口重大危险源,配备便携式浓度监测设备、空气呼吸器、化学防护服、堵漏器材等应急器材和设施;涉及剧毒气体的港口重大危险源,应配备两套以上(含两套)气密型化学防护服。港口经营人应建立专职或兼职应急救援队伍,应急救援队伍规模应与其危险货物储运规模相适应。

港口经营人应当制订港口重大危险源事故应急预案演练计划,并按照下列要求进行事故应急演练:对于一级、二级港口重大危险源,每季度至少进行一次;对于三级港口重大危险源,每半年至少进行一次。港口经营人应当记录和评估港口重大危险源事故应急演练情况,并根据记录和评估结果,及时修订完善港口重大危险源事故应急预案。

六、港口危险货物从业人员管理

根据《危险货物水路运输从业人员考核和从业资格管理规定》规定,港口危险货物从业人员主要包含两类:一是从事港口危险货物储存作业的港口经营人的主要负责人和安全生产管理人员(以下简称港口危货储存单位主要安全管理人员);二是危险化学品港口经营人的装卸管理人员(以下简称装卸管理人员)。

1.港口危货储存单位主要安全管理人员考核管理

港口经营人的主要负责人和安全生产管理人员须具备与本单位所从事的港口生产经营活动相应的安全生产知识和管理能力,恪尽职守,依法履行职责。港口危货储存单位主要安全管理人员应当按照《中华人民共和国安全生产法》的规定,经安全生产知识和管理能力考核合格。从事港口危险货物储存作业的港口经营人应当及时组织本单位的主要安全管理人员报名参加考核,并向组织考核的港口管理部门提交报名申请及以下报名材料:申请考核人有效身份证件的复印件;能够证明其为主要安全管理人员的有效文件。企业主要负责人:指企业的主要决策人,一般是法人的法定代表人,包括董事长、总经理等;其他组织或个体的资产所有人或生产经营负责人(营业执照载明的负责人)。安全生产主要管理人员包括安全生产分管领导、安全生产部门负责人、专(兼)职安全生产管理人员。安全生产管理人员的任免,应当告知所在地港口管理部门。

所在地港口管理部门应当按照省级交通运输主管部门编制的考核题库和制定的考核程序,组织港口危货储存单位主要安全管理人员安全生产知识和管理能力考核。考核不得收费。经考核合格的人员变动工作单位,担任其他港口危货储存单位主要安全管理人员的,可不再参加考核。从事港口危险货物储存作业的港口经营人应当加强经考核合格的主要安全管理人员的继续教育,及时更新法制、安全、业务方面的知识与技能。

2.装卸管理人员从业资格管理

装卸管理人员应当按照规定经考核合格,具备相应从业条件,取得相应种类的“危险化学品水路运输从业资格证书”(以下简称“资格证书”),方可从事相应的作业。“资格证书”按照危险化学品国际水路运输和国内水路运输类型,细分为包装、散装固体、散装液体等种类,并在证书备注栏中注明。“资格证书”由交通运输部统一式样及编号,在全国范围内有效。装卸管理人员应当按照所取得的“资格证书”注明的类型和种类范围从事相关作业活动。

省级交通运输主管部门应当按照交通运输部制定的考核大纲,编制装卸管理人员考核题库,并制定本行政区域内装卸管理人员的考核程序。省级交通运输主管部门按照考核程序和考核题库,组织装卸管理人员的从业资格考核工作。报名参加考核的人员应当向组织考核的机关提交报名申请和有效身份证件的复印件。

组织从业资格考核的部门,应当在考核结束后 20 个工作日内公布考核合格人员名单。参加考核人员可以向组织考核部门查询考核成绩。组织装卸管理人员从业资格考核的部门,应当在公布考核合格人员名单后 10 个工作日内,向考核合格人员颁发“资格证书”。装卸管理人员的“资格证书”有效期为5年。

装卸管理人员的“资格证书”到期需要换发的，应当在“资格证书”有效期届满前30日至90日，由申请人向原发证机关或其从业单位所在地发证机关提出申请，并提交申请人在证书有效期内的培训经历。装卸管理人员“资格证书”的发证机关应当在“资格证书”有效期届满前完成审核工作。审核合格的，由发证机关重新颁发“资格证书”；不合格的，不予换证并说明理由。

申请换发装卸管理人员“资格证书”的人员有下列情形之一的，应当按照本规定重新参加考核合格后取得“资格证书”：按照《中华人民共和国安全生产法》规定接受安全生产教育和培训的时间未达到16个小时且培训不合格的；未履行安全生产管理职责，导致发生生产安全事故，受到行政处罚的。

七、港口安全应急管理

应急管理是港口管理部门在港口突发事件的预防与应急准备、监测与预警、应急处置与救援、事后恢复与重建管理过程中，通过建立必要应急机制，采取一系列必要措施，保障群众生命财产安全；促进社会和谐健康发展的有关活动。

港口企业应建立健全内部应急机制，要牢固树立风险意识，做到有备无患。首先要建立企业应急管理组织体系，成立应急管理机构或配备专职人员，形成主要负责人全面负责、分管负责人具体负责、相关部门具体实施的企业应急管理组织体系。制定企业应急预案，将企业应急管理纳入企业管理的各个环节，形成上下通畅、多方联动、运转高效的企业应急管理机制，使企业管理工作规范化、制度化。

1.应急管理的原则

交通运输部水路交通突发事件应急预案提出了多项应急管理工作的基本原则，即：以人为本，安全第一；预防为主，平急结合；科学决策，快速高效；整合资源，协同应对；条块结合，属地为主；统一领导，分级负责。

2.应急管理的工作内容

应急管理工作内容概括起来为“一案三制”。“一案”是指应急预案，就是根据发生和可能发生的突发事件，事先研究制订的应对计划和方案。“三制”是指应急管理体制、运行机制和法制。

3.应急管理的基本任务

突发事件一旦发生，大多具有发生突然、影响范围大等特点，使得突发事件应急救援工作复杂而繁重。突发事件应急的基本任务主要有：

(1)预防和控制突发事件。突发事件应急工作的首要任务是防止事故的发生造成巨大的损失，只有建立完善的突发事件监测预警系统，通过科学的突发事件监测预警、采取有效可行的预防措施，将突发事件消灭在萌芽状态中，才是最佳选择。另外，在突发事件发生后，能够及时有效地实施应急救援行动，防止突发事件的进一步扩大和发展,也是突发事件应急工作的重中之重。特别是港口区域内的危险货物重大事故,应尽快组织消防、抢险等应急队伍和相关应急职能部门联合行动,控制事故的继续扩展,防止事故对港口造成重大破坏和对水域造成重大污染。

(2)抢险与救援。确保在突发事件应急救援行动中,及时、有序、科学地实施现场抢救和安全转送伤亡人员,最大可能地降低人员伤亡、减少事故损失和社会影响是突发事件应急工作的重要任务。特别是港口危险货物突发事件发生的突然性,发生后影响大以及影响范围广、危害性大的特点,要求救援人员在进入事故现场要采取各种有效措施进行自身防护,迅速撤离危险区域及危险涉及区域内的与抢险无关人员,同时在撤离过程中积极开展撤离人员的自救和互救工作。

(3)应急资源协调。应急资源是实施突发事件紧急救援和事后恢复工作的基础。突发事件应急管理应在合理布局本区域应急资源,以及充分了解本区域内其他部门应急资源配置的前提下,建立科学的应急资源共享、调配及补偿机制,有效利用交通系统内外和区域内外的应急资源,以满足应急工作需要。

(4)信息报告和发布。准确而及时的应急信息是进行应急处置的重要依据,也是避免引起公众恐慌的重要手段。突发事件应急组织应该以现代信息技术为支撑,如建立突发事件综合信息应急平台、应急信息发布系统等,以保证突发事件信息的上传下达,保持突发事件应急时的信息畅通无阻,以协调各部门和单位的行动。

(5)恢复和重建。突发事件应急处置结束后,工作重点应放在对因参加突发事件应急处置而致病、致残、死亡的人员或因突发事件造成生活困难需要社会求助的人员进行医疗或给予相应的补助和抚恤,清理、消除事故或受灾现场,对征用的应急物资进行补偿,尽快恢复生产上。并且突发事件应急处置工作结束后,应组织对突发事件进行调查、处理、监测和后果评估,提出损失赔偿、灾后恢复及重建等方面的建议,对应急经验教训进行总结评估。

当港口危险货物作业发生险情或者事故时,港口经营人应当立即启动应急预案,采取应急行动,排除事故危害,控制事故进一步扩散,并按照有关规定向所在地港口管理部门和有关部门报告。

第四节　港口设施保安管理

一、概述

1.起源

2001 年 9 月 11 日,恐怖分子对美国发动了恐怖袭击。这一改变世界并载入历史的标志性事件,对世界贸易和运输产生了重大影响。为有效防范全球港口和船舶受恐怖活动威胁,国际海事组织对《1974 年国际海上人命安全公约》(简称 SOLAS 公约)进行了重要的修正和补充,并出台了《国际船舶和港口设施保安规则》(简称 ISPS 规则)。国际海事组织与 2002 年 12 月 12 日召开外交大会,通过了 SOLAS 公约修正案和 ISPS 规则,并于 2004 年 7 月 1 日起生效。我国于 1973 年恢复了在国际海事组织中的成员国地位,作为航运大国,我国批准和加入了该组织几乎所有重要的公约,作为公约的缔约国,我国政府负有全面履行公约的义务。

2.执行依据

港口设施保安工作的依据主要包括:经修订的《1974 年国际海上人命安全公约》《国际船舶和港口设施保安规则》《国际海运危险货物规则》《中华人民共和国港口设施保安规则》。

3.适用对象

港口设施保安工作的适用对象为:航行国际航线的客船、500 总吨及以上的货船、500 总吨及以上的特种用途船和移动式海上钻井平台服务的港口设施保安工作。

二、有关概念

1.船港界面活动

船港界面活动,是指船舶与港口之间人员往来、货物装卸或者接受其他港口服务时发生的交互活动。

2.港口设施

港口设施,是指在港口发生船港界面活动的场所,包括码头及其相应设施和航道、锚地等港口公用基础设施。

3.船到船活动

船到船活动,是指从一船向另一船转移物品或者人员的行为。

4.保安事件

保安事件,是指威胁船舶、港口设施、船港界面活动和船到船活动安全的任何可疑行为或者情况。

5.保安等级

保安等级,是指可能发生保安事件的风险级别划分。港口设施的保安等级由交通运输部确定,港口管理部门可以提出变更建议。港口设施的保安等级从低到高分为三级,分别是:保安等级 1,是指应当始终保持的最低防范性保安措施的等级;保安等级 2,是指由于保安事件危险性升高而应在一段时间内保持适当的附加保护性保安措施的等级;保安等级 3,是指当保安事件可能或者即将发生(尽管可能尚无法确定具体目标)时应当在一段有限时间内保持进一步的特殊保护性保安措施的等级。

6.港口设施保安评估

港口设施保安评估,是指港口所在地港口管理部门通过对港口设施保安状况进行分析并提出相关保安措施建议的活动。港口设施保安评估应当进行现场保安检验。港口设施的保安评估每5年进行一次。港口主要设施或者其功能发生重大变化,港口设施保安组织、通信系统、保安工作的协调与配合程序发生重大改变,港口设施发生了重大保安事件时,应当重新进行保安评估。

7.保安主管

港口设施保安主管,又称港口设施保安员,是指被港口设施经营人或者管理人指定负责制订、实施、调整《港口设施保安计划》,并与船舶保安员和船公司保安员进行保安联络的人员。港口设施保安主管应当具备履行其职责的知识和能力。一人只能担任一个港口设施的港口设施保安主管。

港口设施保安主管履行的职责有:配合港口设施保安评估对港口设施进行初次全面保安检查;确保港口设施按本规则的规定制订《港口设施保安计划》;对港口设施进行定期保安检查,保证《港口设施保安计划》有效实施;对《港口设施保安计划》所载内容进行经常性评价和必要的调整;进行港口设施相关人员保安意识和警惕性的教育;确保港口设施保安工作人员获得充分的培训;与相关机构和人员保持信息沟通,向有关部门报告危及港口设施保安的事件并保存事件记录;与船公司和船舶保安员协调实施《港口设施保安计划》;签署《保安声明》;与提供保安服务的机构协调保安工作;确保港口设施保安人员符合相关要求;确保正确操作、测试、校准和保养保安设施设备;在接到船舶保安员请求时,协助其确认登船人员的身份。

8.保安计划

港口设施保安计划,是指港口设施经营人或者管理人根据保安评估报告为确保采取旨在保护港口设施和港口设施内的船舶、人员、货物、货物运输单元和船上物料免受保安事件威胁的措施而制订的计划。《港口设施保安计划》应当保密。

9.保安声明

保安声明,是指发生船港界面活动时,港口设施与船舶为协调各自采取的保安措施签署的书面协议。《保安声明》由港口设施保安主管与船长或者船舶保安员签署,根据保安等级变化做相应的改变或者重新签署。《保安声明》应当由港口设施保安主管保存3年。

10.替代保安协议

替代保安协议,是指我国政府与其他SOLAS公约缔约国政府就相互间固定短程航线上的港口设施签署的双边或者多边保安协议。

11.港口设施保安训练

港口设施保安训练,是指对《港口设施保安计划》规定内容的部分或者全部保安措施和应急反应程序进行的练习。

12.港口设施保安演习

港口设施保安演习,是指为了验证、评价和提高各级保安组织、相关部门、港口设施及人员的综合反应和协调配合能力,通过模拟保安事件,根据《港口设施保安计划》进行的多单位参与、协同进行的练习。

13.港口设施管理人

港口设施管理人,是指航道、锚地等港口公用基础设施的管理主体。

三、港口设施保安管理

1.港口设施经营人或者管理人

港口设施经营人或者管理人履行的主要职责有:负责制订《港口设施保安计划》和后续修订;实施《港口设施保安计划》;为港口设施保安主管履行职责提供必要的条件;在3级保安状态下,实施交通运输部发出的保安指令;收集、整理、分析并向有关部门提供港口设施保安信息;进行港口设施保安训练,参加港口设施保安演习。

港口设施经营人按照规定收取港口设施保安费。

2.政府部门

(1)省级交通主管部门组建港口设施保安工作组,负责本省港口设施保安履约工作,其工作职责主要有:负责《港口设施保安符合证书》年度核验工作;收集、整理、分析并向相关单位提供港口设施保安信息;组织区域性港口设施保安演习。

(2)港口所在地港口管理部门履行的职责主要有:负责组织港口设施保安评估和评估报告的后续修订;监督检查《港口设施保安计划》的实施;收集、整理、分析并向有关单位提供港口设施保安信息;组织本港港口设施保安演习;对其管理的港口公用基础设施进行保安评估,编写《港口设施保安评估报告》;对《港口设施保安计划》进行审核,并向港口设施经营人或者管理人出具审核修改意见;受省级交通运输(港口)管理部门委托,对申请“港口设施保安符合证书”年度核验的港口设施上一年度的保安工作进行核查并提交核查报告;监督检查港口设施保安费的征收和使用。

3.港口设施保安符合证书

《港口设施保安计划》经所在地港口管理部门审核并按要求修改后,港口设施经营人或者管理人向交通运输部申请“港口设施保安符合证书”。“港口设施保安符合证书”有效期5年。

第五节　船舶引航管理

一、概述

联合国亚洲及太平洋经济社会委员会编写的《港口立法指南》中指出,在船舶进港和港口入水道时,借助对港区契机特殊情况有着长期和具体了解的人员的指导,长期以来被人们认为是有益处的,在某些情况下是必要的。这是为了防止发生可能严重影响港口有效作业的事故。船舶在进港的狭窄水道中沉没或搁浅会严重妨碍航行,甚至使港口关闭。同样,由不熟悉港口限制水域的人在这种水域航行,可能会对港口重要工程和设施造成严重损坏。

因此,引航具有极为重要的意义:一是保障船舶和港口设施以及相关人员和货物的安全;二是保证港口正常的生产秩序。

二、有关概念

1.引航

引航是指持有有效适任证书的引航员,在引航机构的指派下,从事的引领相应船舶航行、靠泊、离泊、移泊、锚泊等活动。引航具有公益服务和专业技术有偿服务属性,在维护国家主权和保障港航安全方面具有特殊作用。引航不仅是一个港口的生产活动行为,也是一国主权的体现。引航区是指在我国沿海、内河和港口为引航划定的区域。

《港口立法指南》就引航的定义指出,因国别和法律体系不同,引航的概念和有关法律相差甚大,但有两个基本点是共同的:一是引航员一般不属于船舶(即他不是船员或船舶定员中的一员);二是在引航期间,由引航员指挥船舶(即他负责并控制船舶的航行)。这是引航的两项基本特征,在引航的定义中不可或缺。

引航包括强制引航和自愿引航。外国籍船舶和按照国家规定应当申请引航的中国籍船舶在港口水域内航行或者靠泊、离泊、移泊(顺岸相邻两个泊位之间的平行移动除外)的,应当向引航机构申请引航。其他船舶在港口水域内航行或者靠泊、离泊、移泊的,可以根据需要申请引航。

2.引航机构

引航机构是指专业提供引航服务的法人。沿海按"一个港口一个引航机构"设置,为进出全港所有码头的船舶提供引航服务,保持全国引航管理体制的统一性和完整性。引航机构名称定为"某某港引航站(中心)",各港根据实际需要在引航站(中心)下面可以设置若干引航分支机构。引航机构内部设置和人员配备应符合《引航机构人员配备要求》(JT/T 949—2014)的相关要求,坚持高效、精干、统一的原则,严格控制非引航员岗位编制。引航机构的设置方案和引航具体范围,由所在地港口管理部门根据引航业务发展需要向海事管理机构提出申请,经省级交通运输主管部门审核后,报交通运输部批准。引航机构应当按照船舶引航规范及有关规定,为船舶提供及时、安全的引航服务。

3.引航人员

引航员是指持有有效引航员适任证书,在某一引航机构从事引航工作的人员。引航员应按照有关规定提供引航服务,服从引航机构的安排和管理。

引航员应当经过规定的培训、考试,取得培训合格证和引航员适任证书。可申领引航员适任证书的条件有:具有中华人民共和国国籍;年满20周岁、未满60周岁;身体健康;具备大专以上航海或者船舶驾驶专业学历并完成规定的专业培训;无重大船舶交通责任事故记录和严重违反船舶及船员管理的违章记录。

根据《中华人民共和国引航员管理办法》,引航员分为:助理引航员、三级引航员、二级引航员、一级引航员和高级引航员。处于各等级见习期的,为见习引航员。助理引航员不能独立引领船舶,见习引航员不能独立引领见习等级或者该见习等级以上等级的船舶。

引航员按下列规定权限引领船舶:

①海港、内河一级引航员可以在各自的引领范围内引领任何船舶;

②海港二级引航员可以引领总长小于250米的船舶,内河二级引航员可以引领总长小于200米的船舶;但是总长等于或者大于180米的客船除外;

③海港三级引航员可以引领总长小于180米的船舶,内河三级引航员可以引领总长小于150米的船舶;但是客船和载运散装一级危险货物的船舶除外。

第六节　港口收费计费

一、概述

为规范港口经营服务性收费行为,完善港口价格形成机制,维护港口经营、使用、管理各方的合法权益,充分发挥市场对资源配置的决定性作用和更好发挥政府作用,促进港口更好地服务国民经济、对外贸易和航运事业发展,依据《中华人民共和国港口法》《中华人民共和国价格法》和《中央定价目录》,交通运输部会同国家发展改革委制定了《港口收费计费办法》(交水发〔2017〕104号)。各级交通运输主管部门、港口管理部门和各级价格主管部门负责监督收费政策实施,督促指导港口经营人、引航机构落实港口收费各项规定,遵循公平、合法和诚实信用的原则提供服务,并主动接受社会监督。各级价格主管部门要加强价格监督检查,依法查处违法违规价格行为,维护正常价格秩序。

二、港口收费分类

港口收费包括实行政府定价、政府指导价和市场调节价的经营服务性收费,均应单独设项计收,港口经营人和引航机构不得超出范围另行设立港口收费项目。

1.政府定价

实行政府定价的港口收费包括货物港务费、港口设施保安费,必须按照规定的收费标准计收。

(1)货物港务费。经由港口吞吐的货物及集装箱,由具体负责维护和管理防波堤、航道、锚地等港口基础设施的单位向货方或其代理人收取货物港务费。

(2)港口设施保安费。经由港口吞吐的外贸进出口货物及集装箱,由取得《港口设施保安符合证书》的港口经营人,按规定费率向货方或其代理人分别计收进、出港港口设施保安费。外贸进、出口内支线运输集装箱,由承担国际运输段的船方或其代理人向其挂靠港口的港口经营人代交港口设施保安费。外贸进口货物及集装箱因故停留中途港不再经水运前往到达港或其他港口的,港口设施保安费由中途港计收;因故停留中途港未办理清关手续并继续经水运前往原到达港或其他港口的,港口设施保安费由到达港计收。

2.政府指导价

实行政府指导价的港口收费包括引航(移泊)费、拖船费、停泊费、特殊平舱费和围油栏使用费,应以规定的收费标准为上限,港口经营人和引航机构可在不超过上限收费标准的范围内自主制定具体收费标准。实行政府指导价的港口收费标准按规定的基准费率、附加收费、优惠收费合计确定。

(1)引航(移泊)费。引领航行国际、国内航线船舶进、出港,向船方或其代理人计收引航费。引航(移泊)费的具体收费标准,应经所在地港口管理部门抄报省级交通运输、价格主管部门,由引航机构对外公布执行,接受外部监督。港口的引航距离由所在地港口管理部门确定并对外公布,同时抄报省级交通运输主管部门。引航收入应当用于引航机构人员费用、设备购置、设施建设、教育培训、运营管理等,如有节余,应当由所在地港口管理部门在当地人民政府领导下制定资金使用方案,用于港口公用基础设施维护等用途。

(2)拖船费。船舶靠离泊使用拖船和引航或移泊使用拖船,提供拖船服务的单位向船方或其代理人计收拖船费。沿海港口的船舶靠离泊和引航或移泊使用拖船艘数的配备标准由所在地港口管理部门会同海事管理机构提出,各省级交通运输主管部门对其合规性、合理性进行审核后公布。

(3)停泊费。停泊在港口码头、浮筒的船舶,由提供停泊服务的港口经营人向船方或其代理人计收停泊费。由于港口原因或特殊气象原因造成船舶在港内留泊,以及港口建设工程船舶、军事船舶和执行公务的公务船舶留泊,免收停泊费。

(4)特殊平舱费和围油栏使用费。为在船舱散货上加装货物进行平舱以及按船方或其代理人要求的其他平舱,由港口经营人向船方或其代理人收取特殊平舱费。散货在装舱过程中的随装随扒、装舱完毕后扒平突出舱口顶尖和为在散货上面装载压舱包所进行的一般平舱,不得收取特殊平舱费。船舶按规定使用围油栏,由提供围油栏服务的单位向船方或其代理人收取围油栏使用费。

3.市场调节价

实行市场调节价的港口收费包括港口作业包干费、堆存保管费、库场使用费,以及提供船舶服务的供水(物料)服务费、供油(气)服务费、供电服务费、垃圾接收处理服务费、污油水接收处理服务费、理货服务费,由港口经营人根据市场供求和竞争状况、生产经营成本和服务内容自主制定收费标准。

(1)港口作业包干费。港口经营人为船舶运输的货物及集装箱提供港口装卸等劳务性作业,向船方、货方或其代理人等综合计收港口作业包干费;港口经营人为客运和旅游船舶提供港站使用等服务,向客运和旅游船舶运营企业或其代理人综合计收港口作业包干费。港口作业包干费的包干范围包括港口作业的全过程,货物及集装箱港口作业、客运港口服务纳入港口作业包干费,不得单独设立收费项目另行收费。港口作业包干费不得包含实行政府定价、政府指导价的收费项目和其他实行市场调节价的收费项目。

(2)堆存保管费和库场使用费。货物及集装箱在港口仓库、堆场堆存,由港口经营人向货方或其代理人收取堆存保管费。在港口库场进行加工整理、抽样等,由港口经营人向货方或其代理人计收库场使用费。

(3)船舶供应服务费。港口经营人为船舶提供供水(物料)、供油(气)、供电、垃圾接收处理、污油水接收处理服务,由港口经营人向船方或其代理人收取船舶供应服务费。收费标准由港口经营人自主制定。水、油、气、电价格按照国家规定价格政策执行。

三、计费单位和进整方法

依据《中华人民共和国港口法》《中华人民共和国价格法》和《中央定价目录》以及《交通运输部　国家发展改革委关于印发〈港口收费计费办法〉的通知》(交水发〔2017〕104 号文),港口收费计费单位和进整办法应符合下列规定:

(1)费用计算以人民币元为计费单位。每一提货单或装货单每项费用的尾数按四舍五入进整,每一计费单的最低收费额为 1 元。

(2)船舶以计费吨为计费单位,按净吨计算,1 净吨为 1 计费吨,无净吨的按总吨计,既无净吨也无总吨的按载重吨计,既无净吨也无总吨和载重吨的按排水量计,并均按计费吨的收费标准计费。拖船按马力计算,1 马力为 1 计费吨。木竹排、水上浮物等按体积计算,1 立方米为 1 计费吨。不满 1 计费吨的按 1 计费吨计。

(3)时间以日或小时为计费单位。以日为计费单位的,按日历日计,不满 1 日按 1 日计;以小时为计费单位的,不满 1 小时按 1 小时计,超过 1 小时的尾数,不满半小时按 0.5 小时计,超过半小时的按 1 小时计。另有规定的除外。

(4)距离以海里或千米为计费单位,不满 1 海里或 1 千米的按 1 海里或 1 千米计。

(5)面积以平方米为计费单位,不满1平方米的按1平方米计。

(6)货物以重量吨或体积吨为计费单位,既有重量吨又有体积吨的,择大计费。重量吨为货物的毛重,以1000千克为1重量吨;体积吨为货物"满尺丈量"的体积,以1立方米为1体积吨。特殊货物重量按表1(特殊货物重量换算表,本书略)进行换算,实重大于换算重量时,按换算重量计算。

(7)每一提货单或装货单每项货物的重量或体积,最低以1重量吨或1体积吨计算;超过1重量吨或1体积吨的,尾数按0.01进整。每一计费单同一等级的货物相加进整。

(8)集装箱以箱[20英尺(约6米)或40英尺(约12米)]为计费单位。可折叠的空箱,4箱及4箱以下摞放在一起的,按1箱相应标准的重箱计费。另有规定的除外。

货物的重量或体积,以提货单、装货单或港口货物作业合同上所列为准。港口经营人、管理人可对货物的重量或体积进行核查,提货单、装货单或港口货物作业合同上所列重量或体积与核查不符的,以实际核查结果作为计费依据。

第七节 港口管理执法案例分析

一、案由

××市××砂石场未依法取得港口经营许可证从事港口经营案。

二、案情简介

20××年5月29日10时00分,××市港口管理局行政执法人员施某、陈某在××码头巡查,发现××市××砂石场装卸人员正在××码头上对××船进行黄沙卸船作业,执法人员要求该公司提供港口经营许可证,该公司无法提供。经查,当事人此次作业没有违法所得。

三、案件性质

从事港口经营,应当办理工商注册登记后,向所在地港口管理部门书面申请取得港口经营许可。港口经营包括码头和其他港口设施的经营,港口旅客运输服务经营,在港区内从事货物的装卸、驳运、仓储的经营和港口拖轮经营等。如果港口经营人从事港口经营许可范围之外的港口经营内容的,按照超越经营许可范围从事港口经营活动案进行处理。

本案中××砂石场为××船进行黄沙卸船作业,属于从事港口经营行为,而该公司尚未取得相应的港口经营许可证。因此,本案××砂石场未依法取得港口经营许可证从事港口经营行为违反了《中华人民共和国港口法》第二十二条第一款关于"从事港口经营,应当向港口管理部门书面申请取得港口经营许可,并依法办理工商登记"的规定,已构成违法。

四、当事人

此类案件应处罚实际港口经营人。

五、证据收集要求

(1)现场笔录,证明现场情况及案件来源。

(2)现场照片,证明20××年5月29日10时××分××市××砂石场在××码头卸载黄沙的现场情况。

(3)对蔡某、张某的询问笔录,证明××市××砂石场未依法取得港口经营许可证进行黄沙卸载的港口经营行为,其行为未形成违法所得的行为;同时证明××船在××码头卸载黄沙的情况。

(4)当事人的授权委托书及身份证明,证明蔡某的委托代理人身份以及潘某、蔡某、张某的身份信息。

(5)××砂石场的企业营业执照复印件,证明××砂石场的主体资格。

(6)××船的船舶营业运输证复印件,证明装载黄沙的××船的船舶情况。

六、现场笔录的事实情况记录

20××年5月29日10时00分,××市港口管理局行政执法人员施某、陈某在××码头巡查,发现××市××砂石场装卸人员正在××码头上对××号船进行黄沙卸船作业,执法人员要求该公司安全部经理蔡某提供港口经营许可证,该公司无法提供。

七、询问笔录的询问要点(对该公司安全部经理蔡某的询问笔录)

(1)核实被询问人的基本情况。(示例:请问你的姓名、年龄、性别、住址、单位及职务?)

(2)调查本案当事人的情况。(示例:请问20××年5月29日10时00分××码头为××船卸载黄沙作业的经营人是谁?此船卸载的黄沙货主是谁?)

(3)调查违法行为性质。(示例:请问你公司是否持有港口经营许可证?)

(4)调查与裁量有关的情节。(示例:请问此次作业的起始时间?卸载的是什么货物?计划卸载的数量及实际卸载数量分别是多少?本次卸载作业收费是多少?)

(5)调查违法原因、目的。(示例:你为什么在未取得港口经营许可证的情况下,从事港口经营活动?)

(6)调查当事人对该行为的认识(含危害后果)。(示例:你知道这样做会带来什么危害后果吗?)

八、处理情况

此类案件主要以违法所得的多少、经营的货种、是否造成人员伤亡等作为裁量基准的划分依据。本案当事人的违法行为未取得违法所得,应按照处罚裁量基准的“一般”一档进行裁量,即给予当事人罚款人民币5万元整的行政处罚。此类案件应责令当事人立即停止违法行为。

第四章　航道管理执法

第一节　概　　述

一、航道定义

《中华人民共和国航道法》所称航道，是指中华人民共和国领域内的江河、湖泊等内陆水域中可以供船舶通航的通道，以及内海、领海中经建设、养护可以供船舶通航的通道。航道包括通航建筑物、航道整治建筑物和航标等航道设施。

航道的定义在世界各国不尽相同，《中华人民共和国航道法》出台前的定义也不尽相同。归纳起来可以分为广义和狭义二种。广义的航道指通航河道或水道的整体；狭义的航道等同于“航槽”（除了运河、通航渠道和某些水网地区的航道以外，航道的范围只占水面宽度的一部分，在设有助航标志的航段，为航标标示出的可供船舶航行的通道）。

根据航道的定义，并非所有的水域都是航道。原因在于，船舶航行对水域的通航条件是有技术要求的，包括一定的水深、宽度、弯曲半径及水流的稳定性等。因此，只有通过规划、普查、统计等形式进行划定和列入航道名录公布的通航水域，才是法律意义上的航道。

二、航道的分类

根据航道所处的区域，航道可分为内河航道和沿海航道。内河航道是指江河、湖泊等内陆水域中可以供船舶通航的通道，包括通航的人工运河（如杭甬运河）、水库（千岛湖）和渠道；沿海航道是指内海、领海中经建设、养护可以供船舶通航的通道。

按通航时间的长短，航道可分为常年通航航道和季节性通航航道。常年通航航道是指可供船舶常年通航的航道，又称常年航道。季节性通航航道是指只能在一定季节或水位期内通航的航道,又称季节性航道。季节性航道主要由于冰冻或枯水等原因,在一段时间内不可通航。

按航道所在的水域类型特性,内河航道可以分为天然和渠化河流航道、限制性航道、宽浅河流航道、山区急流河段航道、湖泊航道和水库航道。内河限制性航道,是指因内河水面狭窄对船舶航行有明显限制的航道。

按航道的形成类型,可以将航道分为天然航道和运河。运河就是指在陆地上人工开挖的、主要供船舶通航的水道,又称人工运河。京杭大运河就是最为著名的人工运河。运河在航道中数量很少,大多数航道是天然形成的或者是在天然河流的基础上经渠化整治形成的航道。

三、航道的技术等级和尺度标准

1.航道技术等级

航道技术等级是表明航道水深、宽度、弯曲半径以及可通行船舶吨位的技术指标,分为航道现状技术等级和发展规划技术等级。航道现状技术等级是指航道现有的技术等级,是负责航道管理的部门开展航道维护工作的等级依据,包括航道维护宽度、水深、弯曲半径、维护水深保证率等主要技术指标,同时也是船舶航行的主要依据。航道发展规划技术等级是为保护航道资源,开展建设与航道有关拦河、跨河、临河(海、湖)建筑物等设施进行航道通航条件影响评价的重要等级依据。内河航道技术等级的划分是按内河船舶的吨级来确定的。国家《内河通航标准》(GB 50139—2014)把内河航道按可通航内河船舶的吨级划分为七级(表4-1)。

航道等级划分　　表4-1

航道等级	Ⅰ	Ⅱ	Ⅲ	Ⅳ	Ⅴ	Ⅵ	Ⅶ
船舶吨级(吨)	3000	2000	1000	500	300	100	50

注:1.船舶吨级按船舶设计载重吨确定;

2.通航3000吨级以上船舶的航道列入Ⅰ级航道。

内河准七级航道,是指通航船舶50吨级以下(不含50吨级),航道水深不小于1.5米、底宽不小于12米,跨航道建筑物净空高度不小于3米、下底净宽不小于12米、上底净宽不小于9米的内河航道。

2.航道尺度标准

航道尺度是设计最低通航水位时航道的最小水深、宽度和弯曲半径的总称。航道尺度标准是航道管理工作需要掌握并经常运用的。对同一航道等级,因代表船型的不同有不同的航道尺度标准。天然和渠化河流航道尺度标准见表4-2,限制性航道的尺度标准见表4-3。

天然和渠化河流航道尺度 表 4-2

航道等级	船舶吨级（吨）	代表船型尺度（米）（总长×型宽×设计吃水）	代表船舶、船队	船舶、船队尺度（米）（长×宽×设计吃水）	航道尺度（米）			
					水深	直线段宽度		弯曲半径
						单线	双线	
Ⅰ	3000	驳船 90.0×16.2×3.5 货船 95.0×16.2×3.2	(1)	406.0×64.8×3.5	3.5～4	125	250	1200
			(2)	316.0×48.6×3.5		100	195	950
			(3)	223.0×32.4×3.5		70	135	670
Ⅱ	2000	驳船 75.0×16.2×2.6 货船 90.0×14.8×2.6	(1)	270.0×48.6×2.6	2.6～3.0	100	190	810
			(2)	186.0×32.4×2.6		70	130	560
			(3)	182.0×16.2×2.6		40	75	550
Ⅲ	1000	驳船 67.5×10.8×2.0 货船 85.0×10.8×2.0	(1)	238.0×21.6×2.0	2.0～2.4	55	110	720
			(2)	167.0×21.6×2.0		45	90	500
			(3)	160.0×10.8×2.0		30	60	480
Ⅳ	500	驳船 45.0×10.8×1.6 货船 67.5×10.8×1.6	(1)	167.0×21.6×1.6	1.6～1.9	45	90	500
			(2)	112.0×21.6×1.6		40	80	340
			(3)	110.0×10.8×1.6		30	50	330
			(4)	67.5×10.8×1.6				
Ⅴ	300	驳船 32.0×9.2×1.3 货船 55.0×8.6×1.3	(1)	94.0×18.4×1.3	1.3～1.6	35	70	280
			(2)	91.0×9.2×1.3		22	40	270
			(3)	55.0×8.6×1.3				
Ⅵ	100	驳船 32.0×7.0×1.0 货船 45.0×5.5×1.0	(1)	188.0×7.0×1.0	1.0～1.2	15	30	180
			(2)	45.0×5.5×1.0				
Ⅶ	50	驳船 24.0×5.5×0.7 货船 32.5×5.5×0.7	(1)	145.0×5.5×0.7	0.7～0.9	12	24	130
			(2)	32.5×5.5×0.7				

限制性航道的尺度 表 4-3

航道等级	船舶吨级（吨）	代表船型尺度（米）（总长×型宽×设计吃水）	代表船舶、船队	船舶、船队尺度（米）（长×宽×设计吃水）	航道尺度（米）		
					水深	直线段宽度	弯曲半径
Ⅰ	2000	驳船 75.0×14.0×2.6 货船 90.0×15.4×2.6		180.0×14.0×2.6	4.0	60	540
Ⅱ	1000	驳船 67.5×10.8×2.0 货船 80.0×10.8×2.0		160.0×10.8×2.0	3.2	45	480
Ⅲ	500	驳船 42.0×9.2×1.8 货船 47.0×8.8×1.9		108.0×9.2×1.9	2.5	40	320
				47.0×8.8×1.9			
Ⅳ	300	驳船 30.0×8.0×1.8 货船 36.7×7.3×1.9		210.0×8.0×1.9	2.5	35	250
				82.0×8.0×1.9			
				36.7×7.3×1.9			

续上表

航道等级	船舶吨级(吨)	代表船型尺度(米)(总长×型宽×设计吃水)	代表船舶、船队	船舶、船队尺度(米)(长×宽×设计吃水)	航道尺度(米)		
					水深	直线段宽度	弯曲半径
Ⅴ	100	驳船 25.0×5.5×1.5		298.0×5.5×1.5	2.0	20	110
		货船 26.0×5.0×1.5		26.0×5.5×1.5			
Ⅵ	50	驳船 19.0×4.5×1.2		230.0×4.7×1.2	1.5	16	100
		货船 25.0×5.5×1.2		25.0×5.5×1.2			

此外,我国还于2011年颁布了《运河通航标准》(JTS 180-2—2011)。运河航道尺度标准与限制性航道接近。

四、航道设施

航道设施主要包括过船建筑物、航道整治建筑物和航标等。

(一)过船建筑物

过船建筑物是使船舶得以通过有集中水位落差或地形障碍等特殊航段的航道水工设施,又称通航建筑物。克服航道上集中水位落差的过船建筑物主要有船闸和升船机,克服地形障碍的过船建筑物有通航隧道和通航渡槽。其中通航隧道是为航道穿过山丘而开凿的隧道,浙江省富春江船闸二期设计方案中包含通航隧道方案。通航渡槽是为运河跨越峡谷,或高程较高的运河跨越天然河流、道路而设置的过船建筑物。

浙江省过船建筑物主要有船闸、升船机两类。从当前运行情况看,无论通过能力、通航保证率,还是运行安全、可靠等诸方面,船闸性能均优于升船机。但升船机在高水头(水位差较大)情况下适应性较强,比如三峡升船机,对于少量急需过坝的船舶,升船机的作用是五级船闸不能取代的。当运量需求不大时,高水头大坝建升船机会更经济。此外,升船机在过船的同时,不消耗上游水库的水量。

1.船闸

船闸是通过调节闸室水位帮助船舶克服航道水位落差的一种过船水工建筑物。船闸闸室两端各有一个闸门分别与上游或下游的引航道相接。工作时关闭两端闸门,先借助输水系统向闸室充水使闸室水位升(或自闸室排水使闸室水位降),逐渐与一端引航道中的水位相平,然后打开该端的闸门,该端的船舶就可以通过引航道顺次开进船闸。船舶进闸泊稳后,把闸门关闭,再通过输水系统使闸室内的水位与闸室另一端的水位相平,打开水位相平端闸门,船舶即可驶出船闸完成过闸作业。

船闸种类很多,其类型可根据闸室数目、所处的地理位置及功能来划分。

(1)根据船闸纵向(即沿水流方向)的闸室数划分,可分为单级船闸和多级船闸。单级船闸是沿船闸纵向只建一个闸室,船舶过闸时只需进行一次充、泄水即可克服所在拦河大坝上下游水位全部落差,完成过闸(过坝)过程。因此船舶过坝时间短,通过能力较大,被广泛采用。浙江省现有船闸多为单级船闸。多级船闸就是沿航道纵向连续建有两个以上闸室的船闸。船舶通过多级船闸时,需循序多次充、泄水才能克服上下游水位的全部落差完成过坝过程。当大坝集中的水位差较大时,需建设多级船闸。三峡永久船闸为双线五级船闸。

(2)根据船闸横向相邻闸室的数目划分,可分为单线、双线和多线船闸。单线船闸在遇到船闸检修和发生故障时,有可能造成过坝航运中断。对于水运要求高、货运量较大的水利枢纽,一般都采用双线或多线船闸。

在双线或多线船闸中,如果每一线船闸由多级船闸组成,则称为多线多级船闸。三峡永久船闸为双线五级船闸。

(3)根据船闸特点划分,把在闸室一侧或两侧设贮水池存储船闸下泄水量,供充水时重复使用,以节省船舶过闸用水量的船闸称为省水船闸;把闸室宽度大于闸门宽度的船闸称为广室船闸;把按通行海轮设计,位于内河入海口的船闸称为海船闸。

2.升船机

升船机是用机械方法升降船舶以克服航道集中水位落差的一种过船建筑物。当船舶需要自拦河坝下游河段向上游河段行驶时,启动机械传动机构,使承船厢(车)停放在下游引航道水体中的设定位置,船舶自下游引航道进入承船厢(车),通过机械驱动,牵引承船厢(车)沿轨道翻过拦河坝驶入上游引航道,再使承船厢(车)停放在上游引航道的设定位置,船舶驶离承船厢(车)和上游引航道,进入拦河坝上游河段;自上游向下游河段行驶时,按上述程序相反进行。

升船机也有许多种类。主要是根据承船厢运行的方向,把升船机分为垂直升船机和斜面升船机两类。

(1)垂直升船机。垂直升船机是承船厢沿垂直方向升降的升船机,主要有平衡重式、浮筒式和水压式3种。

(2)斜面升船机。斜面升船机在运行时,承船厢沿斜坡轨道运行。按运行时船舶纵轴方向与轨道展布方向的空间关系可分为纵向斜面升船机和横向斜面升船机;按过坝时船舶是否由水体承载又可分为湿式斜面升船机和干式斜面升船机,浙江省现有的升船机多为小型的干式斜面升船机。水坡机可视为斜面升船机的一种特殊形式,船舶在坡槽中随水体移动而升降。

(二)航道整治建筑物

航道整治建筑物,是指用于整治航道的起束水、导流、导沙、固滩和护岸等作用的建筑物。浙江省通常采用的航道整治建筑物形式主要有丁坝、顺坝、锁坝、护岸等。整治建筑物的形式和布置将直接影响其效果和工程造价。

1.丁坝

丁坝是最常用的整治建筑物。其坝根与河岸连接,坝头伸向河心,坝轴线与水流方向正交或斜交，在平面上与河岸构成丁字形。是横向阻水的整治建筑物。未淹没时，丁坝可以束窄河槽，提高流速冲刷浅滩；淹没后可造成环流，横向导沙，增加航道水深；可调整分汊河道的分流比；可淤高河滩以保护河岸或海塘；还可挑出主流以防顶冲河岸和堤防等。

2.顺坝

顺坝是一种坝轴线沿水流方向或与水流交角很小的建筑物，起引导水流，束窄河床的作用，故又称导流坝。

3.锁坝

锁坝是从一岸到另一岸横跨河槽及串沟的建筑物，又名堵坝。其作用主要是“塞支强干”，可在分汊河道上为了集中水流冲刷通航汊道。

4.潜坝

潜坝是指在最枯水位时仍潜没在水下而不碍航的建筑物，有潜丁坝、潜锁坝等，它的主要作用是：壅高上游水位，调整比降，增加水深；也可以促淤赶沙，减小过水断面和消除不良流态等。

5.护岸

护岸是在江河两岸修筑的保护河岸的设施。护岸的作用是：控制河势，稳定水流动力轴线，不使河床边界任意变化，使河势稳定在最满意的状态；抑制崩岸，防止水流淘刷和波浪冲蚀；防止主流顶冲，保护堤防等。

(三)航标

航标也叫助航标志，是为帮助船舶安全、经济和便利航行而设置的视觉的、音响的和无线电的有信息服务作用的设施。航标一般具有四项功能：定位功能（确定船舶所在位置）、危险警告功能（标示航道中的危险物和碍航物）、确认功能（确认船舶相对航标的距离和方位）和指示交通功能（指示船舶遵循某些交通规则，如分道通航、专用航道等）。

1.航标的分类

航标有多种分类方法。按配布水域分类，可分为海区航标和内河航标；按配布位置的可靠性分为固定航标和浮标；按工作原理分为视觉航标、音响航标（是指通过音响传递信息以引起航行人员注意的助航标志。在能见度不良的天气，音响航标发出具有一定识别特征的音响信号，使船舶知道其概略方位，起到警告危险作用，如雾锣、雾钟、雾号、雾炮等）、无线电航标（指以无线电波传送信息，供船舶测定船方位的助航设施，如无线电指向标、雷达应答器、雷达反射器等）。视觉航标根据配布水域可分为海区视觉航标和内河视觉航标，是工作中常常涉及的主要航标类型。

海区视觉航标是设置于海区、港湾、通海河口的助航标志。它分为海区陆上航标和海区水上航标两种。海区陆上航标又称岸标；海区水上航标主要包括浮标和水中固定航标。对于海区、港湾、通海河口的浮标和水中固定航标，我国制定了国家标准《中国海区水上助航标志》(GB 4696—1999)。标准规定了这类航标的种类、功能、形状、颜色、灯质及顶标等的标准。这个标准是采用国际航标协会海上浮标制度(A区域)原则,并结合我国具体情况制定的。根据该标准,海区航标按功能分为侧面标志(左侧标、右侧标、推荐航道左侧标、推荐航道右侧标)、方位标志(北方位标、东方位标、南方位标、西方位标)、孤立危险物标志、安全水域标志和专用标志。

浙江省针对航标的管理主要集中于内河航标的管理和养护工作,海区航标的养护和管理职能已由交通运输部划归部海事局。

内河航标是设置于江、河、湖泊、水库航道上的助航标志。我国制定有国家标准《内河助航标志》(GB 5863—1993)和《内河助航标志的主要外形尺寸》(GB 5864—93)。内河航标按功能分为航行标志、信号标志和专用标志。航行标志包括过河标、沿岸标、导标、过渡导标、侧面标、左右通航标、示位标、泛滥标及桥涵标。信号标志包括通行信号标、鸣笛标、界限标、水深信号标、横流标及节制闸标。专用标志包括管线标及专用标。

2.内河航标的功能作用

(1)航行标志。不同航行标志的功能如下:

过河标:设置在过河航道的起点或终点岸边,指示由对岸驶来的船舶在接近标志时可沿着本岸航行,同时也指示沿本岸驶来的船舶在标志附近转向对岸。如遇双向过河,则可将标志设在上、下方过河航道在本岸的交点处,即指示由对岸驶来的船舶在接近标志时再返驶向对岸。

沿岸标:设置在标示深槽河段沿岸航道的方向,指示船舶继续沿设标一岸航行。

导标:由前后两座标志所构成的导线来标示狭窄航道的中心线方向,指示船舶沿该导线航行。

过渡导标:由前后两座标志组成,两标连线标示导线的一方为狭窄航道的中心线,而另一方则为宽阔的沿岸或过河航道。指示沿导线驶来的船舶在接近标志时驶入较宽阔的沿岸或过河航道;同样,也指示由较宽阔的沿岸航道或沿过河航道驶来的船舶在接近标志时驶入导线航道,即该标为引导船舶在宽阔航道与狭窄导线航道之间的起讫点过渡作用。

首尾导标:是由前、后鼎立的三座标志组成两条导线,分别标示上、下方狭窄航道中心线的方向,故首尾导标的位置设在两条狭窄航道的转折处,即一条狭窄航道的首端和另一条的尾端。

侧面标:设在浅滩、礁石、沉船或其他碍航物靠近航道一侧,标示航道的侧面界限,故称侧面标。侧面标设在水网地区优良航道两岸时,可标示侧面岸形、突嘴或不通航的汊港。指示船舶在航道内安全航行。

左右通航标:设在航道中个别河心碍航物或两个航道分汊处,标示该标两侧(左及右)都是通航的航道。

示位标：设在湖泊、水库、水网地区或其他宽阔水域，用来标示河口、岛屿、浅滩区、礁石等的位置，故名示位标。以供船员根据航道图上标明（或在航道公报上说明）的标位来确定自己的船位与航向，指示船舶在标志附近进入河口或警告船舶避离危险区。

泛滥标：设在将被或已被洪水淹没的河岸或岛屿靠近航道的一侧，以标示被洪水泛滥而淹没的岸线或岛屿的轮廓。

桥涵标：设在通航桥孔或通航涵闸孔迎船一面的桥（闸）孔中央，指引船舶通过该桥孔。

（2）信号标志。不同信号标志的功能如下：

通行信号标：设在上、下行船舶相互不能通视，对驶有危险的狭窄单线、急弯航道或单孔通航的桥梁、通航建筑物（如船闸、套闸等）以及临时禁航的航道两端，利用信号控制上行或下行船舶单向顺序通过；或者临时禁止通行。

鸣笛标：设在通航控制河段或上、下行船舶不能相互通视的急弯航道的上下游两端河岸上，指示船舶鸣笛。

界限标：设在通行控制河段的上、下游，标示通航控制河段的上、下界限。设在船闸闸室有效长度的两端时，标示闸室内允许船舶安全停靠的两端界限。

水深信号标：设在浅滩上、下游靠近航道一侧的河岸上，揭示浅滩航道的最小水深。

横流标：设在有横流航道附近，标示航道内的横流，警告船舶注意采取安全措施。

节制闸标：设在靠近节制闸上游或上、下游一侧的岸上，也可将灯悬挂于节制闸的上游或上、下游水面上空架空线上，标示前方是节制闸防止船舶误入发生危险。

指路牌：设于水网地区航道分汊处，用以指示前方港口方向，为船舶指路。牌上仅标明前方港名或地名，因无灯光设备，故未列入国标正文，仅列入标准的附录 C 内。

（3）专用标志。不同专用标志的功能如下：

管线标：设在需要标示过河管线（即水下或架空跨越航道的管道、电缆、电线等）的两端或一端河岸上，或设在过河管线的上、下游适当距离的两岸或一岸。警告船舶禁止在水下管、线区域抛锚、拖锚航行或垂放重物。警告船舶在驶近架空管线区域时注意采取下桅等必要措施。

专用标：设置在港区、锚地、禁渔区、渔场、娱乐区、游泳场、水文测量、水下钻探及疏浚作业区等边缘，标示上述特定水域，或者标示取、排水口及泵房以及其他航道界线外的水工建筑物。因为这类标志是专为上述区域防止船舶误碰、误入造成双方损坏的设施，为区别于其他助航标志，故命名为专用标。

3.左右岸的判别及航标的颜色

设在航道两侧的内河航标由于左右岸的不同，其颜色和灯光颜色有不同的规定。决定左、右岸的原则是:按水流方向确定河流的上、下游,面向河流下游,左手一侧为左岸,右手一侧为右岸。对水流流向不明确或各河段流向不同的河流,按下列顺序确定上、下游:

①通往海口的一端为下游;

②通往主要干流的一端为下游;

③河流偏南或偏东的一端为下游;

④以航线两端主要港埠间的主要水流方向确定上、下游。

必须区分左右岸的内河航标,如过河标、沿岸标、侧面标、泛滥标、鸣笛标、界限标、横流标等,其颜色是:左岸为白色(黑色),右岸为红色;光色是:左岸为绿光(白光),右岸为红光。不必区分左右岸的内河航标,按背景的明暗确定,其颜色是:背景明亮处为红色(黑色);背景深暗处为白色。

4.内河航标配布原则和类别

内河航标配布必须符合船舶航行安全、简单明了、维护方便的原则。根据航道的条件和船舶运输的需要,航标配布按规定分为四个类别。

第一类航标配布:配布的航标夜间全部发光。白天船舶能从一座标志看见次一座标志;夜间,船舶能从一盏标灯看见次一盏标灯。

第二类航标配布:发光航标和不发光航标分段配布。在船舶昼夜通航的航段上配布发光航标,在船舶白天通航的河段上配布不发光航标,配布标志密度与第一类航标配布相同。

第三类航标配布:航标配布的密度比较稀,不要求从一座标志看见次一座标志,对优良河段的沿岸航道可循岸形而不配布沿岸标,但每一座标志所表示的功能与次一座标志的功能应相互连贯,指引船舶在白昼安全航行。

重点航标配布:只在航行困难的河段和个别地点配布航标,优良河段一般只标示出碍航物。船舶需借助驾驶人员的经验利用标志和天然物标航行。根据需要和条件配布发光或不发光航标。

第二节 航道养护

一、航道养护的主要内容

航道养护是维持和提高航道技术条件的重要手段。通过航道养护,可大幅度提高航道建设投资效益,能不断发挥航道交通基础设施的作用,是航道服务社会、服务经济发展的重要保证。

航道养护工作主要包括:航道观测(包括航道设施及管理码头位移观测、航道交通流量观测等)、水深监测,航道疏浚、炸礁、清障,航道整治建筑物、过船建筑物、航道标志标牌等航道设施的养护、改建,港航管理公务码头、锚泊服务区等管理服务设施的维修、改建、新建和航道绿化养护等工作。

航道养护工程按其性质、复杂程度、规模大小、紧急程度等划分为例行养护工程、专项养护工程和应急抢通工程等。

例行养护工程是维持现有航道技术状况,保障航道基础设施正常运行的航道工程。主要包括:航道观测、水深监测,碍航疏浚、清障打捞,航道设施、管理服务设施、航道绿化等。浙江省航道例行养护工程分为内河骨干航道例行养护工程和全航区其他航道例行养护工程。

专项养护工程是以提高航道技术状况和改善相关设施运行条件为目的的养护工程,包括:规模较大的航道、航道设施和管理服务设施的改建、新建等(含3万方以上的航道疏浚工程)。投资在300万元以上的专项养护工程属重点专项养护工程。

应急抢通工程是为恢复因自然灾害或突发事件影响航道畅通而实施的工程。

二、航道巡查和航道通告

1.航道巡查

航道巡查是保护航道及航道设施,强化航道现场管理的重要措施。各级航道管理机构应当加强航道综合巡查。设区的市航道管理机构,应根据实际情况制订本辖区航道的具体巡查制度。县级港航管理机构,市级港航管理机构所属的专门的航道养护管理单位,应根据各市管理细则具体负责日常巡查。

针对浙江省航道巡查的频次规定,骨干航道全线养护巡查每月不少于2次,其他航道全线养护巡查每年不少于2次,并按航次填写《航道巡查现场记录表》。如发现缺陷,应当不晚于次日填写《航道养护联系单》并附相关图片,按照有关规定程序上报上级业务部门。

2.航道通告

航道通告由航道部门发布,发布的内容主要包括航道维护尺度发生变化,航道布置、航标配布发生变化,其他与航道有关的信息等,并通过公文、报纸、网络等途径发布。根据有关规定,航道通航状况改变或者航道实际尺度临时不能达到维护尺度时,航道管理机构应当及时发布航道通告,并将有关信息通报海事管理机构和港口管理部门。

三、航道维护尺度和内河航道图

为保障船舶航行的安全和便利,《中华人民共和国航道法》第十六条规定:负责航道管理的部门应当根据航道现状技术等级或者航道自然条件确定并公布航道维护尺度和内河航道图。

1.航道维护尺度

航道维护尺度是航道维护工作的主要指标，是指航道在不同水位期应当保持的水深、宽度、弯曲半径等技术要求。航道维护管理单位结合航道的客观条件、运输实际需要以及航道维护能力，按照相关程序确定航道维护的尺度并付诸实施。为保证标准船舶和船队正常通航，国家相关通航标准规定了相应的航道尺度标准及确定原则、方法。为推进船型标准化，提高航道运输效益，航道维护尺度应满足国家有关通航标准的规定。

航道维护尺度中航道维护水深指标与航道维护水深年保证率指标密切相关。航道维护水深年保证率又因航道维护类别的不同而有不同要求。

内河航道根据航道等级和通航的要求确定维护类别，并实施分类维护。根据《内河航道维护技术标准》（JTJ 287—2005），航道维护分为三类。

具备下列条件之一的应进行一类维护：①昼夜通航的Ⅰ-Ⅳ级航道；②昼夜通航且年货运量超过100万吨及Ⅴ-Ⅶ级山区航道；③昼夜通航且年货运量超过300万吨的Ⅴ-Ⅶ级平原航道；④昼夜通航且年货运量超过500万吨的Ⅴ-Ⅶ级运河航道和水网航道；⑤年客运量超过100万人次的航道。

季节性通航的Ⅶ级航道应列为三类维护。

条件介于一类维护和三类维护之间的航道应列为二类维护。

对于特殊河段的航道维护类别，经分析论证可进行适当调整。

根据规定要求，天然航道一类维护的Ⅰ、Ⅱ级航道，航道维护水深年保证率应达到98%以上，Ⅲ、Ⅳ级航道应达到95%以上；二类维护的Ⅲ、Ⅳ级航道维护水深年保证率应达到94%以上，Ⅴ-Ⅶ级航道应达到88%以上。

2.内河航道图

内河航道图是指长河段航道图，包括纸质的和电子的，属于专题地图。主要包含水下地形，陆上地形，助航设施、与通航有关的建筑物、水上服务设施、城镇和其他重要地形地物的位置或轮廓，碍航物的位置和高程等，并标明测量日期、测时水位等，各主要建筑物的特征参数等内容。内河航道图应根据航道法等相关规定公布。

四、应急抢通

当自然灾害或突发事件发生时，可能会造成航道堵塞、导助航标志损坏、通航或涉航建筑物塌毁等事故，以致严重影响船舶航行安全甚至断航，会对水运辐射经济带经济运行和临河人民生活造成严重影响。航道管理部门应当按照应急预案尽快实施应急抢通工程。

各级港航管理机构在发现或接到航道应急事项报告后，应根据事件紧急情况采取相应控制措施，并按规定及时上报和抄送。

航道管理机构应当保留航道应急抢通工程的相关的影像、文字、图纸等资料。

第三节 航道保护

航道是水运的基础,是重要的交通基础设施,是综合利用水资源的重要组成部分,对流域经济社会发展起着重要支撑作用,必须得到有力保护。航道保护主要包括三方面内容:一是对航道资源的保护,避免与航道有关的工程建设导致航道资源破坏,为航运可持续发展预留空间;二是对航道通航条件的保护,即维持现有滩槽格局、航道尺度、航道水流条件、航道等级和通过能力等,巩固航道建设和养护成果,维护航道畅通和网络完整;三是对通航建筑物、航道整治建筑物、航标等航道设施的保护,保障航道设施功能正常发挥,保障船舶通航安全。

航道的保护有多种方法和手段,如经济、技术、行政和法律等。其中,最重要的是国家行政机关严格按照法律规定的程序依法进行的行政许可、行政处罚和行政强制等行政管理手段。航道的重要特征之一是公用性,航道行政管理保护航道,从根本上说,是国家履行其管理社会公共事务职能的活动。航道保护在整个航道管理活动中,具有特别重要的地位。

《中华人民共和国航道法》规定了建设与航道有关工程的航道通航条件影响评价及审核制度和通航建筑物运行方案审批公布制度,《中华人民共和国航标条例》规定了专用航标设置、移动或者撤除的审批制度;《浙江省航道管理条例》细化了上述制度,并归纳为涉航建筑物许可(包括航道通航条件影响评价审核、临时涉航建筑物许可、通航建筑物运行方案审查),断航施工许可以及内河未用航标许可等。

一、涉航建筑许可(航道通航条件影响评价审核)

《中华人民共和国航道法》设立的航道通航条件影响评价制度,是 20 多年来涉航建筑物管理实践总结的成果,是保护航道资源、避免人为造成碍航、断航情况的有效手段,对航道保护起着非常重要的作用。

航道通航条件影响评价是指在新建、改建、扩建(以下统称建设)与航道有关的工程前,建设单位根据国家有关规定和技术标准规范,论证评价工程对航道通航条件的影响,并提出减小或者消除影响的对策措施。有审核权的交通运输主管部门或者航道管理机构依法对评价进行审核。《航道通航条件影响评价审核管理办法》(交通运输部令 2017 第 1 号)对航道通航条件影响评价审核工作做出了较为明确的规定。

1.航道通航条件影响评价审核的适用范围

按照《中华人民共和国航道法》和《浙江省航道管理条例》的要求,浙江省规定,修建(包括新建、改建、扩建,下同)下列建筑物(含构筑物),建设单位应当按照《航道通航条件影响评价审核管理办法》的规定编制航道通航条件影响评价报告：

(1)拦航道建筑物；

(2)在通行海轮的航道内跨(穿)航道建筑物；

(3)在规划五级以上内河航道内穿航道建筑物；

(4)在内河航道内设有墩台的跨航道建筑物；

(5)取排水口确需延伸至主航道内或者在内河引水、排水导致主航道横向流速大于0.3米/秒、回流流速大于0.4米/秒的临航道引水、排水设施；

(6)沿海装卸危险货物的码头或者五千吨级以上的码头、船坞、船台、滑道等临航道建筑物。

修建其他跨(穿)、沿海航道保护范围内的临航道建筑物，建设单位应当提供建筑物选址、通航净空尺度、埋设深度等技术参数。

下列工程，不需要进行航道通航条件影响评价审核：

(1)临河、临湖的中小河流治理工程；

(2)不通航河流上建设的水工程；

(3)现有水工程的水毁修复、除险加固、不涉及通航建筑物和不改变航道原通航条件的更新改造等不影响航道通航条件的工程。

2.航道通航条件影响评价报告编制

建设单位应当在工程可行性研究阶段，按照交通运输部有关规定和技术标准要求编制包括下列内容的航道通航条件影响评价报告(以下简称航评报告)：

(1)建设项目概况，包括项目名称、地点、规模、建设单位等；

(2)建设项目所在河段、湖区、海域的通航环境，包括自然条件、水上水下有关设施、航道及通航安全状况等；

(3)建设项目的选址评价；

(4)建设项目与通航有关的技术参数和技术要求的分析论证；

(5)建设项目对航道条件、通航安全、港口及航运发展的影响分析；

(6)减小或者消除对航道通航条件影响的措施；

(7)航道条件与通航安全的保障措施；

(8)征求各有关方面意见的情况及处理情况。

编写过程中，具体内容应结合《浙江省航道管理条例》《航道通航条件影响评价审核管理办法》的有关要求编写。

航评报告由建设单位自行编制，也可以委托具有相应经验、技术条件和能力且信誉良好的机构编制，审核部门不得以任何形式要求建设单位委托特定机构编制航评报告。

3.航评报告的审核申请与审核

建设单位在工程可行性研究阶段完成航评报告后，应当向审核部门提出航道通

航条件影响评价审核申请,包括以下材料:

(1)审核申请书;

(2)航评报告;

(3)项目的规划或者其他建设依据;

(4)建设单位的营业执照、组织机构代码证、成立文件等机构证明文件;

(5)涉及规划调整或者拆迁等措施的应当提供规划调整或者拆迁已取得同意或者已达成一致的承诺函、协议等材料。

审核部门收到建设单位提交的审核申请后,应当进行材料审查,审查内容主要包括申请事项是否属于受理范围、材料是否齐全、航评报告文本格式是否符合规定要求等。不属于受理范围的,审核部门应当及时告知建设单位。申请材料不全或者不符合规定要求的,应当在5个工作日内一次性告知需要补正的全部内容。材料审查通过的,审核部门应当予以受理,并出具受理通知书。

审核部门受理建设单位提交的审核申请后,应当及时组织审核,审核依据主要包括:

(1)有关法律、法规、规章;

(2)《内河通航标准》(GB 50139—2014)、《通航海轮桥梁通航标准》(JTJ 311—97)、《运河通航标准》(JTS 180-2—2011)等有关标准;

(3)航道、港口等相关规划;

(4)建设项目所在河段、湖区、海域航道建设养护、通航安全、航运发展的相关要求。

审核部门围绕航评报告内容是否全面,程序是否合规,论证是否充分,结论是否客观,拟采取的措施是否得当等方面内容,针对下列事项进行审核:

(1)拦河闸坝的选址,总平面布置,运量预测,代表船型,通航建筑物设计通航标准及规模、设计通航水位及流量、上下游梯级通航水位衔接、回水变动区淤积及坝下清水冲刷影响,施工期通航方案,通航建筑物施工组织计划,航道与通航安全保障措施等;

(2)桥梁、缆线等跨越航道建设项目的选址,河床演变分析,设计通航水位,代表船型,通航净空尺度,桥跨布置方案,墩柱防撞标准,航道与通航安全保障措施等;

(3)隧道、管道等穿越航道建设项目的选址、河床演变、埋设深度、出入土点、冲刷深度、应急抛锚影响,航道与通航安全保障措施等;

(4)临河、临湖、临海建设项目的选址及工程布置对航道通航条件的影响,航道与通航安全保障措施等。

审核部门应当在受理审核申请后15个工作日内(技术咨询、专家评审、评价材料修改完善所需时间不计算在规定的审核期限内)完成审核,并就规定的审核内容、审核是否通过、负责组织监督检查的部门或者建设项目所在水域负责航道现场管理的机构,出具明确的审核意见。审核意见抄送负责组织监督检查的部门或者建设项目所在水域负责航道现场管理的机构。

审核未通过的,或审核通过后项目开工建设前因重大自然灾害、极端水文条件等引起航道通航条件发生重大变化的,或审核通过后建设项目涉及航道、通航事项发生较大调整且对航道通航条件可能产生不利影响的,或审核通过后未在3年内开工建设的,建设单位应适当修改、调整航评报告,重新申请办理审核手续。

二、其他航道行政许可

1.临时涉航建筑物许可

因工程建设施工等需要修建便桥等临时跨航道建筑物的,建设单位应当事先征得所在地航道管理机构同意。航道管理机构应当对其通航标准和技术规范、使用期限、恢复保证措施以及相应的责任予以明确。

临时跨航道建筑物许可的有效期不得超过2年。有效期届满的,建设单位应当及时拆除。因工程建设尚未竣工等原因需要延期使用的,建设单位应当在有效期届满30日前向原审批机关申请延期。

2.过船建筑物运行方案审查

过船建筑物的运行调度方案和定期检修停航方案,由过船建筑物运行管理单位申请办理过船建筑物运行方案审查手续。停航检修的,应当提前30日向社会公告。过船建筑物的运行应当服从航道管理机构的管理。

3.断航施工许可

在航道上修建涉航建筑物,除了建筑物本身对通航条件造成影响外,其施工活动对航道通航也有较大影响,有的甚至会导致航道阶段性断航,如桥梁吊装往往需要间歇性断航,而修建拦航道闸坝则需要较长时间断航。为了减小航道施工作业对通航的影响,航道法规要求采取措施保持施工期间航道的原有船舶通过能力;确实难以保持航道原有船舶通过能力的,应当采取其他相应的补救措施。这既是对建设单位,也是对施工单位的要求。这里所说的“采取措施”,包括设置助航标志、申请交通管制等。施工期间确需断航的,建设单位应当事先向航道管理机构办理断航施工许可手续。

4.内河专用航标许可

根据《中华人民共和国航标管理条例》规定,专业单位设置、撤除、移动专用航标或改变专用航标其他状况,应当事先向航道管理机构申请许可。

三、禁止危害航道通航安全的行为

航道法规中对禁止危害航道通航安全的行为有明确规定。危害航道通航安全的行为可以分为危害航道的行为、危害过船建筑物的行为、危害助航标志的行为以及危害其他航道设施的行为等。危害航道的行为主要是指直接影响航道技术尺度、水流流态的行为。危害过船建筑物的行为是指危害过船建筑物正常运行和过船建筑物安全的行为。危害助航标志的行为是指损害航标、航标辅助设施以及影响航标功能发挥的行为。这里所说的危害其他航道设施的行为主要是指危害护岸、丁顺坝等航道整治建筑物等设施的行为。航道法规中明确了这些行为的法律责任。

四、航道采砂和滩涂围垦管理

航道中的砂石是航道河床的重要组成部分,也是重要的矿产资源。采砂对防洪和堤防安全,对航道稳定和航行安全影响重大。航道内采砂必须统筹兼顾、科学论证,处理好保护和利用、当前与长远的关系,严格划定禁采区、明确禁采期,合理确定可采量和可采范围,实施保护优先、总量控制和有序开采,确保不影响河势稳定,不损毁航道条件和通航安全。

1.非法采砂的危害

非法无序采砂对航道的破坏是严重的。由于我国基本建设规模较大,作为建筑材料的砂石需求量非常大,砂石开采长久以来异常火爆,全国多地由于管理措施和法规依据滞后,在基本建设快速发展的同时,都曾遭受重大损失,比如大桥垮塌、河防失稳、航道条件恶化。如果不按航道保护的要求实施采砂行为,则可能造成对航道的严重破坏,这些案例不胜枚举,触目惊心。《中华人民共和国航道法释义》中举例:2003 年长江枝江水域因非法采砂,致使航槽内形成 6 个砂石堆,严重阻碍了船舶通行,航道管理部门耗资数百万元经过十多天疏浚,才排除险情;2006 年武穴水域因非法采砂,致使投资 1 亿多元的航道整治工程设计变更、工程延期。另外,采砂船违法开采作业,经常碰撞航标,干扰助航设施功能发挥,影响航道正常维护。例如过去江西省每年有 600 多座航标损毁,绝大多数为采砂船破坏。2008 年 2 月 20 日,“鄂当阳浚 05 号”挖砂船为了方便挖砂,非法将长江云池水域“云池 3 号”航标船向下游方向移动 169 米,严重威胁通航安全,后来航道配合司法部门,追究了船主的刑事责任,以破坏交通设施罪,判处其有期徒刑 3 年。

2.航道采砂管理的法定依据

关于采砂管理,《中华人民共和国水法》《中华人民共和国航道法》《中华人民共和国河道管理条例》等法律、行政法规都有相应规定。《中华人民共和国水法》第三十九条规定:“国家实行河道采砂许可制度。河道采砂许可制度实施办法,由国务院规定。在河道管理范围内采砂,影响河势稳定或者危及堤防安全的,有关县级以上人民政府水行政主管部门应当划定禁采区和规定禁采期,并予以公告。”《中华人民共和国航道法》第三十六条规定:“在河道内采砂,应当依照有关法律、行政法规的规定进行。禁止在河道内依法划定的砂石禁采区采砂、无证采砂、未按批准的范围和作业方式采砂等非法采砂行为。在航道和航道保护范围内采砂,不得损害航道通航条件。"《中华人民共和国河道管理条例》第二十五条规定:"在河道管理范围内进行下列活动,必须报经河道主管机关批准。涉及其他部门的,由河道主管机关会同有关部门批准:①采砂、取土、淘金、弃置砂石或者淤泥;②爆破、钻探、挖筑鱼塘;③在河道滩地存放物料、修建厂房或者其他建筑设施;④在河道滩地开采地下资源及进行考古发掘。"此外,《浙江省航道管理条例》《浙江省河道管理条例》《浙江省钱塘江管理条例》《杭州市河道采砂管理办法》等地方性法规规章也有相应的规定。这些法律、法规对规范采砂管理、遏制破坏堤防和航道安全等方面起到了积极作用。针对这项工作,浙江省人民政府办公厅印发了《浙江省人民政府办公厅关于开展采砂制砂专项整治切实加强采砂制砂管理的通知》(浙政办函〔2014〕11 号),对制止浙江省无序采砂和保护航道起到了重要作用。

3.加强涉航采砂管理

(1)参与通航河流采砂规划编制。

《浙江省河道管理条例》第三十八条规定:"县(市、区)水行政主管部门应当会同同级国土资源主管部门做好河道砂石资源的调查,编制河道采砂规划,报经本级人民政府批准并公告后实施。规划采砂的河道同时属于航道的,编制河道采砂规划还应当同时会同同级交通运输主管部门。……采砂规划应当明确禁止开采、限制开采、可以开采的区域和可以开采的数量、期限。"采砂的管理必须依法进行,依据有关法律法规,采砂规划是采砂管理和监督检查的前提和依据。在规划中科学、严谨地划定禁采区是做好涉航采砂管理工作的基础,参与通航河流采砂规划的编制工作是加强涉航采砂管理工作的重要抓手。

(2)协同作战,守住涉航采砂管理的阵地。

通航河流上,位于河道流动水域范围内的砂石质量较高,是采砂的重点区域,此区域进行砂石开采,对堤防和航道安全影响很大。开展采砂管理时,应充分考虑防洪和航运方面的要求。《中华人民共和国河道管理条例》规定,水行政主管部门在对涉及航道的采砂实施许可时,应会同航道管理部门进行审批。《浙江省人民政府办公厅关于开展采砂制砂专项整治切实加强采砂制砂管理的通知》(浙政办函〔2014〕11 号)规定,河道内采砂或采挖制砂原料涉及航道的,水利部门和国土资源部门在做出采砂或采挖制砂原料许可前,应当征求航道所在地航道管理机构意见。各部门在涉航采砂管理工作中,应当积极协同作战,并严格执行上述法律、法规和行政规范性文件。

(3)加强现场检查督察,保护航道通航条件。

在航道和航道保护范围内,经过批准并取得采砂许可证后,可以从事砂石开采活动,但应严格按照批准的范围、规模、方式等开采,并不得损害航道通航条件。

因此,航道管理机构必须加强现场检查督察,保护航道通航条件。《浙江省人民政府办公厅关于开展采砂制砂专项整治切实加强采砂制砂管理的通知》(浙政办函〔2014〕11 号)要求:各市、县(市、区)要每年组织开展 1 至 2 次联合执法专项行动,严厉打击非法采砂制砂行为。水利、国土资源、公安、环保、交通运输、工商、海事、电力等部门要按照各自职责,加强对采砂制砂单位或个人的日常检查和监督执法,对发现的问题,开展联合执法,形成督查合力。这些规定在涉航采砂管理中应得到认真执行,违法采砂者必须承担法律责任。《中华人民共和国航道法》第四十三条规定:在河道内依法划定的砂石禁采区采砂、无证采砂、未按批准的范围和作业方式采砂等非法采砂的,依照有关法律、行政法规的规定处罚。……在航道和航道保护范围内采砂,损害航道通航条件的,由负责航道管理的部门责令停止违法行为,没收违法所得,可以扣押或者没收非法采砂船舶,并处 5 万元以上 30 万元以下罚款;造成损失的,依法承担赔偿责任。

4.加强滩涂围垦规划管理

依法审查滩涂围垦规划。

《浙江省滩涂围垦管理系例》第七条第二款规定:区域滩涂围垦规划由沿海、沿江市、县滩涂围垦部门根据总体规划,结合当地实际情况编制,并经省滩涂围垦部门审查同意后,由沿海、沿江市、县、区人民政府报其上一级人民政府批准,涉及河口、航道的区域滩涂围垦规划,还须符合江河流域规划和航运安全要求,并按河道、航道管理权限报经河道、航道主管机关审查同意。

五、水资源综合利用

1.水资源的属性

人类可直接或间接利用的水,是自然资源的一个重要组成部分。天然水资源包括河川径流、地下水、湖泊水、沼泽水、海水及积雪和冰川。按水质划分为淡水和咸水。水既是自然生态系统中的重要组成部分,又受自然生态系统控制流动、净化和循环。

与其他自然资源不同,水资源是可再生的资源,可以重复多次使用,这是使水资源一水多用、充分发展其综合效益的有利条件。水资源是被人类在生产和生活活动中广泛利用的资源,不仅广泛应用于农业、工业和生活,还用于发电、水运、水产、旅游和环境改造等。在各种不同的用途中,有的是消耗用水,有的则是非消耗性或消耗很小的用水,而且对水质的要求各不相同。

水资源开发利用,是改造自然、利用自然的一个方面,其目的是发展社会经济。最初开发利用目标比较单一。随着工农业不断发展,逐渐变为多目的、综合、有计划有控制地开发利用。现在各国都强调在开发利用水资源时,必须考虑经济效益、社会效益和环境效益三方面。

2.水资源综合利用是我国执政理念的重要部分

水上运输,要与防洪、灌溉、城市供排水、生态环保治理、水力发电、水上养殖、水上体育和娱乐等活动共用水体和河道。为使公共利益最大化,在管理工作中必须体现水资源综合利用的原则,许多情况下必须与有关部门相互协作,共同发展。与航道管理工作相关的水资源综合利用主要包含两层含义。其一,是在航道规划、建设、养护等工作中,要有水资源综合利用意识,航道工程在服务于保证航道水深、流态稳顺等自身目的以外,应尽可能兼顾水土保持、农田灌排水、生态、旅游等多个部门、行业的需要。保证相邻防洪、水利、水电等设施不受损害。其二,是在相关部门开展利用水资源的规划、建设、养护等活动时,航道管理部门应积极接洽,使其尽可能兼顾航道、水运的需要,至少要保证航道、航道设施不受损害,通航条件不被恶化。

水资源综合利用是我国执政理念的重要部分。在相关法律法规中均有明确、具体体现。如《浙江省航道管理条例》第十二条规定:"县级以上人民政府应当加强对航道、水利、市政工程等建设计划、项目的协调,整合利用各项建设资金,统筹兼顾航道、水利、市政、水土保持等功能,提高建设资金的综合使用效益。"第十四条规定:"内河航道建设应当符合江河、湖泊防洪安全要求,并事先征求水利主管部门的意见。河道建设涉及航道的,应当兼顾航运需要,符合航道规划、通航标准和技术规范,并事先征求航道管理机构的意见。"第十五条规定:"航道建设和养护作业单位依法在航道上进行勘测、疏浚、吹填、炸礁、清障、维修航道设施等活动,任何单位和个人不得阻挠。从事前款活动可能对渔业资源产生严重影响的,航道建设或者养护单位应当采取有效措施,防止或者减少对渔业资源的损害;造成渔业资源损失的,应当依法予以补偿。"《浙江省河道管理条例》第十三条规定:"河道建设应当服从河道建设规划,符合国家和省规定的防洪、通航等标准以及其他有关技术要求,保障堤防安全,注重河道水生态系统的保护、恢复,改善河道的防洪、灌溉、航运等综合功能,兼顾上下游、左右岸,保持河势稳定,维持河道的自然形态,不得任意截弯取直,不得任意改变河道岸线,不得填堵、缩窄河道。"

3.水运是最绿色、生态的运输方式

水运借水行舟,在水资源的利用中不消耗水体或很少消耗水体。加上水运低成本、大运量、不占地、污染少、能耗低等优点,加大航道投入,大力发展水运是水资源综合利用中利远大于弊的上佳选择。从经济效益、社会效益和环境效益三方面来比较,都存在决定性优势。航道管理部门在水资源综合利用的规划、建设、资源保护活动中,理应依据国家和政府的法律法规,保护航道、发展水运。

六、航道设施重置

损坏航道设施的,当事人应当按照航道设施的建设技术规范和港航管理机构明确的时限等要求自行或者自行委托有相应航道施工或养护资质的单位予以修复、更换或者重置,及时恢复原状、消除影响。当事人逾期不履行的,航道管理机构可以按照相关程序要求依法委托承担该航道设施养护的单位代履行。损坏航道设施对通航安全影响较大的,应当立即组织实施;对通航安全影响较小可以不立即实施的,可与航道经常性养护一并实施。

修复、更换或者重置的费用由当事人承担。代履行的具体费用可按照《浙江省航道设施重置价格参考标准》(以下简称《参考标准》)支付;对未列入《参考标准》的航道设施,可参照《参考标准》中类似航道设施或以近期市场价为原则,确定支付费用。

发现损坏航道设施情形的,各级港航管理机构应当依法、及时做好调查取证,并制作《航道设施修复、更换或者重置确认书》。《航道设施修复、更换或者重置确认书》应当如实记录航道设施的损坏情况,并明确实施方式、时限等事项。

第四节　航道管理执法案例分析

一、案由

××工程公司在航道内倾倒泥土案。

二、案情简介

201×年 10 月 8 日 10 时 20 分,××市港航管理局执法人员张三、李四在××巡查时发现,××大桥下游 150 米处航道北岸有工程车正在倾倒泥土,并已经形成顺该段航道长 20 米、宽 10 米、水面以上部分高 1 米的土堆。经查,该工程车为××工程公司所有,驾驶员徐某受雇于××工程公司,该土堆为××工程公司倾倒废土所致。

三、案件性质

为保障航道通航条件、航道畅通和船舶通行安全,《中华人民共和国航道法》规定,禁止下列危害航道通航安全的行为:①在航道内设置渔具或者水产养殖设施的;②在航道和航道保护范围内倾倒砂石、泥土、垃圾以及其他废弃物的;③在通航建筑物及其引航道和船舶调度区内从事货物装卸、水上加油、船舶维修、捕鱼等,影响通航建筑物正常运行的;④危害航道设施安全的;⑤其他危害航道通航安全的行为。《浙江省航道管理条例》规定,禁止下列侵占、损害航道的行为:①在航道内种植植物、设置水生物养殖设施或者张网捕捞的;②向航道内倾倒建筑垃圾、砂石、泥土(浆)以及其他废弃物的;③在过船建筑物及其引航道或者船舶调度区内从事货物装卸、水上加油、船舶维修等影响过船建筑物正常运行的;④在依法划定并公告的航道设施安全保护范围内采挖砂石、取土、爆破的;⑤违反禁行或者限行规定行驶船舶的;⑥其他侵占、损害航道的行为。

本案中,××工程公司向航道内倾倒废土属于在航道和航道保护范围内倾倒砂石、泥土、垃圾以及其他废弃物的情形。因此,××工程公司向航道内倾倒废土的行为违反了《中华人民共和国航道法》第三十五条第(二)项"禁止下列危害航道通航安全的行为:(二)在航道和航道保护范围内倾倒砂石、泥土、垃圾以及其他废弃物的"和《浙江省航道管理条例》第二十三条第(二)项"禁止下列侵占、损害航道的行为:(二)向航道内倾倒建筑垃圾、砂石、泥土(浆)以及其他废弃物的"的规定。

四、当事人

此类案件应处罚倾倒建筑垃圾、砂石、泥土(浆)以及其他废弃物的行为人(如受雇他人或受他人指使的,则处罚雇佣人或指使人)。

五、证据收集要求

(1)现场笔录:证明案件来源和现场情况。

(2)现场照片(或录像):证明工程车正在向航道内倾倒泥土,航道上形成了土堆。

(3)勘验(检查)笔录:证明顺该段航道的土堆长 20 米、宽 10 米、水面以上部分高 1 米。

(4)对车辆驾驶员徐某的询问笔录:证明向航道内倾倒泥土行为的有关情况。

(5)对××工程公司法定代表人刘某的询问笔录:证明倾倒行为由××工程公司实施,证明倾倒行为的持续时间及已经向航道内倾倒泥土的数量,证明对航道造成的影响。

(6)当事人的身份证明材料。

六、现场笔录的事实情况记录

201×年 10 月 8 日 10 时 20 分,杭州市港航管理局萧山管理处执法人员张三、李四在浦阳江巡查时发现,义桥大桥下游 150 米处航道北岸有车牌号为浙 A×××××的工程车正在向航道内倾倒泥土。该工程车驾驶员为徐某。

七、对工程车驾驶员徐某的询问笔录要点

(1)核实被询问人的基本情况。(示例:请问你的姓名、年龄、性别、住址、单位及职务?)

(2)调查倾倒行为的责任主体。(示例:你是哪辆车的驾驶员? 该车的车主是谁? 你与××工程公司是什么关系? 201×年 8 月 8 日 10 时 20 分你在做什么? ××大

桥下游 150 米处航道北岸内倾倒的泥土是从哪来的？是谁要求你将这些泥土倾倒在此处的？)

(3)调查倾倒行为的状态和程度。(示例：请问你向该处航道内倾倒了几车泥土，每车装载多少泥土？你总共倾倒了多少泥土？都是什么时候倾倒的？你有没有向其他航道内倾倒过泥土？现在该处航道的状况如何？除了你之外，你公司还有没有在此或者其他航道内倾倒泥土的行为？)

(4)调查违法行为原因、目的。(示例：你公司为什么向航道内倾倒泥土？)

(5)调查当事人对该行为的认识(含危害后果)。(示例：你知道这样做会带来什么危害后果吗？)

八、勘验(检查)笔录的勘验情况

201×年 10 月 8 日 11 时 20 分，××市港航管理局张三、李四(此处填写勘验检查人)对××大桥下游 150 米处航道北岸进行现场勘验，用标尺测得航道内有长 20 米、宽 10 米、水面以上部分高 1 米左右的土堆，航道水位×米。在场人员有××工程公司法定代表人刘某、浙 A×××××工程车驾驶员徐某。

九、处理情况

此类案件以倾倒次数和是否造成航道淤积、护岸等航道设施损坏、船舶搁浅等危害后果为裁量基准的划分依据。本案××工程公司向航道内倾倒泥土形成长 20 米、宽 10 米，水面以上部分高 1 米的土堆，航道淤积明显，应按严重一档裁量，即给予当事人罚款人民币 1 万元及以上 5 万元以下的行政处罚，责令其于 201×年 10 月 23 日前清除倾倒的泥土，恢复航道原状。

第五章　水路运输执法

第一节　概　　述

一、相关定义

水路运输是指借助江河湖海水上航路,运用船舶等水上载运工具、集散场站及通信设施,通过运输组织,实现人与物空间位移的一种经济活动和社会活动。经营水路运输主要包括水路运输和水路运输辅助业务。国内水路运输:是指始发港、挂靠港和目的港均在中华人民共和国管辖的通航水域内的经营性旅客运输和货物运输。水路运输辅助业:是指直接为水路运输提供服务的船舶管理、船舶代理、水路旅客运输代理和水路货物运输代理等经营活动。

国内水路运输有以下几方面的含义:

(1)始发港、挂靠港和目的港都在中国管辖的通航水域内;一些邮轮运输、始发港和目的港都在我国国内港口,但航线途中挂靠了日本、韩国等国家的港口,此种水路运输不属于国内水路运输的范畴。

(2)经营性,纳入水路运输机构管辖的国内水路运输业务,是指为社会提供服务,并产生费用结算的水路运输,不包括非经营性国内水路运输业务。非经营性水路运输,无论是私人游艇还是自货自运,都只是为自身生产、生活需求而使用船舶,并非为社会提供公共服务。

(3)主要是指水路旅客运输和货物运输。水路旅客运输是指用船舶经水路将旅客从一港口运至另一港口的行为。水路货物运输是指用船舶经水路将货物从一港口运至另一港口的行为。水路货物运输又分为普通货物运输、危险货物运输等。

危险品船:是指液化气体船、化学品船、成品油船和原油船。

自有船舶:是指水路运输经营者将船舶所有权登记为该经营者且归属该经营者的所有权份额不低于51%的船舶。

班轮运输:是指在固定港口之间按照预定的船期向公众提供旅客、货物运输服务的经营活动。

船舶管理:是指船舶管理经营人接受委托,为船舶所有人、承租人或者经营人提供船舶机务、海务、安全与防污染管理。

船舶代理:是指接受委托,为船舶办理进出港报到、靠泊作业、承揽货源、货物中转或者储存、代签运输单证、费用结算、承运验收或者货物交付等服务业务。

客货运代理:是指接受委托,为旅客代订客票,为货物的运输办理揽货订舱、货物装卸、代签运输合同以及办理货运或者作业所需证明等项服务业务。

二、水路运输的分类

按照经营区域,水路运输可分为沿海运输和内河运输;其中沿海运输通过沿海航道运送货物和旅客;内河运输是一条河流(包括运河)上或通过几条河流的运输。按照业务种类,水路运输可分为旅客运输和货物运输。旅客运输包括普通客船运输、客货船运输和滚装客船运输。货物运输分为普通货物运输和危险货物运输。危险货物运输分为包装、散装固体和散装液体危险货物运输。散装液体危险货物运输包括液化气体船运输、化学品船运输、成品油船运输和原油船运输。普通货物运输包含拖航。

水路运输行业发展过程中也出现其他的分类方式,例如按船舶营运组织形式可以分为定期船运输、不定期船运输、专用船运输;按照经营性质可分为营业性运输和非营业性运输等。

第二节 水路运输业务管理

一、水路运输业务经营许可条件

行政许可是对特定活动的事情控制,是现代国家管理的一项重要手段,已被世界各国广泛地运用于经济、社会、文化等各个领域。除规定个体经营的特殊情况外,从事国内水路运输业务的经营者应具备的许可条件包括:①具备企业法人条件;②有符合规定的船舶,并且自有船舶运力符合国务院交通运输主管部门的规定;③有明确的经营范围,其中申请经营水路旅客班轮运输业务,还应有可行的航线营运计划;④有与其申请的经营范围和船舶规模相适应的海务、机务管理人员;⑤与其直接订立劳动合同的高级船员占全部船员的比例符合国务院交通运输主管部门的规定;⑥有健全的安全管理制度;⑦法律、行政法规规定的其他条件。

二、水路运输经营者和从业人员

1.经营者

从事水路运输的经营主体实际上只有两种,一种是企业法人,另一种是个体户。合伙、个人独资企业经营主体按相关规定排除在了经营主体之外。由于个体运输的组织化程度较低,与水路运输追求的集约化、规模化目标不太一致,同时,水路运输要求具备相应的岸基管理人员和部门,所以,对个体运输应限制经营区域、货种和船舶吨位。

企业是从事生产、运输、贸易等经营活动,以获取利润为目的的经济组织。企业法人以营利为目的,主要从事商业性活动;机关法人是获得法人资格的国家机关,其是依法律直接设立;事业单位法人是被赋予民事主体责任的事业单位;社会团体法人是由法人或自然人组成,从事公益事业、行业协调或发展共同志趣的法人。国内水路运输行业中,公司是主要的企业法人类型。

外国的企业、个人不得经营水路运输业务,也不得以租用中国籍船舶或者舱位等方式变相经营水路运输业务。注意外国企业和外资企业的区别。本国沿海和内河原则上由本国运输企业经营,是世界上不少国家的通行做法。从国际上来看,国内水路运输关系国土安全、就业与经济发展,属于国家主权范畴,一般不对外开放,美国、日本和欧盟等经济体都实行国内水路运输市场保护政策。

2.从业人员

从事水路运输业务的从业人员主要包括企业主要负责人、安全管理人员(海务、机务管理人员)和高级船员。

(1)企业主要负责人。企业主要负责人是指企业的主要决策人,一般是法人的法定代表人,包括董事长、总经理等;以及其他组织或个体的资产所有人或生产经营负责人(营业执照载明的负责人)。

(2)安全管理人员(海务、机务管理人员)。海务人员一般是指在船公司指导和负责船舶安全、货物配载、气象导航等事物的专业人员,一般由大副以上级别的人员担任。机务人员是指在船公司指导和负责船舶机械安全、工况研究、燃油成本控制、设备物料维护的专业人员,一般由大管轮以上级别的人员担任。

申请从事水路运输的企业,需要具备与经营范围和船舶运力相适应的海务、机务管理人员,主要包括:①海务、机务管理人员数量满足表5-1要求人员数量;②海务、机务管理人员的从业资历与其经营范围相适应,经营普通货船运输的,应当具有不低于大副、大管轮的从业资历,经营客船、危险品船运输的,应当具有船长、轮机长的从业资历;③人员所具备的业务知识和管理能力与其经营范围相适应,身体条件与其职责要求相适应。

海务、机务管理人员最低配额表(单位:人) 表 5-1

<table>
<tr><th colspan="2">船舶数量</th><th>1~5 艘</th><th>6~10 艘</th><th>11~20 艘</th><th>21~30 艘</th><th>31~40 艘</th><th>41~50 艘</th><th>>50 艘</th></tr>
<tr><td rowspan="3">沿海</td><td>普通货船</td><td colspan="2">1</td><td>2</td><td>3</td><td colspan="2">4</td><td>每增加 20 艘增加 1 人,不足 20 艘按 20 艘计</td></tr>
<tr><td>危险品船</td><td rowspan="2">1</td><td rowspan="2">2</td><td rowspan="2">3</td><td rowspan="2">4</td><td rowspan="2">5</td><td rowspan="2">6</td><td rowspan="2">每增加 10 艘增加 1 人,不足 10 艘按 10 艘计</td></tr>
<tr><td>客船</td></tr>
<tr><td rowspan="2">内河</td><td>普通货船</td><td colspan="2">1</td><td colspan="4">2</td><td>每增加 50 艘增加 1 人,不足 50 艘按 50 艘计</td></tr>
<tr><td>危险品船</td><td colspan="2">1</td><td>2</td><td>3</td><td colspan="2">4</td><td>每增加 20 艘增加 1 人,不足 20 艘按 20 艘计</td></tr>
</table>

(3)高级船员。高级船员,是指依照《中华人民共和国船员条例》第四条的规定取得相应任职资格的大副、二副、三副、轮机长、大管轮、二管轮、三管轮、通信人员以及其他在船舶上任职的高级技术或者管理人员。

申请从事水路运输的企业,与其直接订立劳动合同的高级船员占全部船员的比例符合国务院交通运输主管部门的规定;水路运输经营者按照有关规定应当配备的高级船员中,与其直接订立一年以上劳动合同的高级船员的比例应当满足下列要求:①经营普通货船运输的,高级船员的比例不低于 25%;②经营客船、危险品船运输的,高级船员的比例不低于 50%。

从业人员应当接受教育和培训,主要目的是使参加水路运输的从业人员具备必要的安全生产知识,熟悉有关的安全生产规章制度和安全操作规程,掌握本岗位的安全操作技能,了解事故应急处理措施,知悉自身在安全生产方面的权利和义务等。

三、水路运输经营者投入运营的船舶

1.国内经营者经营国内水路运输业务要求

(1)与经营者的经营范围相适应:从事客运应使用客船运输;从事散装液体危险货物运输应使用危险品船运输;从事普货、包装危险货物和散装固体危险货物运输可以使用普通货船运输。

(2)持有有效的船舶所有权登记证书、船舶国籍证书、船舶检验证书以及按规定证明船舶符合安全与防污染和入级检验要求的其他证书。水路运输经营者自有船舶运力最低限额,见表 5-2。

水路运输经营者自有船舶运力最低限额表　　表 5-2

<table>
<tr><th rowspan="3">船舶类型</th><th colspan="2">沿　海</th><th colspan="4">内　河</th></tr>
<tr><th rowspan="2">省际</th><th rowspan="2">省内</th><th colspan="3">省际</th><th rowspan="2">省内</th></tr>
<tr><th>长江</th><th>西江</th><th>其他</th></tr>
<tr><td>普通货船(总吨)</td><td rowspan="4">5000</td><td rowspan="4">1000</td><td rowspan="3">5000</td><td rowspan="3">3000</td><td rowspan="3">1000</td><td rowspan="4">600</td></tr>
<tr><td>成品油船(总吨)</td></tr>
<tr><td>化学品船(总吨)</td></tr>
<tr><td>液化气船(立方米)</td><td colspan="3">2000</td></tr>
<tr><td>原油船(总吨)</td><td>35000</td><td>5000</td><td colspan="3">15000</td><td>2000</td></tr>
<tr><td>拖航(千瓦)</td><td>5000</td><td colspan="5">2000</td></tr>
<tr><td>普通客船(客位)</td><td>400</td><td>200</td><td colspan="3">400</td><td>100</td></tr>
<tr><td>客货船</td><td>3000 总吨及
400 客位</td><td>1000 总吨及
100 客位</td><td colspan="3">1000 总吨及 100 客位</td><td>300 总吨及
50 客位</td></tr>
</table>

(3)符合交通运输部关于船龄等的要求(表 5-3、表 5-4)。船龄是指船舶自建造完工之日起至现今的年限。船龄要求是指要求船舶符合老旧船舶强制报废和限制进口的制度,达到一定使用年限的船舶必须强制退出市场,超过一定船龄的外国籍船舶不能进口。

河船船龄标准　　表 5-3

船舶类别	购置、光租外国籍船船龄	特别定期检验船龄	强制报废船龄
一类船舶	10 年以下	18 年以上	25 年以上
二类船舶	10 年以下	24 年以上	30 年以上
三类船舶	16 年以下	26 年以上	31 年以上
四类船舶	18 年以下	28 年以上	33 年以上
五类船舶	20 年以下	29 年以上	35 年以上

海船船龄标准　　表 5-4

船舶类别	购置、光租外国籍船船龄	特别定期检验船龄	强制报废船龄
一类船舶	10 年以下	18 年以上	25 年以上
二类船舶	10 年以下	24 年以上	30 年以上
三类船舶	12 年以下	26 年以上	31 年以上
四类船舶	18 年以下	28 年以上	33 年以上
五类船舶	20 年以下	29 年以上	34 年以上

四类、五类船舶不得改为一类、二类、三类船舶从事水路运输,三类船舶之间不得相互改建从事水路运输。改建一、二、三类老旧运输船舶,应当按运力变更的规定报原许可机关批准。改建老旧运输船舶,必须向海事管理机构认可的船舶检验机构申请建造检验。船舶检验机构对改建的老旧运输船舶签发船舶检验证书,应当注明

改建日期,但不得改变船舶建造日期。

(4)客运船舶应投保承运人责任保险或者取得相应的财务担保,为旅客提供安全、便捷、优质的服务。

安全、便捷、优质是水运服务的目标。安全运输是指承运人要确保被运输的旅客和货物以及所使用的运输设备完好无损,保障运输安全是水路运输经营者的一项主要义务。便捷是对水路运输经营者应当在确定的时间内或者合理的期限内按照约定或通常运输线路进行运输的规定。优质包括两个方面:一是水路旅客运输方面,经营者应当为旅客提供良好的乘车环境,保持车辆清洁、卫生。二是水路货物运输方面,经营者应当提供一个适合货物存放的环境,保证货物不被颠簸损坏、污染,能够完好无损的到达目的地,顺利完成运输。

客运船舶应投保承运人责任保险或者取得相应的财务担保,主要目的是保证在遭受人身伤亡或财产损失时,旅客能得到及时救助或赔偿。实现此目的主要有三种途径:①向保险公司购买保险;②将营运船舶加入船东互助保险组织,取得相应船舶互助保险;③由具有担保能力的国内金融机构为其提供担保。

2.国外经营者不得变相经营国内水路运输业务

变相经营是指国外经营者以承运人名义签约,履行承运人义务,收取费用。一般情况下,以下租船方式容易成为国外经营人变相经营国内水路运输业务的具体形式:

租船运输:又称为不定期船运输,没有预定的船期表、航线、港口、船舶按照租船人和船东双方签订的租船合同规定的条款完成运输服务。根据协议,船东将船舶出租给租船人使用,完成特定的货运服务,并按照商定运价收取运费。租船方式主要有航次租船、定期租船和光船租船三种。

(1)航次租船:又称为定期租船,是以航程为基础的租船方式。在这种租船方式下,船方必须按照租船合同规定的航程完成货物运输服务,并负责船舶的经营管理以及船舶在航行过程中的一切支出费用,租船人按约定支付运费,航次租船的合同中规定装卸期限或装卸率,并计算滞期和速遣费。航次租船又可以分为单程租船、往返租船、连续航次租船、航次期租船、包运合同租船几种。

①单程租船:又称为单航次租船,即所租船舶只装运一个航次,航程终了时租船合同即完成。运费按租船市场行情由双方议定,其计算方法一般是按运费率乘以装货或按照整船包干运费计算。

②往返租船:又称为来回航次租船,即所租船舶合同规定在完成一个航次任务后接着再装运一个回程货载,有时按照来回货物不同分别计算运费。

③连续航次租船:即在同样的航线上连续装运几个航次。往往货运量较大,一个航次运不完的时候,可采用这种租船方式,这种情况下,平均航次船舶租金要比单航次租金低。

④航次期租船:又称为期租航次租船,船舶的租赁采用航次租船方式,但租金以航次所需的时间(天)为计算标准。这种租船方式不计滞期、速遣费用,船方不负责货物运输的经营管理。

⑤包运合同租船:船东在约定期限内,派若干条船,按照同样的租船条件,将一大批货物由一个港口运到另一个港口,航程次数不作具体规定,合同针对待运的货物。这种租船方式可以减轻租船压力,对船东来讲,营运商比较灵活,可以用自有船舶来承运,也可以用一条船多次往返运输,也可以用几条船同时运输。

(2)定期租船:简称期租,是指以租赁期限为基础的租船方式。在租期内,租船人按照约定支付租金以取得船舶使用权,同时负责船舶的调度和经营管理。租期租金一般按照规定以船舶的每载重吨每月若干金额计算。期租的对象为整船,不规定船舶的航线和挂靠港口,只规定航行区域范围。

(3)光船租船:是一种期租船,不同的是船东不提供船员,只把一条空船交给租方使用,由租方自行配备船员,负责船舶的经营管理和航行各项事宜。光船租赁船形式在租船市场上很少采用。

四、水路运输经营范围

水路运输应当有较为明确的经营范围,经营范围既包含运输的种类,如旅客运输(普通旅客班轮运输、客滚运输、旅游客运等),货物运输(普通货物运输、散装液体危险货物运输等)和拖航运输;又包含运输的区域和地域,如沿海或内河、省际或省内等。不同经营范围对船舶、管理人员、管理体系、安全制度等有着不同的要求。从事水路旅客运输和危险品运输安全与防污染要求较高,所以其经营人应取得企业法人资格。个体只能从事内河规模较小的普通货船运输。

水路运输经营者在依法取得经营许可后,应当严格按照法定的条件和规定的经营行为,规范地开展经营活动,不得擅自改变许可的经营范围,从事其他非经许可不得经营的经营范围。取得内河运输经营资格的水路运输经营者应使用适航的船舶在国内各航道内河水运内航行,取得沿海运输经营资格的水路运输经营者应使用适航的船舶在国内沿海各港口间进行航行。在航道条件满足的情况下,一些进行沿海运输的海船也可在某些内河水域航行。

水路旅客运输包括班轮运输、旅游运输。旅客班轮运输是指定航线、定停靠站点、定航次的水路旅客运输。为方便旅客选择乘坐的客船,在明确经营范围的同时,还应当对具体经营的航线有可行的运营计划,并且提前公布客船信息。航线运营计划包括始发港、停靠港、目的港、班次、周期、船舶的类型和客位数等。

水路运输经营者运输危险货物,应当使用依法取得危险货物适装证书的船舶,并经船舶检验机构检验合格取得适航证书。单船运输危险货物时,水路危险货物运输经营者应按照主管机关确认的名称、数量及配积载要求进行运输。船舶载运危险货物前，水路运输危险货物运输经营者应当检查核对托运人提交的有关单证。

水路危险品船运输新增运力，应当事先经有许可权的审批机关批准；水路运输经营者新增普通货船运力，应当在船舶开工建造后15个工作日内向所在地设区的市级人民政府水路运输管理部门备案。

五、水路运输安全管理制度

水路运输安全管理制度主要为了保障水路运输安全。完备的水路运输安全管理制度应该包含健全的安全管理机构和安全管理人员设置制度、安全管理责任制度、安全监督检查制度、事故应急处置制度、岗位安全操作规程等安全管理制度，以及与其申请管理的船舶种类相适应的船舶安全与防污染管理体系等。

(1)安全管理机构是单位专职负责安全生产管理工作的部门。安全生产管理是针对安全生产过程中的安全问题，进行有关决策、计划、组织和控制等活动，实现水路运输生产过程中人与机器设备、物料环境的和谐，达到安全生产的目标。安全管理人员设置制度是为进一步规范企业安全管理人员配备，全面落实安全生产主体责任，根据《中华人民共和国安全生产法》等法律法规的规定，结合水路运输企业实际情况制定的相关制度。

(2)安全管理责任制度是一系列为了保障安全生产而制定的条文。建立的目的是为了控制风险，将危害降到最小，安全生产管理制度也可以依据风险制定。经营水路运输及其辅助业务，应当遵守法律、法规，诚实守信。认真履行安全生产主体责任和服务质量主体责任。安全管理应当坚持安全第一、预防为主、综合治理的方针。水路运输经营人的主要负责人对本单位的水路运输安全管理工作全面负责。

(3)事故应急处置制度是为了加强应对突发性重特大安全事故应急救援处置和综合指挥能力，提高紧急救援的快速反应能力和协调水平，确保发生安全生产事故后，立即采取有效措施，组织抢救，防止事故扩大和滋生次生事故，最大限度减少人员伤亡和财产损失，结合实际生产工作所制定的制度。

(4)岗位安全操作规程是根据运输货物属性、运载工艺流程、运输作业活动、运输设备使用要求而制定的作业岗位安全生产的作业要求，是岗位作业人员安全作业的最主要依据。管理岗位一般不编制岗位安全操作规程，其安全要求应执行相关管理制度。

(5)船舶安全与防污染管理体系是为了提高水路运输公司安全与防污染管理水平，保障水上交通安全，防止船舶污染水域环境，根据《中华人民共和国海上交通安全法》《中华人民共和国内河交通安全管理条例》《国务院对确需保留的行政审批项目设定行政许可的决定》等法律、行政法规等制定的有关规定。主要包括水路运输企业安全与防污染管理体系的建立、实施、保持及其相关活动的监督管理。

六、水路运输业务许可的相关程序

(一)水路运输业务许可证件

《国内水路运输经营许可证》是经营者从事营业性水路运输的资格凭证,有效期一般为5年左右。《船舶营业运输证》是船舶合法经营资格的随船证明文书,一切从事国内营业性水路运输活动的船舶均须随船携带有效的船舶营业运输证。《船舶营业运输证》有效期为5年,但是不得超过船舶按照《老旧运输船舶管理规定》应当强制报废的船龄。

负责审批《国内水路运输经营许可证》的部门,应自受理申请之日起20个工作日内审查完毕,做出准予许可或者不予许可的决定。准予许可的,向申请人颁发《国内水路运输经营许可证》,并向其投入运营的船舶配发《船舶营业运输证》。申请经营水路旅客班轮运输业务的,还应当向申请人颁发该班轮航线运营许可证件。不符合条件的,不予许可,并书面通知申请人不予许可的理由。

水路运输经营者需要新增客船、危险品船舶投入运营,应当由权限许可部门根据运力运量供求情况对新增运力申请予以审查。根据运力供求情况需要对新增运力予以数量限制时,依据经营者的经营规模、管理水平、安全记录、诚信经营记录等情况,公开竞争择优做出许可决定。

依照《国内水路运输管理条例》取得许可的水路运输经营者决定终止经营的,应当自终止经营之日起15个工作日内向原许可机关办理注销许可手续,交回《国内水路运输经营许可证》。

(二)水路运输业务注销情形

1.被吊销

存在如下情景时,水路运输证件依法被吊销:①出租、出借、倒卖许可证件或非法转让,情节严重的;②客运船舶未投保承运人责任保险或取得相应的财务担保的。

2.被撤销

存在如下情景时,水路运输证件依法被撤销:①以欺骗或贿赂等不正当手段取得许可,撤销之日起3年内不受理;②旅客班轮运输业务经营者自取得班轮航线经营许可之日起60日内未开航的;③水路运输业务经营者取得许可后,不再具备规定的许可条件,在管理部门规定期限内整改仍不合格的。

3.被撤回

存在如下情景时,水路运输证件依法被撤回:①水路运输许可有效期届满未延续的;②水路运输企业依法终止或终止经营(终止之日起15日内办理,涉及旅客班轮运输的,停止全部或部分航线)的;③因不可抗力导致水路运输事项无法实施的;④船舶转让他人;⑤船舶报废;法律、法规规定的应当注销行政许可的其他情形。

七、班轮运输

（一）水上客运班轮运输

1.水上客运班轮运输的开航

旅客班轮运输业务经营者应当自取得班轮航线经营许可之日起 60 日内开航，并在开航 15 日前公布所使用的船舶、班期、班次、运价等信息。“取得班轮航线经营许可之日起 60 日”是指从取得班轮航线许可之日起算，向后数到 60 日。“开航 15 日前”是指确定开航的日期往前倒数 15 日。

水上旅客班轮运输具有定线、定港、定期的“三定”特点，同时其作为社会公共交通服务还具有特殊性，一方面需要给经营者一定的时间准备适航的船舶和与靠泊港口协调船期等，另一方面因为客运承担着为人民群众出行提供便利的社会公共服务职能，其经营的客船经营航线已纳入正常客运时刻表，作为出行者的参考和安排，如果经营者取得客运经营许可后一直不开航，将会影响到出行者正常的出行。

2.水上客运班轮运输的经营

针对“旅客班轮运输应当按照公布的班期、班次运行”。旅客运输作为公共服务，应本着旅客至上的原则，时刻体现为人民群众出行提供服务的宗旨，应当按照公布的班期、班次运行。如果水路旅客运输经营者随意终止客运航线，变更客运航线，将会对水路客运出行带来一定的困难，对社会带来不利的影响，侵害社会公共利益，不利于维护水路运输经营者的信誉。

3.水上客运班轮运输变更

水路旅客运输经营者在进入客运市场时，要具有稳定和连续经营的能力，一旦变更相关信息或退出客运市场，也需要提前向社会公布，向原许可机关备案。旅客班轮运输“变更班期、班次、运价的，应当在 15 日前向社会公布”。此处所说“向社会公布”应当由水路旅客班轮运输的经营者采用多种方式向社会公布，主要包括公告、电视、报纸、网站等方式。

（二）水上货物班轮运输

1.水上货物班轮运输的开航

国内的水上货物班轮运输具有“四定”特点，即：固定航线、固定港口、固定船期和固定的费率。货物班轮运输业务经营者应当在班轮航线开航 7 日前，公布所使用的船舶以及班期、班次和运价。这里所说的“货物班轮运输”，是指固定船舶按照公布的船期或有规则地在固定航线和固定港口间从事货物运输。开航的 7 日前主要是指在船舶开航的日期往前倒数 7 日。

2.水上货物班轮运输的经营

针对国内水上货物班轮运输“四定”的特点，应本着服务至上的原则，时刻体现为货主提供服务的宗旨，应当按照公布的船期、航次运行。货物班轮运输经营者在进入货物班轮运输市场时，要具备稳定和连续的经营能力，一旦要变更相关信息或退出货物班轮运输市场，需要提前向社会公布，向原许可机关备案。

3.水上货物班轮运输变更、停止事项

货物班轮运输“变更班期、班次、运价或者停止经营部分或者全部班轮航线的，应当在7日前向社会公布”。此处提到的向社会公布，应当由从事水路货物班轮运输的经营者采用多种方式向社会公布。相关规定中货物班轮运输的班期、班次、运价不可随意变动，班轮航线也不能部分或者全部停止经营。如变动或停止经营，应报交通运输主管部门备案，并提前7日向社会公布，以方便货主能提前了解相关信息。

八、紧急运输

1.水路运输经营者依法优先运输的义务

水路运输经营者应当依照法律、行政法规和国家有关规定，优先运送处置突发事件所需的物资、设备、工具、应急救援人员和受到突发事件危害的人员，重点保障紧急、重要的军事运输。

《中华人民共和国突发事件应对法》第五十二条规定，履行统一领导职责或者组织处置突发事件的人民政府，应当组织协调运输经营单位，优先运送处置突发事件所需物资、设备、工具、应急救援人员和受到突发事件危害的人员。有关航运企业在接到应急运输工作指令后，应迅速制定执行方案并组织实施，有关港口企业要保障港口应急物资接卸以及车船周转效率，实现水路应急物资快速高效运输。

水路军事运输作为国防建设一项重要工作，水路运输经营者有责任，也有义务承担；各级相关交通运输管理部门有责任，也有义务做好组织协调工作，共同确保军事人员和物资的水路运输安全、顺畅、高效。按照相关规定，水路军事运输实行计划管理与市场管理相结合的方式。为确保军事运输的顺利实施，提高水路运输经营者的积极性，国家对水路军事运输价格实施政府定价，水路军事运输价格采取贴近市场的原则，具体运价费率会根据市场运价总体变化情况不定期修订。

2.交通运输主管部门实行优先运输的职权

出现关系国计民生的紧急运输需求时，国务院交通运输主管部门按照国务院部署，可以要求水路运输企业优先运输需要紧急运输的物资，水路运输经营者应当按照要求及时运输。其中关系国计民生的物资主要是指煤炭、石油、铁矿石、粮食、化肥等大宗能源、原材料等类物资以及特殊时段、特殊时期的特殊物资。

《国内水路运输管理条例》第二十三条规定，水路运输经营者应当依照法律、行政法规和国家有关规定，优先运送处置突发事件所需的物资、设备、工具、应急救援人员和受到突发事件危害的人员，重点保障紧急、重要的军事运输。出现关系国计民生的紧急运输需求时，国务院交通运输主管部门按照国务院的部署，可以要求水路运输经营者优先运输需要紧急运输的物资。水路运输经营者应当按照要求及时运输。因此,出现关系国计民生的紧急运输需求时,国务院交通运输主管部门按照国务院的部署,可以要求水路运输经营者优先运输需要紧急运输的物资。水路运输经营者应当按照要求及时运输。因执行紧急运输任务造成经济损失的,给予合理补偿。

第三节 水路运输辅助业管理

一、船舶管理

(一)概述

在水路运输业快速发展的同时,很多民营企业家在内的船主需要委托专业的船舶管理业务经营者对其经营的船舶进行专业化的安全管理,将船舶经营管理和船舶安全管理权进行分离,以期达到管理资源配置专业化,并保障运输船舶安全航行的目的。目前国际、国内经营环境变化迅速,国际海事组织及港口国对船舶航行安全以及安全管理等都提出更高、更严的要求,使得将运输船舶移交给专业船舶管理公司进行管理成为一种趋势。

船舶管理本质上将船舶的经营权和船舶安全管理权分离,实现船舶专业化管理,以保障船舶安全航行。船舶管理的核心内容:海务、机务管理。目的是保障船舶安全、有效运营,防止污染水域。船舶管理业务经营者应当按照国家有关规定和合同约定履行有关船舶安全和防止污染的管理义务。

设立船舶管理的企业应经省级港航管理部门批准。对于符合条件的,省级港航管理部门在20个工作日内做出许可决定,向申请人颁发《国内船舶管理业务经营许可证》;不符合条件的,不予许可,并书面通知申请人不予许可的理由。申请经营船舶管理业务,申请人应当符合下列条件:①具备企业法人资格;②有符合本规定要求的海务、机务管理人员;③有健全的安全管理机构和安全管理人员设置制度、安全管理责任制度、安全监督检查制度、事故应急处置制度、岗位安全操作规程等安全管理制度,以及与其申请管理的船舶种类相适应的船舶安全与防污染管理体系;④法律、行政法规规定的其他条件。

(二)海务管理

海务管理是航运公司船舶管理的重要内容之一。海务管理是为船舶安全、货物配载、气象导航等事务的综合管理。良好的海务管理将为船舶营运提供强有力的安全保障,而船舶的安全是一切航运经营活动的前提。海务管理主要包含五种具体工作:

1.对体系文件、图书资料及证书的管理

参与船舶安全、防污染等各类体系文件的建立和执行督导,并负责制定与船舶管理相关的管理性文件,是海务管理的重要任务。同时对各类船舶文件、证书进行跟踪管理,保持各类船舶文件、证书最新有效,也是海务管理的重要内容。

2.航海设施、设备管理

负责船舶通信、导航、消防、救生设施及安全仪器的管理,保持这些设备有效和处于随时可用状态,备品齐全充足,同时保持这些设备的证书始终有效。同时对船舶和船员予以跟踪管理。对于设施、设备管理中存在的不足,及时提出整改方案,协调船舶所有人,经营人以及相关方面,积极解决在设施设备中存在的问题和缺陷。对于船员管理中的不足,及时指正,督促船员提高操作技能。

3.船舶应急和防污染

在应急处置工作方面,海务管理需要负责船舶应急计划的制订,执行、演练和管理,并以船舶管理者身份负责船舶交通事故和污染事故的应急处置,损害评估和调查处理,协助进行保险理赔工作。在船舶防污染方面,海务管理需要对船舶的防污染设施进行跟踪管理,负责防污器材的配备和查核,保证船舶防污设备始终处于状况完好和防污器材充足,并考核船员的防污应变能力,确保船舶有一定的防污处理能力。

4.船舶保安管理

负责船舶保安计划的制定和修改;负责“国际船舶保安证书”的申请工作;负责船舶保安器材的维护和测试;负责《船舶保安计划》的编制和报批;负责船舶在航和在港安全,防止保安事件发生。

5.货物装载配载管理

对船舶所载货物进行跟踪管理。对于拟承运的新货种或新挂靠港口,海务管理负责对其进行调查、评估、确认船舶是否适合装运该货种或靠泊新港口和泊位,以保证船舶安全靠离泊和快速安全装卸,提高运营效率。

(三)机务管理

机务管理是指对船舶机械安全、工况研究、燃油成本控制、设备物料维护的管理工作,可归为对船上机器的操作、维修、保养三大方面。现代机务管理已很少运用人工全部完成,目前机务管理工作主要依靠机务管理系统完成,其本质是辅助或者实现船舶机务管理的计算机软件。具体包括三个主要管理模块:

1.船舶设备维修保养

船舶设备维修保养是船舶机务管理的重要内容,也是船舶的一项非常重要的日常工作。设备维修保养应当坚持预防为主的方针,机务管理应当积极做好日常的船舶设备维护保养工作,避免因设备保养不到位,而引起的设备故障修理、事故修理等被动情况出现。目前比较成熟的是船舶机械计划保养体系(PMS)。

2.船舶备件采购及库存管理

主要是对船舶设备的采购、配备和储存进行管理。现有的机务管理系统可以对船舶配件的申请、采购以及出入库管理进行流程控制,达到及时采购、降低采购成本、控制消耗的目的。同时可以提供备件的编码、各船舶备件申请单的核单、询价、报价、比价、备件到货、入库、消耗、出库等各方面信息,可有效地提高工作效率和工作的准确性。

3.油料管理

船舶的油料费用是船舶运营中最大的一项支出,对油料的合理管理,既可以保障船舶的航行安全,又可以减少油料费用的支出。油料管理包括:燃油管理、滑油管理以及淡水管理,同时产生各种管理所需报表。

(四)安全与防污染管理

船舶管理公司的经营范围是为接受委托的航运公司提供海务管理、机务管理,安全与防污染管理。因此,船舶管理公司还应具有与所管船舶种类相适应的安全与防污染管理体系的符合证明。

二、水路运输代理业务

(一)概述

船舶代理、水路旅客运输代理、水路货物运输代理是传统水路运输服务业的主要内容,经过近些年的发展,目前在浙江省已形成较为发达的代理业务市场。从事船舶代理、水路旅客运输代理、水路货物运输代理业务的经营主体必须是企业法人,个人不得从事上述三项代理业务。

(二)船舶代理

船舶代理业务是一项综合性业务,其范围相当广泛,主要包括以下内容:①承揽货源或者客源(含旅游客源);②安排和联系货物配积载、船舶装卸或者旅客乘降以及船舶作业所需拖轮、浮吊等;③办理旅客中转、货物中转或者储存;④代售客票或者签订运输合同,缮制运输单证、票据;⑤结算、交付票款或者运杂费;⑥通报船期和货物到港情况,办理承运验收、货物交付手续;⑦联系船舶修理和船舶燃物料及其他用品供应;⑧协助处理属于承运人责任事宜和客货运事故;⑨办理承运人委托的其他事宜。

(三)旅客运输代理与货物运输代理

水路旅客运输代理和水路货物运输代理主要包括以下内容:①联系船舶,确定舱位,签订运输合同,代订、代售客票;②联系货物装卸、储存或者驳运,签订装卸合同;③办理货物提取,交付手续;④结算、交纳运费票款和港口费;⑤办理货物运输、作业所需证明;⑥协助处理旅客或者托运人、收货人责任事宜和客货运事故;⑦办理旅客或者托运人、收货人委托的其他事宜。

(四)委托代理双方的关系

水路运输经营者与船舶代理、水路旅客运输代理和水路货物运输代理之间存在两层关系:一是基于水路运输的行业特性,存在服务与被服务的关系。船代和货代都是随着水路运输行业的发展而细化出的专门分工,主要是为水路运输经营者提供专业服务,因此这两者之间存在主与次、服务与被服务者的关系。二是基于委托代理行为而存在民事法律关系。委托代理人在代理权限内,以被代理人的名义实施民事法律行为;被代理人与代理人的代理行为,承担民事责任。委托代理虽然是较为简单的民事法律关系,但是也存在不同的委托方式,在不同情况下,为委托双方的权利、义务也会有不同的限制。

第四节　水路运输及辅助业经营活动

一、维护正常的市场秩序

(1)水路运输经营者应当在依法取得许可的经营范围内从事水路运输经营。因此,水路运输经营者在依法取得经营许可后,应当严格按照法定的条件和《国内水路运输管理条例》规定的经营行为规范开展经营活动,不得擅自改变许可的经营范围,从事其他非经许可不得经营的经营范围。特别是水路运输业高投资、高风险及专业性强的特点,决定了水路运输在经营范围方面的要求较其他行业更为严格。

(2)维持良好的经营条件,具备企业法人条件。水路运输经营活动应该有符合规定的船舶,并且自有船舶运力符合国务院交通运输主管部门的规定;有明确的经营范围,其中申请经营水路旅客班轮运输业务的,还应当有可行的航线营运计划;有与其申请的经营范围和船舶运力相适应的海务、机务管理人员;与其直接订立劳动合同的高级船员占全部船员的比例符合国务院交通运输主管部门的规定;有健全的安全管理制度;法律、行政法规规定的其他条件。

(3)不得超载。水路运输经营者应当按照船舶核定载客定额或者载重量载运旅客、货物,不得超载或者使用货船载运旅客。超载包括超过船舶核定载客定额载运旅客,或者超过船舶核定载重量载运货物。船舶超载主要包括以下情形:①超核定载重线载运货物;②集装箱船载运超过核定箱数;③滚装船装载超出船舶运营证件和相关车辆数量;④未经核准乘客定额载客航行;⑤超乘客定额载运旅客等。现实当中,超载船舶中又以小型运输船舶居多。船舶在超载过程中,船舶储备浮力减少,船舶稳性、强度变差,导致船舶的抗风浪、抗碰刚能力大大减弱,在遭遇大风浪或发生碰撞、触礁、碰触等险情时,极易导致船舶翻沉的恶性事故。船舶超载风险极大,船毁人亡的惨剧屡见不鲜,同时,超载对于航道等水运基础设施的建设也会有一定的损害。然而,船舶超载运输却屡禁不止,已然成为影响水上交通安全的一大顽疾。因此,《国内水路运输管理条例》明确规定禁止超载,以更好地保护水上运输安全。

(4)水路运输经营者应当使用规范的、符合有关法律法规和交通运输部规定的客票和运输单证。

(5)水路运输经营者从事水路运输经营活动,应当依法经营,诚实守信,禁止以不合理的运价或者其他不正当方式、不规范行为争抢客源、货源及提供运输服务。

(6)水路旅客运输业务经营者为招揽旅客发布信息,必须真实、准确,不得进行虚假宣传,误导旅客,对其在经营活动中知悉的旅客个人信息,应当予以保密。

(7)发生下列情况后,水路运输经营者应当在15个工作日内以书面形式向原许可机关备案,并提供相关证明材料:①法定代表人或者主要股东发生变化;②固定的办公场所发生变化;③海务、机务管理人员发生变化;④与其直接订立一年以上劳动合同的高级船员的比例发生变化;⑤经营的船舶发生重大以上安全责任事故;⑥委托的船舶管理企业发生变更或者委托管理协议发生变化。

二、遵循合理的收费标准

水路运输和水路运输辅助业服务经营者应当执行国家、省规定的水路运输、水路运输服务价格和收费标准。国家、省允许自行定价的,由经营者按照自愿、公平、合理原则自行定价或者与客户商定。水路旅客运输和水路运输服务收费应当明码标价。

水路旅客运输业务经营者应当以公布的票价销售客票,不得对相同条件的旅客实施不同的票价,不得以搭售、现金返还、加价等不正当方式变相变更公布的票价并获取不正当利益,不得低于客票载明的舱室或者席位等级安排旅客。

三、执行严格的安全生产要求

生产经营单位应当具备有关法律、行政法规和国家标准或者行业标准规定的安全生产条件。对于不具备安全生产条件的,不得从事生产经营活动要求。生产经营单位必须加强安全生产管理,建立健全安全生产责任制度,完善安全生产条件,确保安全生产。《国内水路运输管理条例》及《国内水路运输管理规定》均提出,申请经营水路运输业务要有健全的安全管理机构及安全管理人员设置制度、安全管理责任制度、安全监督检查制度、事故应急处置制度、岗位安全操作规程等安全管理制度。

四、遵守环境保护相关法规

必须遵守水污染防治法律、法规,包括《中华人民共和国水污染防治法》《中华人民共和国水污染防治法实施细则》《中华人民共和国海洋环境保护法》《浙江省实施

〈中华人民共和国水污染防治法〉办法》等。《浙江省水路运输管理条例》第二十七条水路运输经营者应当遵守水污染防治的法律、法规，维护船舶航行、停泊水域的环境卫生，不得违反规定排放、倾倒废弃物、污染物。

五、履行船舶管理检查职责

船舶管理业务经营者，应当委派其海务、机务管理人员定期登船检查船舶的安全技术性能、船员操作技能等情况，并在航海日志上作相应记录。普通货船的检查间隔不长于6个月，客船和危险品船的检查间隔不长于3个月。

六、履行船舶管理备案义务

发生下列情况后，船舶管理业务经营者应当在15个工作日内以书面形式向原许可机关备案，并提供相关证明材料：①法定代表人或者主要股东发生变化；②固定的办公场所发生变化；③海务、机务管理人员发生变化；④管理的船舶发生重大以上安全责任事故；⑤接受管理的船舶或者委托管理协议发生变化。

七、遵守辅助业相关协议

船舶管理业务经营者接受委托提供船舶管理服务，应当与委托人订立书面协议，载明委托双方当事人的权利义务。

船舶代理、水路旅客运输代理、水路货物运输代理业务经营者接受委托提供代理服务，应当与委托人订立书面合同，按照国家有关规定和合同约定办理代理业务。

八、辅助业经营者的禁止行为

水路运输辅助业经营者被禁止的行为主要有：①以承运人的身份从事水路运输经营活动；②为未依法取得水路运输业务经营许可或者超越许可范围的经营者提供水路运输辅助服务；③未订立书面合同、强行代理或者代办业务；④滥用优势地位，限制委托人选择其他代理或者船舶管理服务提供者；⑤发布虚假信息招揽业务；⑥以不正当方式或者不规范行为提供其他水路运输辅助服务，扰乱市场秩序；⑦法律、行政法规禁止的其他行为。

九、统计报送及检查制度

水路运输及辅助业经营者应当按照统计法律、行政法规的规定报送统计信息。水路旅客运输经营者和客运站应当按照国家规定严格实施危险品和其他禁运物品检查制度。旅客不得携带危险品和其他禁运物品进站、乘船，并按规定接受安全检查。

第五节 水路旅客运输实名制

一、概述

为保障水路运输旅客生命和财产安全，维护旅客及各方当事人合法权益和运输秩序，有必要开展水路旅客运输的实名制。在我国境内实施水路旅客运输船票实名售票、实名查验行为应当遵守相关规定。

船票：是指水路旅客运输中旅客乘船的凭证，包括纸质船票、水路电子船票以及其他符合规定的乘船凭证。

实名售票：是指水路旅客运输经营者或者其委托的船票销售单位凭乘船人的有效身份证件销售船票，并在票面记载乘船人身份信息的行为。

实名查验：是指港口经营人、水路旅客运输经营者对实施实名售票的船票记载的身份信息与乘船人及其有效身份证件原件（以下简称“票、人、证”）进行核查，并记录乘客乘船信息和身份信息的行为。

二、实名制责任主体和内涵

按照《中华人民共和国反恐怖主义法》规定，对客户身份进行查验的主体是运输业务经营者和服务提供者。依据《中华人民共和国港口法》和《国内水路运输管理条例》，明确水路旅客运输经营者或其委托的船票销售单位、港口经营人是实名制的责任主体。

关于实名制的内涵，明确由水路旅客运输经营者或其委托的船票销售单位凭乘船人的有效身份证件销售船票，由港口经营人在乘船人登船前对其进行实名查验，核查船、票、人、证是否相符。为提高实名查验的准确性，水路旅客运输经营者在船舶开航后统计旅客数量并与港口经营人交换信息。对于交换信息数据不一致的，水路旅客运输经营者和港口经营人应当按程序启动复核机制，直至统计数据核对一致，并将情况及时报当地相关主管部门。

三、实名制信息的保存和提供

水路旅客运输经营者、港口经营人负责妥善保存登记采集的旅客身份信息和乘船信息，并依公安机关要求向其如实提供。对登记采集的旅客身份信息和乘船信息，如果是视频图像信息的，自采集之日起至少保存 90 日，如果是除视频图像信息之外的其他类型信息的，自采集之日起至少保存 1 年。

第六节　水路运政管理的处罚与处理

一、水路运政违法行为种类

水路运政违法行为大致分为三大类,一类是违反水路运输及辅助业经营者的准入许可;一类是违反水路运输及辅助业经营活动;一类是违反水路运输及辅助业管理执法监督检查。不同违法行为的界定及处罚不同。

(1)违反水路运输及辅助业经营者准入许可的行为主要包括:①未经许可擅自经营或者超越许可范围经营水路运输业务或者国内船舶管理业务;②使用未取得船舶营运证件的船舶从事水路运输;③未随船携带船舶营运证件;④未经许可或者超越许可范围使用外国籍船舶经营水路运输业务;⑤以租用中国籍船舶或者舱位等方式变相经营水路运输业务;⑥以欺骗或者贿赂等不正当手段取得水路运输业务经营许可和船舶管理业务经营许可;⑦出租、出借、倒卖或者以其他方式非法转让水路运输业务经营许可证和船舶管理业务经营许可证;⑧伪造、变造、涂改水路运输业务经营许可证和船舶管理业务经营许可证;⑨未为其经营的客运船舶投保承运人责任保险或者取得相应的财务担保;⑩未提前向社会公布所使用的船舶、班期、班次和运价或者其变更信息;⑪未按照规定要求配备海务、机务管理人员;⑫未履行备案义务或者报告义务。

(2)违反水路运输及辅助业经营活动规定的行为主要包括:①垄断货源强行提供服务;②未按规定执行政府下达的紧急运输任务或指令性计划;③未按规定办理登记备案手续;④未按规定落实岗位安全责任制;⑤违反国家规定运输禁运、限运货物;⑥未按国家规定的客运技术和服务基准配置安全、服务人员和设施;⑦未如实填写运输单证;⑧未经批准擅自改变客运航线或者增减客运航次、增减停靠站点;⑨未按规定实施危险品和其他禁运物品检查制度;⑩未按规定交验运输单证;⑪未以公布的票价或者变相变更公布的票价销售客票;⑫虚假宣传,误导旅客或者托运人;⑬以不正当方式或者不规范行为争抢客源、货源及提供水路运输(辅助)服务扰乱市场秩序;⑭使用的运输单证不符合有关规定;⑮与船舶所有人、经营人、承租人未订立船舶管理协议或者协议未对船舶海务、机务管理责任做出明确规定;⑯未订立书面合同、强行代理或者代办业务;⑰滥用优势地位,限制委托人选择其他代理或者船舶管理服务提供者;⑱未在售票场所和售票网站的明显位置公布船舶、班期、班次、票价等信息;⑲未建立业务记录和管理台账;⑳为船舶所有人、经营人以及货物托运人、收货人指定水路运输辅助业务经营者,提供船舶、水路货物运输代理等服务;㉑未将报废船舶的船舶营业证或者国际船舶备案证明书交回原发证机关。

(3)违反水路运输及辅助业管理执法的监督检查的行为主要包括:①拒绝管理部门依法进行的监督检查或者隐匿有关资料或者瞒报、谎报有关情况;②为未依法取得水路运输业务经营许可或者超越许可范围的经营者提供水路运输辅助服务;③负责水路运输管理的国家工作人员在水路运输管理活动中滥用职权、玩忽职守、徇私舞弊,不依法履行职责的,依法给予处分。违反本条例规定,构成违反治安管理行为的,依法给予治安管理处罚;构成犯罪的,依法追究刑事责任。

二、水路运政管理违法行为的处理

1.责令停止经营

责令停止经营主要是对行政违法行为人的行为进行处理。例如《国内水路运输管理条例》第三十三条,对于针对未经许可擅自经营或者超越许可范围经营水路运输业务或者国内船舶管理业务的行为,由负责水路运输管理的部门责令停止经营。第三十四条,水路运输经营者使用未取得船舶营运证件的船舶从事水路运输的,由负责水路运输管理的部门责令该船停止经营。第三十五条水路运输经营者未经国务院交通运输主管部门许可或者超越许可范围使用外国籍船舶经营水路运输业务,或者外国的企业、其他经济组织和个人经营或者以租用中国籍船舶或者舱位等方式变相经营水路运输业务的,由负责水路运输管理的部门责令停止经营。

2.没收违法所得并处罚款

没收违法所得并处罚款主要对行政违法行为人进行财产处罚,包括罚款、没收违法所得、没收非法财物等。例如《国内水路运输管理条例》第三十三、三十四、三十五条在处以责令停止经营的同时,均需没收违法所得,并处违法所得 1 倍以上 5 倍以下的罚款。第三十六条以欺骗或者贿赂等不正当手段取得本条例规定的行政许可的,由原许可机关撤销许可,处 2 万元以上 20 万元以下的罚款;有违法所得的,没收违法所得。第三十七条出租、出借、倒卖本条例规定的行政许可证件或者以其他方式非法转让本条例规定的行政许可的,由负责水路运输管理的部门责令改正,没收违法所得,并处违法所得 1 倍以上 5 倍以下的罚款;没有违法所得或者违法所得不足 3 万元的,处 3 万元以上 15 万元以下的罚款。伪造、变造、涂改本条例规定的行政许可证件的,由负责水路运输管理的部门没收伪造、变造、涂改的许可证件,处 3 万元以上 15 万元以下的罚款;有违法所得的,没收违法所得。第三十九条水路旅客运输业务经营者未为其经营的客运船舶投保承运人责任保险或者取得相应的财务担保的,由负责水路运输管理的部门责令限期改正,处 2 万元以上 10 万元以下的罚款。第四十条班轮运输业务经营者未提前向社会公布所使用的船舶、班期、班次和运价或者其变更信息的,由负责水路运输管理的部门责令改正,处 2000 元以上 2 万元以下的罚款。

3.其他法律责任

根据《国内水路运输管理条例》第四十三条规定，负责水路运输管理的国家工作人员在水路运输管理活动中滥用职权、玩忽职守、徇私舞弊，不依法履行职责的，依法给予处分。第四十四条规定，构成违反治安管理行为的，依法给予治安管理处罚；构成犯罪的，依法追究刑事责任。

第七节　水路运政案例分析

一、案由

徐某使用未取得船舶营运证件的船舶从事水路运输案。

二、案情简介

20××年7月2日9时30分，××市港航管理局执法人员金某、赵某在××市××镇××运河××学校附近河段巡查时发现，一艘钢制船正在该河段运输泥浆。执法人员要求该船随船人员徐某出示船舶营业运输证，其不能出示，也不能提供有效证明。

三、案件性质

“船舶营业运输证”是船舶合法经营资格的随船证明文书，从事国内经营性水路运输活动的船舶均须随船携带有效的船舶营业运输证。从事水路运输经营活动，其经营人应持有水路运输许可证，船舶应有“船舶营业运输证”，如果经营人无有效水路运输许可证，那么船舶肯定无有效“船舶营业运输证”。无有效船舶营业运输证从事水路运输经营活动包括以下情形：

（1）未办理“船舶营业运输证”从事水路运输经营活动；

（2）使用伪造、租借他人或购买他人的“船舶营业运输证”从事水路运输经营活动；

（3）使用过期失效的“船舶营业运输证”从事水路运输经营活动。

本案当事人徐某在没有取得船舶营业运输证的情况下，于20××年6月26日至20××年7月2日运输了10趟泥浆，获得违法所得人民币1200元，属于从事水路运输经营活动，且未持有有效“船舶营业运输证”，属于上述第一种情形。因此，本案中徐某使用未取得船舶营运证件的船舶从事水路运输的行为违反了“国内水路运输管理条例”第十四条第一款的规定：“水路运输经营者新增船舶投入运营的，应当凭水路运输业务经营许可证件、船舶登记证书和检验证书向国务院交通运输主管部门或者设区的市级以上地方人民政府负责水路运输管理的部门领取船舶营运证件。”

四、当事人

此类案件应处罚实际水路运输经营者。

五、证据收集要求

(1)现场笔录:证明案件来源和现场。

(2)现场照片:证明徐某所经营的钢制船在××运河××学校附近河段运输泥浆的现场情况。

(3)对徐某的询问笔录:证明徐某所经营的钢制船没有船舶营业运输证从事水路运输经营活动以及违法所得情况。

(4)对叶某的询问笔录:证明徐某所经营的钢制船没有船舶营业运输证从事水路运输经营活动以及违法所得情况。

(5)当事人的身份证明材料。

六、现场笔录的事实情况记录

20××年 7 月 2 日 9 时 30 分,××市港航管理局执法人员金某、赵某在××运河××学校附近河段巡查时发现,一艘船名为××的钢制船运输泥浆正航行在该河段。执法人员要求该船随船人员徐某出示船舶营业运输证,其不能出示,也不能提供有效证明。

七、对徐某的询问要点

(1)核实被询问人的基本情况。(示例:请问你的姓名、年龄、性别、住址、单位及职务?)

(2)调查船舶的基本情况。(示例:000×的船籍港、船型是什么? 船舶载重吨多少? 主机功率多少?)

(3)调查本案当事人的情况。(示例:000×的经营人、所有人是谁?)

(4)调查本航次情况。(示例:你船本航次于何时始发何地? 于何时至何地? 装载什么货物? 数量多少? 何时何地被查?)

(5)调查本航次是否属于经营性行为。(示例:本航次是为谁装运的? 有无费用结算? 如何结算的?)

(6)调查违法性质。(示例:你船有没有有效的"船舶营业运输证"?)

(7)调查与裁量有关的情节。(示例:你船没有营运证从事营运已经有多长时间了? 累计收入多少?)

(8)调查违法原因、目的。(示例:为什么没有"船舶营业运输证"还从事营运?)

(9)调查当事人对该行为的认识(含危害后果)。(示例:你知道这样做会带来什么危害后果吗?)

八、处理情况

此类违法行为,如符合减轻情节,没有违法所得或违法所得无法查清的,按船舶载重吨每吨罚20元;船舶未额定载重吨位的,按船舶主机功率,每千瓦罚40元;罚款数额最高不得超过2万元。没有减轻情节的,区分经营普通货船运输、客船、危险品船运输以及有无违法所得进行裁量。本案当事人多次违法,不符合减轻情节,运输普通货物且有违法所得,则处以没收违法所得人民币壹仟贰佰元整,并处违法所得一倍的罚款,并责令当事人对违法行为立即予以改正。

第六章　地方海事执法

第一节　船舶监管

一、概述

船舶的定义主要有几类:《中华人民共和国内河交通安全管理条例》所称船舶,是指各类排水或者非排水的船、艇、筏、水上飞行器、潜水器、移动式平台以及其他水上移动装置。《中华人民共和国船舶和海上设施检验条例》所称船舶,是指各类排水或者非排水船、艇、水上飞机、潜水器和移动式平台(中国籍船舶)。《中华人民共和国船舶登记条例》所称船舶,系指各类机动、非机动船舶以及其他水上移动装置,但是船舶上装备的救生艇筏和长度小于5米的艇筏除外。常见的几种船舶如下所述:

内河农(林)自用船舶,是指除游艇以外家庭或者个人用于农(林)业生产、生活的船舶。

浮动设施,是指采用缆绳或者锚链等非刚性固定方式系固并漂浮或者潜于水中的建筑、装置。

渔业船舶,是指从事渔业生产的船舶以及属于水产系统为渔业生产服务的船舶。

公务船舶,是指用于政府行政管理目的的船舶。

二、船舶登记

船舶登记,是指船舶登记机关按照《中华人民共和国船舶登记条例》的规定,对船舶所有权、船舶国籍、船舶抵押权、光船租赁、船舶烟囱标志和公司旗进行登记的行为。

船舶登记是一项法律行为,是一艘船舶取得所有权、国籍和悬挂一国国旗航行必须办理的手续。船舶通过登记才能确定其在法律上的地位,确认船舶所有人对船舶的所有权、取得航行权利,并相对船旗国明确其应有的权利和义务。船舶登记包括:船舶所有权登记,光船租赁登记,船舶抵押权登记,船舶变更登记。船舶所有权,是指船舶所有人依法对其船舶享有占有、使用、收益和处分的权利。船舶抵押权,是指为担保债务的履行,抵押人(债务人或者第三人)不转移船舶的占有,将该船舶抵押给债权人(抵押权人)的,债务人不履行到期债务或者发生当事人约定的实现抵押权的情形,债权人(抵押权人)有权就该财产优先受偿。债务人或者第三人有权处分的正在建造的船舶可以抵押。船舶优先权先于船舶留置权受偿,船舶抵押权后于船舶留置权受偿。船舶所有权的取得、变更、转让、消灭和船舶抵押权、光船租赁权的设定、转移、消灭,船舶由2个以上的法人或者个人共有的,应当向船舶登记机关登记;未经登记,不得对抗善意第三人。

经船舶登记机关审查,船舶登记申请符合规定要求的,船舶登记机关予以登记,将申请登记事项记载于船舶登记簿,制作并发放船舶登记证书。船舶登记证书,包括船舶国籍证书、船舶所有权登记证书、船舶抵押权登记证书、光船租赁登记证书。

1.船舶登记的范围

各级海事管理机构依据职责开展辖区内的船舶登记工作(简称船舶登记机关),登记的船舶范围如下:①在我国境内有住所或者主要营业所的中国公民所有或者光船租赁的船舶;②依据我国法律设立的主要营业所在我国境内的企业法人所有或者光船租赁的船舶。但是,在该法人的注册资本中有外商出资的,中方投资人的出资额不得低于百分之五十;③外商出资额超过百分之五十的中国企业法人仅供本企业内部生产使用,不从事水路运输经营的趸船、浮船坞;④我国政府公务船舶和事业法人、社团法人和其他组织所有或者光船租赁的船舶;⑤在自由贸易试验区注册的企业法人所有或者光船租赁的船舶。

有下列情形之一的,船舶登记机关不予登记:①申请人不能提供权利取得证明文件或者申请登记事项与权利取得证明文件不一致的;②第三人主张存在尚未解决的权属争议且能提供依据的;③申请登记事项与已签发的登记证书内容相冲突的;④违反法律、行政法规规定的。

军事船舶、渔业船舶和体育运动船艇的登记由其他主管部门依照有关法规的规定办理。

2.船舶登记港

船舶登记港由船舶所有人依据其住所或者主要营业所所在地就近选择,但是不得选择两个或者两个以上的船舶登记港。由企业法人依法成立的开展经营活动的分支机构经营的船舶,可以依据分支机构营业场所所在地就近选择船舶登记港。融资租赁的船舶,可以由租赁双方依其约定,在出租人或者承租人住所地或者主要营业所所在地就近选择船舶登记港。光租外国籍船舶的,由船舶承租人依据其住所地或者主要营业所所在地就近选择船舶登记港,但是不得选择两个或者两个以上的船舶登记港。

3.船舶所有权登记

船舶所有权登记由船舶所有人提出申请。共有船舶由全体共有人共同提出申请。

船舶所有权登记项目发生变更的,船舶所有人应当持变更项目证明文件和相关船舶登记证书,向船籍港船舶登记机关申请办理变更登记。船舶所有权登记项目变更涉及其他船舶登记证书内容的,应当对其他登记证书一并变更。

因船舶所有权发生转移、船舶灭失和失踪,注销船舶所有权登记的,按照《中华人民共和国船舶登记条例》第三十九条、第四十条的规定办理注销登记。

船舶依法拍卖后,新船舶所有人可以凭所有权转移的证明文件向原船舶登记机关申请办理所有权注销登记,并交回原船舶所有权登记证书。原船舶所有权登记证书无法交回的,应当提交书面说明,由船舶登记机关公告作废。

4.船舶抵押权登记

船舶的抵押权登记,由船舶抵押人和抵押权人共同向船籍港船舶登记机关申请。船舶抵押权登记项目发生变化的,抵押人和抵押权人应当共同向船籍港船舶登记机关申请办理变更登记。船舶有多个抵押权登记且变更项目涉及被担保的债权数额等变化的,若对其他抵押权人产生不利影响,需其他抵押权人书面同意变更。

船舶抵押权转移时,抵押权人和承转人应当持船舶抵押权转移合同到船籍港船舶登记机关申请办理抵押权转移登记。船舶抵押合同解除,抵押权人和抵押人应当到船籍港船舶登记机关办理注销船舶抵押权登记。

5.光船租赁登记

申请办理光船租赁登记或者光船租赁注销登记,应当按照下列规定提出:①中国籍船舶以光船条件出租给本国企业或者公民的,由船舶出租人和承租人共同向船籍港船舶登记机关申请;②中国企业以光船条件租进外国籍船舶的,由承租人向住所或者主要营业所所在地船舶登记机关申请;③中国籍船舶以光船条件出租境外的,由出租人向船籍港船舶登记机关申请。

船舶在境内出租的,出租人和承租人应当在船舶起租前,到船籍港船舶登记机关申请办理光船租赁登记。船舶以光船条件出租境外的,出租人应当到船籍港船舶登记机关申请办理光船租赁登记。以光船条件从境外租进船舶的,承租人应当比照“船舶登记港由船舶所有人依据其住所或者主要营业所所在地就近选择”的规定确定船籍港,并在船舶起租前到船舶登记机关申请办理光船租赁登记。

光船租赁合同期满或者光船租赁关系终止,出租人应当自光船租赁合同期满或者光船租赁关系终止之日起 15 日内,到船籍港船舶登记机关办理光船租赁注销登记。以光船条件租进的船舶,承租人应当自光船租赁合同期满或者光船租赁关系终止之日起 15 日内,到船籍港船舶登记机关办理注销登记。

光船租赁期间,承租人将船舶转租他人,并申请办理光船租赁转租登记的,应当经出租人同意转租。光船租赁登记项目发生变化的,出租人、承租人应当向船籍港船舶登记机关申请办理变更登记。

三、船舶名称

船舶申请登记前,应当按照下列规定申请核定船名:①由船舶所有人或者光船租赁外国籍船舶的承租人向船籍港船舶登记机关申请;②新造船舶,由船舶建造人或者定造人向拟申请登记地船舶登记机关申请。未确定拟申请登记地或者为境外定造人建造的,由船舶建造人向建造地船舶登记机关申请。

一艘船舶只准使用一个名称,船名不得与登记在先的船舶重名或者同音。船名经核定后,24 个月内未办理船舶登记手续的,经核定的船名自动失效。船名经核定使用后,船舶所有人未发生变更而申请变更船舶名称的,应当重新申请核定船名,并将变更情形进行公告。船舶所有权注销或者船名变更后,原船名自动注销,其他船舶不得申请使用该名称。新的船舶所有人继续使用原船名的,应当重新向船舶登记机关申请核定原船名。

船名包括中文名称和英文名称。中文名称由两个及两个以上规范汉字或者两个及两个以上规范汉字加阿拉伯数字组成。英文名称为中文名称中规范汉字的汉语拼音或者中文名称中规范汉字的汉语拼音加阿拉伯数字组成。

船舶不得使用下列名称:①与国家、政府间国际组织名称相同或者相似的,但经有关国家、政府间国际组织同意的除外;②与国家机关、政党名称相同或者相似的,但经有关国家机关、政党同意的除外;③与国家领导人姓名相同的;④与政府公务船舶名称相同或者相似的;⑤申请人户籍地以外的省、市简称加船舶种类组成的;⑥带有民族歧视性或者殖民主义色彩的;⑦有损社会主义道德风尚或者有不良文化倾向的;⑧法律、行政法规明确禁止使用的。

船舶应当按照国家规定标明船名、船籍港、载重线,并保持清晰、完整,不得遮挡或者污损。船名应标明于船首两舷和船尾,船尾船名下方标明船籍港,船名、船籍港下方标明汉语拼音,船首和船尾两舷标明吃水标尺,船舶中部两舷标明载重线。受船型或者尺寸限制不能在前述规定的位置标明标志的船舶,应当在船上显著位置标明船名和船籍港。全省统一标准的电子船名牌是船名识别的优先标志。未遮挡或者污损电子船名牌,就不属于遮挡或者污损船名。

四、船舶识别号

船舶识别号,是指用于永久识别船舶的唯一编码。船舶识别号由英文字母 CN 和 11 位阿拉伯数字组成。CN 代表中国,11 位阿拉伯数字的前四位表示船舶安放龙骨的年份,第 5 至 10 位是随机编号,第 11 位是校验码。每一艘船舶只能申请并使用一个船舶识别号,船舶识别号一经取得不再改变。船舶发生灭失、拆解、卖往境外或者转为军事、渔业、体育运动船舶等情况时，船舶识别号予以封存，不再授予其他船舶。

境内建造的新建船舶，船舶建造人应当在安放龙骨或者处于相似建造阶段后10个工作日内向船舶建造地的船舶登记机关申请；境外建造并拟在中国登记的新建船舶，船舶定造人应当在安放龙骨或者处于相似建造阶段后10个工作日内向拟申请登记地的船舶登记机关申请；从境外购买、以光船条件从境外租进或者船舶由其他用途转为《中华人民共和国船舶登记条例》适用的船舶，船舶所有人或者光船承租人应当在申请初次检验或者相应检验手续前向拟申请船舶登记地的船舶登记机关申请。

新建船舶的识别号应当永久性标记在机器处所主推进动力装置尾轴附近的船体内侧。没有主推进动力装置的，标记在船舶检验机构指定的位置。船舶识别号的标记位置应当适宜安放与查验。新建船舶中的钢质船舶，应当采用凸出钢质字符焊接的方式永久性标记船舶识别号；非钢质船舶采用船舶检验机构认可并能够永久保持的方式标记。永久性标记的船舶识别号应当清晰可辨。船舶识别号在船体上的永久性标记采用宋体，船长20米及以上的船舶，船舶识别号字符高度为10厘米，船长20米以下的船舶字符高度为5厘米。

中国海事局是船舶识别号主管机关，负责船舶识别号的授予和统一管理。经中国海事局授权开展船舶登记业务的海事管理机构负责船舶识别号的申请受理和材料审查工作。各级海事管理机构具体负责船舶识别号的监督管理工作。

五、船舶国籍

船舶经依法登记，取得我国国籍，方可悬挂我国国旗航行；未经登记的，不得悬挂我国国旗航行。船舶不得具有双重国籍。凡在外国登记的船舶，未中止或者注销原登记国国籍的，不得取得我国国籍。

船舶国籍证书有效期为5年，但下列情形除外：①老旧运输船舶国籍证书的有效期不得超过船舶强制报废日期；②光船租赁船舶国籍证书的有效期与光船租赁期限相同，但最长不超过5年。

临时船舶国籍证书有效期一般不超过1年。以光船条件从境外租进的船舶，临时船舶国籍证书的期限可以根据租期确定，但是最长不超过2年。

船舶国籍证书有效期届满前1年内，船舶所有人应当持船舶国籍证书和有效船舶技术证书，到船籍港船舶登记机关办理证书换发手续。换发的船舶国籍证书有效期起始日期从原证书有效期届满之日的第2日开始计算，但不得早于签发日期。

船舶国籍登记项目发生变化的，船舶所有人或者光船承租人应当向船籍港船舶登记机关申请办理变更登记，并提交变更项目的证明文件及相关船舶登记证书。

六、船舶检验

(一)法定检验

法定检验是指船旗国政府或者其认可的船舶检验机构按照法律、行政法规、规章和法定检验技术规范,对船舶、水上设施、船用产品和船运货物集装箱的安全技术状况实施的强制性检验。中国籍国内航行船舶和水上设施、船用产品和船运货物集装箱经检验合格(符合相关的法定检验技术要求)后,国内船舶检验机构签发相应的检验证书或者技术文件。载运危险货物的船舶,须持有船舶检验机构依法检验并颁发的危险货物适装证书。船舶法定检验技术规范包括与船舶、水上设施、船用产品、船运货物集装箱相关的涉及航运安全及水域环境保护的检验制度、安全标准、检验规程等。

1.法定检验的情形

法定检验主要包括建造检验、定期检验、初次检验、临时检验、拖航检验、试航检验等。

船舶、水上设施建造或者重大改建,其所有人或者经营人应当向建造或者改建地船舶检验机构申请建造检验。重大改建包括:改变船舶主尺度、船舶类型、分舱水平、承载能力、乘客居住处所、主推进系统、影响船舶稳性等涉及船舶主要性能及安全的重大改建,或者涉及水上设施安全重大改建的。

营运中的中国籍船舶所有人或者经营人,应当向签发船舶检验证书的国内船舶检验机构申请定期检验。定期检验可以委托营运地国内船舶检验机构代为进行。定期检验主要有:年度检验、中间检验、换证检验、船底外部检查、特别定期检验。

外国籍船舶改为中国籍船舶、体育运动船艇改为交通运输船舶、渔业船舶改为交通运输船舶、营运船舶检验证书失效时间超过一个换证检验周期、老旧营运运输船舶检验证书失效时间超过一个特别定期检验周期的,其所有人或者经营人应当向国内船舶检验机构申请初次检验。

有下列情形之一的,其所有人或者经营人应当向国内船舶检验机构申请临时检验:①因发生事故,影响船舶适航性能;②改变证书所限定的航区或者用途;③船舶检验机构签发的证书失效时间不超过一个换证周期;④涉及船舶安全的修理或者改装,但重大改建除外;⑤变更船舶检验机构;⑥变更船名、船籍港;⑦存在重大安全缺陷影响航行和环境安全,海事管理机构责成检验的。

我国管辖水域内对移动式平台、浮船坞和其他大型船舶、水上设施进行拖带航行,起拖前应当申请拖航检验。

船舶试航前,船舶所有人或者经营人应当向国内船舶检验机构申请试航检验,并取得试航检验证书。

中国籍船舶、水上设施报废的,其所有人或者经营人应当报告国内船舶检验机构,国内船舶检验机构应当注销检验证书。

船舶检验机构应当按照船用产品法定检验技术要求,对纳入法定检验范围内的船用产品开展工厂认可、型式认可、产品检验。

2.船检监督管理

申请检验的单位或者个人对检验结论持有异议,可以向上一级船舶检验机构申请复验,接到复验申请的机构应当在 7 个工作日内做出是否予以复验的答复。

有下列情形之一的,船舶检验机构应当停止检验或者撤销相关检验证书:①违规建造、违规重大改建;②提供虚假证明材料;③未通过检验。

(二)入级检验

入级检验是指应船舶、水上设施的所有人和经营人自愿申请,按照拟入级的船舶检验机构的入级检验技术规范,对船舶、水上设施进行的检验,并取得入级船舶检验机构的入级标识。

下列中国籍国内航行船舶加入船级的,应当向中国船级社申请入级检验:①在海上航行的乘客定额 100 人以上的客船;②载重量 1000 吨以上的油船;③滚装船、液化气体运输船和散装化学品运输船;④船舶所有人或者经营人申请入级的其他船舶。

七、船舶升挂国旗

除遇有恶劣天气的情况外,50 总吨及以上的船舶、公务船舶等中国籍船舶应当每日悬挂(早晨升起,傍晚降下)中国国旗。50 米及以上不足 150 米的船舶,应悬挂丙种或丁种中国国旗;20 米及以上不足 50 米的船舶,应悬挂丁种或戊种中国国旗;不足 20 米的船舶应悬挂戊种中国国旗。

船舶悬挂的中国国旗应当整洁,不得破损、污损、褪色或者不合规格,不得倒挂。中国籍船舶应将中国国旗悬挂于船尾旗杆上。船尾没有旗杆的,应悬挂于驾驶室信号杆顶部或右横桁。中国国旗与其他旗帜同时悬挂于驾驶室信号杆右横桁时,中国国旗应悬挂于最外侧。遇有《中华人民共和国国旗法》第十四条规定的情形外,船舶非经批准不得将中国国旗下半旗。

八、船舶安全监督

船舶安全监督,是指海事管理机构依法对船舶及其从事的相关活动是否符合法律、法规、规章以及有关国际公约和港口国监督区域性合作组织的规定而实施的安全监督管理活动。船舶安全监督分为船舶现场监督和船舶安全检查。

船舶现场监督,是指海事管理机构对船舶实施的日常安全监督抽查活动。

船舶安全检查,是指海事管理机构按照一定的时间间隔对船舶的安全和防污染技术状况、船员配备及适任状况、海事劳工条件实施的安全监督检查活动,包括船旗国监督检查和港口国监督检查。

1.目标船舶的选择

海事管理机构应当结合辖区实际情况，按照全面覆盖、重点突出、公开便利的原则，依据目标船舶选择标准，综合考虑船舶类型、船龄、以往接受船舶安全监督的缺陷、航运公司安全管理情况等，按照规定的时间间隔，选择船舶实施船舶安全监督。对船舶实施安全监督，应当减少对船舶正常生产作业造成的不必要影响。

按照目标船舶选择标准未列入选船目标的船舶，原则上不登轮实施船舶安全监督，但按照规定开展专项检查的除外。国家重要节假日、重大活动期间，或者针对特定水域、特定安全事项、特定船舶需要进行检查的，海事管理机构可以综合运用船舶安全检查和船舶现场监督等形式，开展专项检查。

2.船舶安全监督

船舶现场监督的内容包括：①中国籍船舶自查情况；②法定证书文书配备及记录情况；③船员配备情况；④客货载运及货物系固绑扎情况；⑤船舶防污染措施落实情况；⑥船舶航行、停泊、作业情况；⑦船舶进出港报告或者办理进出港手续情况；⑧按照相关规定缴纳相关费税情况。法定证书文书，是指船舶国籍证书、船舶配员证书、船舶检验证书、船舶营运证件、航海或者航行日志以及其他按照法律法规、技术规范及公约要求必须配备的证书文书。

船舶安全检查的内容包括：①船舶配员情况；②船舶、船员配备和持有有关法定证书文书及相关资料情况；③船舶结构、设施和设备情况；④客货载运及货物系固绑扎情况；⑤船舶保安相关情况；⑥船员履行其岗位职责的情况，包括对其岗位职责相关的设施、设备的维护保养和实际操作能力等；⑦海事劳工条件；⑧船舶安全管理体系运行情况；⑨法律、法规、规章以及我国缔结、加入的有关国际公约要求的其他检查内容。

海事管理机构完成船舶安全监督后应当签发相应的《船舶现场监督报告》《船旗国监督检查报告》并留船备查（保存至少 2 年），由船长或者履行船长职责的船员签名。

3.船舶安全缺陷处理

在船舶安全监督过程中发现船舶存在缺陷的，应当启动船舶安全检查程序，提出下列处理意见：①警示教育；②开航前纠正缺陷；③在开航后限定的期限内纠正缺陷；④滞留；⑤禁止船舶进港；⑥限制船舶操作；⑦责令船舶驶向指定区域；⑧责令船舶离港。

安全检查发现的船舶缺陷不能在检查港纠正时，可以允许该船驶往最近的可以修理的港口，并及时通知修理港口的海事管理机构。修理港口超出本港海事管理机构管辖范围的，本港海事管理机构应当通知修理港口海事管理机构进行跟踪检查。修理港口海事管理机构在收到跟踪检查通知后，应当对船舶缺陷的纠正情况进行验证,并及时将验证结果反馈至发出通知的海事管理机构。

由于存在缺陷,被采取“滞留、禁止船舶进港、限制船舶操作、责令船舶离港”措施的船舶,应当在相应的缺陷纠正后向海事管理机构申请复查。被采取其他措施的船舶,可以在相应缺陷纠正后向海事管理机构申请复查,不申请复查的,在下次船舶安全检查时由海事管理机构进行复查。海事管理机构收到复查申请后,决定不予本港复查的,应当及时通知申请人在下次船舶安全检查时接受复查。复查合格的,海事管理机构应当及时解除相应的处理措施。

船舶以及相关人员,应当按照海事管理机构签发的《船舶现场监督报告》《船旗国监督检查报告》等的要求,对存在的缺陷进行纠正;中国籍船舶的船长应当对缺陷纠正情况进行检查,并在航行或者航海日志中进行记录。船舶有权对海事行政执法人员提出的缺陷和处理意见进行陈述和申辩;对于缺陷和处理意见有异议的,海事执法人员应当告知船舶申诉的途径和程序。

海事管理机构在实施船舶安全监督中,发现航运公司安全管理存在问题的,应当要求航运公司改正,并将相关情况通报航运公司注册地海事管理机构。海事管理机构应当将影响安全的重大船舶缺陷以及导致船舶被滞留的缺陷,通知航运公司、相关船舶检验机构或者组织。

4.船舶安全责任

航运公司应当履行安全管理与防止污染的主体责任,建立、健全船舶安全与防污染制度,对船舶及其设备进行有效维护和保养,确保船舶处于良好状态,保障船舶安全,防止船舶污染环境,为船舶配备满足最低安全配员要求的适任船员。

中国籍船舶应当建立开航前自查制度。船舶在离泊前应当对船舶安全技术状况和货物装载情况进行自查,填写《船舶开航前安全自查清单》(在船上保存至少2年),并在开航前由船长签字确认。船舶在固定航线航行且单次航程不超过2小时的,无须每次开航前均进行自查,但一天内应当至少自查一次。

海事管理机构通过抽查实施船舶安全监督,不能代替或者免除航运公司、船舶、船员、船舶检验机构及其他相关单位和个人在船舶安全、防污染、海事劳工条件和保安等方面应当履行的法律责任和义务。

九、船舶进出港口报告

中国籍船舶在我国管辖水域内航行应当按照规定实施船舶进出港报告。船舶应当在预计离港或者抵港4小时前向将要离泊或者抵达港口的县级地方海事管理机构报告进出港信息。航程不足4小时的,在驶离上一港口时报告。船舶在固定航线航行且单次航程不超过2小时的,可以每天至少报告一次进出港信息。船舶报告的进出港信息应当包括航次动态、在船人员信息、客货载运信息、拟抵离时间和地点等。船舶可以通过互联网、传真、短信等方式报告船舶进出港信息,并在船舶航海或者航行日志内作相应的记载。

十、船舶海事声明签注

“海事声明”是指在船舶遭遇恶劣天气或意外事件引起或者可能引起的船舶、货物损坏、环境损害、人员伤亡等情况，以及船舶发生其他意外情况，船方在抵港后向海事管理机构递交的声明；“海事声明签注”是指海事管理机构应当事船舶申请办理海事声明签注时，对海事声明的内容进行书面审查，签注“准予备查”以表明船方向海事管理机构申报过有关海事声明事项的行为；“延伸海事声明”是指在获得海事声明签注后 7 日内，船方递交的更为具体、详细额补充声明。

船舶应在事发后抵达第一港 24 小时内由船长(可由其他相关人员代为提交)向当地海事管理机构递交海事声明；船舶抵港前已发生或可能引起货舱货物受到损害的，应在开舱前向海事管理机构递交海事声明材料。海事声明应适用中文或中英文对照。

海事管理机构对海事声明及所附材料仅做书面审查，批注的文字应使用中文，必要时可附英文。存在违反国家法律和法规，递交材料弄虚作假等情况的，海事管理机构应拒签海事声明，并告知申请人。海事声明签注工作不影响相关方对船舶申请的海事声明事项进行调查。

第二节　通航管理

一、概述

通航管理是对船舶交通活动产生影响的各种自然因素和社会因素有效管理活动。其主要管理内容是对通航环境、通航秩序以及相关的人为活动管理。通航环境是船舶在实施具体交通行为的交通活动中所依赖的客观物质世界以及各种社会关系的综合体，是对船舶交通活动产生影响的各种自然因素和社会因素总称。通航环境主要由自然环境和社会环境构成，其中自然环境包括航道条件、水文条件、气象条件等方面；社会环境的构成要素主要包括航道标志和安全标志、停泊区域、水工建筑、水上水下活动、交通监控设施等硬环境和交通行业管理、海事管理、航道管理、港口管理及服务等软环境。通航秩序是船舶和浮动设施在通航水域内航行、停泊、作业所形成的各种行为关系，包括航行秩序、停泊秩序和作业秩序等。

通航管理的主要方式包括：船舶交通管理、现场巡航管理、航道标志管理、水上交通秩序管理及组织、航行保障等。主要包括五方面工作：①通航功能水域划定；②水上安全通信；③航行安全信息发布；④巡航管理；⑤水上水下活动管理。

对于内河通航水域,《内河交通安全管理条例》所称其是指由海事管理机构认定的可供船舶航行的江、河、湖泊、水库、运河等水域。《浙江省水上交通安全管理条例》规定,通航水域包括沿海水域和内河通航水域。沿海水域,是指中华人民共和国沿海的港口、内水和领海以及国家管辖的一切其他海域。内河通航水域,是指划有准七级以上航道的可供船舶航行的江、河、湖泊、水库、运河等水域,具体范围由海事管理机构根据航道等级和保障通航安全等要求划定,报设区的市人民政府批准并公布。

对于内河非通航水域,《浙江省水上交通安全管理条例》所称其是指内河通航水域以外的水域,包括未划有航道的河道、湖泊、水库和未划有航道的风景名胜区、自然保护区、城市园林范围内的水域。内河非通航水域的漂流、游乐等水上活动的安全监督管理,由设区的市或者县(市、区)人民政府确定的部门或者机构负责。

二、航行规则

船舶在内河航行,应当注意观察,并采用安全航速航行。船舶安全航速应当根据能见度、通航密度、船舶操纵性能和风、浪、水流、航路状况以及周围环境等主要因素决定。船舶在限制航速的区域和汛期高水位期间,应当按照海事管理机构规定的航速航行。上行船舶应当沿缓流或者航路一侧航行,下行船舶应当沿主流或者航路中间航行;在潮流河段、湖泊、水库、平流区域,应当尽可能沿本船右舷一侧航路航行。对来船动态不明、声号不统一或者遇有紧迫情况时,应当减速、停车或者倒车,防止碰撞。船舶相遇,各方应当注意避让。应当让路的船舶,必须主动避让被让路船舶;被让路船舶应当注意让路船舶的行动,并适时采取措施,协助避让。船舶避让时,各方避让意图经统一后,任何一方不得擅自改变避让行动。

不遵守航行、避让和信号显示规则,包括以下情形:①未采用安全航速航行;②未按照要求保持正规瞭望;③未按照规定的航路或者航行规则航行;④未按照规定倒车、调头、追越;⑤未按照规定显示号灯、号型或者鸣放声号;⑥未按照规定擅自夜航;⑦在规定必须报告船位的地点,未报告船位;⑧在禁止横穿航道的航段,穿越航道;⑨在限制航速的区域和汛期高水位期间未按照海事管理机构规定的航速航行;⑩不遵守海事管理机构发布的在能见度不良时的航行规定;⑪不遵守海事管理机构发布的有关航行、避让和信号规则规定;⑫不遵守海事管理机构发布的航行通告、航行警告规定;⑬船舶装卸、载运危险货物或者空舱内有可燃气体时,未按照规定悬挂或者显示信号;⑭不按照规定保持船舶自动识别系统处于正常工作状态,或者不按照规定在船舶自动识别设备中输入准确信息,或者船舶自动识别系统发生故障未及时向海事机构报告;⑮未在规定的甚高频通信频道上守听;⑯未按照规定进行无线电遇险设备测试;⑰船舶停泊未按照规定留足值班人员;⑱未按照规定采取保障人员上、下船舶、设施安全的措施;⑲不遵守航行、避让和信号显示规则的其他情形。

三、船舶安全技术条件

从事货物或者旅客运输的船舶,应符合船舶强度、稳性、吃水、消防和救生等安全技术要求和交通运输部规定的载货或者载客条件。船舶不具备安全技术条件从事货物、旅客运输,包括以下情形:①不遵守船舶、设施的配载和系固安全技术规范;②不按照规定载运易流态化货物,或者不按照规定向海事管理机构备案;③遇有不符合安全开航条件的情况而冒险开航;④超过核定航区航行;⑤船舶违规使用低闪点燃油;⑥未按照规定拖带或者非拖船从事拖带作业;⑦未经核准从事大型设施或者移动式平台的水上拖带;⑧未持有《乘客定额证书》;⑨未按照规定配备救生设施;⑩船舶不具备安全技术条件从事货物、旅客运输的其他情形。

任何船舶不得超载运输货物或者旅客。超载运输货物、超定额运输旅客,包括以下情形:①超核定载重线载运货物;②集装箱船装载超过核定箱数;③集装箱载运货物超过集装箱装载限额;④滚装船装载超出检验证书核定的车辆数量;⑤未经核准乘客定额载客航行;⑥超乘客定额载运旅客。

四、水上水下活动许可

在浙江省内河通航水域从事下列可能影响通航安全的水上水下活动,建设单位、主办单位或者对工程总负责的施工作业者应当在进行作业或者活动前报海事管理机构批准;需要进行可行性研究的,在进行可行性研究时应当征求海事管理机构的意见:①勘探、采掘、爆破;②构筑、设置、维修、拆除水上水下构筑物或者设施;③架设桥梁、索道;④铺设、检修、拆除水上水下电缆或者管道;⑤设置系船浮筒、浮趸、缆桩等设施;⑥航道建设,航道、码头前沿水域疏浚;⑦举行大型群众性活动、体育比赛。

船舶在内河通航水域载运或者拖带超重、超长、超高、超宽、半潜的物体,在装船或者拖带前24小时报有相应审批权限的海事管理机构办理“内河载运或拖带超限物体许可”,核定拟航行的航路、时间。拖带应该有实际的需求和必要的理由,船舶拟经过的路线和时段及其所经过水域水深、水域宽度和横跨建筑物净空高度等情况、船舶拟航行路线的具体时间段及该时间段内当时气象、水文等状况需满足航行需求。船舶需要护航的,应当向海事管理机构申请护航。

水上水下活动在建设期间或者活动期间对通航安全、防治船舶污染可能构成重大影响的,建设单位或者主办单位应当在申请水上水下活动许可之前进行通航安全评估。如符合法定条件、标准的,颁发加盖通航安全管理专用印章的《水上水下活动许可证》。《水上水下活动许可证》有效期根据活动的期限及水域环境的特点确定,最长不得超过3年;有效期届满不能结束施工作业的,申请人应当于有效期届满20日前办理延期手续,由海事管理机构在原证上签注延期期限后方能继续从事相应活动。注明的船舶在活动期间发生变更的,应当及时办理变更手续;实施施工作业的单位、活动内容、水域发生变更的,建设单位或者主办单位应当重新申请许可证。

五、内河通航水域安全作业备案

在内河通航水域进行下列可能影响通航安全的作业,应当在进行作业前向市级、县级地方海事管理机构办理“内河通航水域安全作业备案”:①气象观测、测量、地质调查;②大面积清除水面垃圾;③可能影响内河通航水域交通安全的其他行为[包括:a.检修影响船舶适航性能设备;b.检修通信设备和消防、救生设备;c.船舶烧焊或者明火作业;d.在非锚地、非停泊区进行编、解队作业;e.船舶试航、试车;f.船舶悬挂彩灯;g.船舶放艇(筏)进行救生演习]进行作业时,应当在作业区域设置标志和显示信号,并按照海事管理机构的规定,采取相应的安全措施,保障通航安全。作业完成后,不得遗留任何妨碍航行的物体。

六、通航水域禁航区、交通管制区、锚地和安全作业区划定

船舶进出港口和通过交通管制区、通航密集区或者航行条件受限制的区域,应当遵守海事管理机构发布的有关通航规定。

海事管理机构公布禁航区应明确禁航区的范围、边界、禁航时段和禁航的船舶种类等内容和警戒标志的设置,任何船舶不得擅自进入或者穿越。“船舶进入或穿越禁航区许可”向县级地方海事管理机构申请办理。

水上交通管制区的设置需要考虑:交通管制区水域范围、设置时限的合理性,采取限时航行、单航等临时性限制、疏导交通措施的有效性,船舶报告地点、待航或停泊区水域设置的合理性,统一指挥、现场调度船舶组织的可行性,作业或活动期间救生、防污措施的有效性。划定交通管制区应明确界限范围、船舶报告线、报告地点、报告方式、通航通行方式、限时通航、单向或限制船舶种类或通航船舶尺度大小限制等以及警戒标志的设置、船舶待航地点或临时停泊位置和现场指挥、监督机构和监管船艇等通航保障措施。

从事水上水下活动需要设置安全作业区的,可以在申请《水上水下活动许可证》时一并提出,并经海事管理机构核准公告。安全作业区划定的内容应包括:划定××水域为安全作业区,规定该安全作业区界限范围、作业性质、作业船舶种类和数量、船舶进出作业区通行方式等以及界限标志的设置、船舶待泊位置和现场指挥、监督机构和监管船艇等通航保障措施。建设单位或者主办单位应当设置相关的安全警示标志和配备必要的安全设施或者警戒船,切实落实通航安全评估中提出的各项安全防范措施和对策,并做好施工与通航及其他有关水上交通安全的协调工作。与批准的水上水下活动无关的船舶、设施不得进入安全作业区。建设单位、主办单位或者施工单位不得擅自改变施工作业安全作业区的范围。需要改变的,应当报经海事

管理机构重新核准公告。

七、水上交通管制

水上交通管制包括依申请实施临时交通管制和主动实施交通管制。海事管理机构根据气象、水文、航道条件、通航密度、重大活动安全保卫、特定的时间和船舶种类等情况,制定水上交通管制方案,明确交通管制措施。管制的措施主要有:

(1)划定交通管制区,设置船舶报告线(点),或临时船舶报告线(点);

(2)禁航、停航、禁止锚(停)泊;

(3)分道(边)及单向通航;

(4)限制(时)通过船舶的种类、尺度、净空高度、吃水、航速;

(5)护航、伴航、安全监护;

(6)其他交通管制措施。

遇有下列情形之一时,海事管理机构可以根据情况采取限时航行、单航、封航等临时性限制、疏导交通的措施,并予公告:①恶劣天气;②大范围水上施工作业;③影响航行的水上交通事故;④水上大型群众性活动或者体育比赛;⑤对航行安全影响较大的其他情形。

水上交通管制的组织实施:

(1)原则上应严格按照交通管制方案组织实施,实施过程中,根据管制现场实际情况,经研究及批准,可对交通管制方案进行适当的调整。

(2)在临时交通管制实施前和结束后,应按规定及时发布航行警(通)告。在实施交通管制期间,交通管制要求变更或取消管制的,应及时发布公告。紧急情况下,应通过 VTS、VHF、AIS、短信或微博等其他有效方式发布交通管制实施时间、管制对象、管制措施等。

(3)海事管理机构在实施交通管制时应提供信息服务,必要时可提供助航服务。

(4)交通管制过程中,海事管理机构对违反交通管制相关规定船舶依法进行处置。

八、航行通(警)告

1.航行通(警)告的概念

船舶在水上航行时,通航水域内受自然、人为、突发事件等因素的影响而发生变化,会对船舶和设施安全生产造成不利影响,这些变化需及时告知航经这些水域的每一艘船舶驾驶人员,以确保船舶和设施的安全。

航行通(警)告主要是海事管理机构向船舶提供安全信息服务,是地方水运安全信息的重要组成部分。其安全信息主要有危险冰况、船舶残骸、航道障碍、漂浮水雷、灯塔熄灭、航标变化、航道突变、水位涨落、港口禁航、军事演习、水下作业、无线电导航失效等危及航行安全的信息。海事管理机构为确保水上航行安全,将收集和获得的管辖水域内已经发生或将要发生的,可能影响船舶、设施航行和作业安全的水上情况变化,通过不同的发布形式及时准确地告知所有船舶。

航行警告与航行通告都是海事管理机构发布的航行安全信息,所涉及的内容基本相同,但它们有以下几点区别:

(1)发布方式不同:航行警告是海事管理机构委托海岸或江岸电台利用无线电报或无线电话的形式发布的一种航行安全信息,因受播发时间、播发接受方式等限制,发布内容通常是简明扼要,报文简短;航行通告是海事管理机构以书面形式或通过报刊、广播、电视等新闻媒体发布的一种航行安全信息,发布内容较为详尽,有的还附有示意图。

(2)接收对象不同:航行警告的接收对象主要是那些航行或锚泊在海上或水上只能用无线电方式获取航行安全信息,从事水上水下进行各种作业的船舶、设施和排筏;航行通告的接收对象主要是那些在岸基可以通过多种方式、多种渠道获取航行安全信息的船东、所有人、经营人和有关人员,或停泊在港内和将要出港的船舶、设施和排筏。

(3)发布时效不同:航行警告主要用于播发比较紧急且时效较短、需要水上公众立即知道的航行安全信息;航行通告主要用于播发和传递时效较长的航行安全信息。

(4)采用一事一发的方式,不宜将多个事项用同一航行警告或航行通告发布,并使用统一的格式和用语。航行通告应用中文发布;航行警告一般用中、英文发布(中、英文航行警告应统一编号),也可仅使用中文发布。

2.发布航行通(警)告的情形

对下列影响通航安全的事项,应当发布航行通告或者航行警告:

(1)船舶、人员遇险;

(2)航标和导航设施的设置、撤除、改建、变异或者失常;

(3)影响航行的沉船、碍航物以及进行沉船、碍航物的打捞、清除作业;

(4)进行海洋水文、地质调查或者设置测量标志;

(5)划定、变更或者撤销禁航区、军事训练区、交通管制区、港区外锚地、停泊区和安全作业区;

(6)接到航道变迁、航道实际尺度不能达到维护尺度、航标异常等报告;

(7)水上大型群众性活动或者体育比赛;

(8)其他需要发布航行通告或者航行警告的事项。

船舶从事水上危险货物过驳作业的水域,由海事管理机构发布航行警告或者航行通告予以公布。

从事按规定需要发布航行警告、航行通告的水上水下活动,应当在活动开始前依法向海事管理机构办妥相关手续。任何单位和个人发现下列情况，应当迅速向海事管理机构报告：①航道变迁，航道水深、宽度发生变化；②妨碍通航安全的物体；③航标发生位移、损坏、灭失；④妨碍通航安全的其他情况。

3.航行通(警)告的发布及转接

对于情况紧急或者影响国际航行船舶航行安全和作业安全的活动和情景，一般应以航行警告的形式发布。对于申请期限比较长的，或者仅需对国内航行船舶公布的活动或情形，一般应以航行通告的形式发布。对于严重影响水上航行和作业安全的活动或情景，应同时采用该航行警告和航行通告的形式发布。

船舶、设施的有关人员必须按照规定抄收电台播发的航行警告。航运单位或者其他有关单位收到航行通(警)告后，必须采取有效手段，及时通知所属船舶、设施。

4.航行通(警)告的发布期限

航行警告主要根据事情情况决定，播发航行警告的天数一般不超过5天，对非定时的航行警告，每份警告一般重播3次后结束。

航行通告一般与施工作业或者活动的期限一致。

九、水上巡航

开展水上巡航可以及时收集和掌握辖区通航环境安全信息，跟踪船舶遵守交通管理法规情况，发现和处理通航水域异常情况和船舶违法行为，及时进行应急处理并组织或参与搜救行为，从而实现海事管理机构对管辖水域通航环境及船舶交通的动态、有效控制，强化现场通航安全管理。水上巡航除了在维护通航秩序，保障船舶、设施和人命财产安全外，在防止船舶污染水域，提高快速反应能力，更好地维护国家权益等方面发挥越来越重要的作用。

1.巡航工作的主要内容

地方海事管理机构依照国家有关法律、法规、规章、规定等对管辖水域进行航行安全和防污染监视、行政执法、抢险救助，维护通航秩序，保护通航环境，保障船舶、设施和人命财产的安全，防治船舶污染水域。

巡航工作按巡航水域范围分为港区巡航、辖区巡航以及跨辖区巡航。港区巡航主要是对港界线以内的进出港航道、码头、港内锚地、港池及其他通航水域的巡航；辖区巡航主要是对本单位辖区通航水域的巡航；跨辖区巡航主要涉及两个以上辖区通航水域的巡航。

巡航工作的主要内容包括：①监督执行有关通航水域安全管理规定的情况，维护交通管制区、交通密集区、桥区、坝区、油区、事故多发区等水域正常的通航秩序，保障重点船舶的航行安全；②监视水域环境，制止和纠正船舶对水域污染的违法行为，对巡航中发现的船舶污染水域事故进行初步调查，并采取必要的应急措施；③巡视检查船舶航行、停泊、作业状况;④巡视检查码头、装卸站、船闸及渡口等靠泊设施的安全状况;⑤制止影响通航安全的捕捞、水上养殖、挖砂、水上娱乐活动等;⑥监督船舶遵守船舶定线制、船舶报告制的情况;⑦监督检查水上过驳、水上水下施工及其他水上设施的作业情况,核查有关航行警(通)告的执行情况;⑧检查航标、水上建筑物安全标志的使用状态,纠正危害航标安全和损害航标工作效能的行为;⑨巡视水域内存在有碍航行安全的漂流物、碍航物,及时上报并采取应急措施;⑩对巡航中发现的水上交通事故及时报告,必要时做应急处理;⑪根据协查通告,核查过往船舶;⑫根据上级机关的指示或当巡航中获得遇险信息时,参加抢险、搜救任务,根据搜救中心或分中心的指定,担任搜救现场协调人;⑬按要求观察、记录交通密集区的船舶通过情况,跟踪了解通过该区域船舶状况,调查巡航水域不同季节渔船、定置渔具、养殖区分布情况;⑭配合 VTS 指挥系统在覆盖区内维护船舶航行秩序;⑮其他与巡航工作相关的内容。

2.巡航工作的人员配备及职责

巡航人员由巡航执法人员和巡航船船员组成。巡航执法人员每船应不少于 2 人。巡航船舶应配备保证船舶适航的船员。具有巡航船船员任职资格的巡航执法人员可兼任船员,持有行政执法证的船员亦可兼任巡航执法人员。

巡航人员的职责主要包括执行国家有关水上交通安全管理及防止船舶污染管理方面的法律、法规及规章,完成巡航任务及上级下达的其他任务;在巡航过程中发现违法行为,应及时制止、纠正并取证,对违反水上交通安全的违法行为按程序作出行政处罚并立即报告。巡航结束后立即将书面报告及相关材料报送有关职能部门;同时完成辖区、跨辖区巡航报告并如实填写《巡航工作记录》。

第三节 危防监管

船舶载运具有易燃、易爆、腐蚀、毒害、放射性等性质的货物,在运输过程中可能引起人身伤亡、财产损失以及对环境造成污染危害,且其种类繁多,危险性质各异,运输形式不同。为了保障船舶、港口和人命安全,保护水域环境,便利运输生产,加强船舶运输过程中的安全与防污染管理显得至关重要。危险货物与防污染业务管理工作范围分为两类:船舶载运危险货物的安全监督管理和船舶污染的防治。

一、危防作业现场监督检查

危防作业现场监督检查应有 2 名或以上海事行政执法人员进行,必要时可聘请专业人员参加检查。危防作业现场监督检查内容及涉及要点如表 6-1 所示:

危防作业现场督查涉及要点　　表 6-1

编号	检查项目	检查内容
1	船舶残油、油污水排放现场监督检查	1 相关证书文书检查
		2 残油、油污水排放设备检查
		3 船舶排放残油、油污水操作性检查
2	船舶洗舱水排放现场监督检查	1 相关证书文书检查
		2 设备、设施的检查
		3 船舶接收作业过程检查
		4 岸上接收设施的检查
3	船舶压载水排放现场监督检查	1 相关证书文书检查
		2 压载作业设备检查
		3 船舶压载水排放作业操作性检查
4	船舶生活污水处置现场监督检查	1 相关文件检查
		2 船舶污水处理设备检查
		3 其他检查
5	船舶垃圾排放现场监督检查	1 相关证书文书检查
		2 垃圾回收设备及焚烧炉检查
		3 其他检查
6	船舶清舱作业现场监督检查	1 相关证书文书检查
		2 清舱设备检查
		3 操作性检查
7	化学品船洗舱作业现场监督检查	1 相关证书文书检查
		2 洗舱设备检查
		3 操作性检查
8	船舶原油洗舱作业现场监督检查	1 相关证书文书检查
		2 原油洗舱设备检查
		3 原油洗舱操作性检查
9	船舶驱气作业现场监督检查	1 相关证书文书检查
		2 设备检查
		3 操作性检查
10	危险货物集装箱现场监督检查	1 文书单证
		2 装载情况检查
		3 集装箱状况检查
		4 箱内危险货物检查
11	液货船装卸作业现场监督检查	1 相关证书文书检查
		2 设施设备检查
		3 操作性检查

续上表

编号	检查项目	检查内容
12	液货船水上过驳作业现场监督检查	1 相关证书文书检查
		2 过驳作业设备检查
		3 过驳作业操作性检查
13	船舶载运固体散装货物作业现场监督检查	1 相关证书文书检查
		2 作业过程检查
14	客滚船(汽渡)载运危险货物现场监督检查	1 相关证书文书检查
		2 日常监督检查和定期监督检查
15	船舶供、受油作业现场监督检查	1 相关证书文书检查
		2 供受油作业设备检查
		3 供受油作业操作性检查
16	船舶燃油质量监督检查	1 相关证书文书检查
		2 操作性检查
17	船舶拆解作业现场监督检查	1 相关证书文书检查
		2 拆船厂(点)的检查
		3 船舶拆解作业现场检查
18	船舶修、造作业现场监督检查	1 相关证书文书检查
		2 作业单位的检查
		3 作业现场检查
19	沉船打捞现场防污染监督检查	1 相关证书文书检查
		2 作业单位的检查
		3 作业现场检查
		4 作业设备检查
		5 操作性检查
20	船舶冲洗沾有污染物、有毒有害物质的甲板作业现场监督检查	1 相关证书文书检查
		2 船舶甲板冲洗设备检查
		3 操作性检查
21	船舶铅封现场监督检查、船舶铅封现场监督检查	1 相关证书文书检查
		2 常规铅封部位检查
		3 铅封责任检查

二、船舶污染防治监管

目前,浙江省地方海事管理机构船舶防污工作范围主要集中于防治船舶油污染、垃圾污染等方面,并逐步加强对船舶毒害品、生活污水和船舶废气、噪声防治的监督管理。船舶防污工作内容主要分为“防、救、赔”三个环节，即防止船舶污染、船舶污染事故的应急处理、船舶污染清污费用和污染赔偿费用的调解。

1.船舶水污染防治

船舶水污染主要有船舶油污染和船舶垃圾污染两类。造成船舶油污染主要有两种类型：第一类是正常营运操作性排油，主要包括机舱含油舱底污水、油船货舱压载水、洗舱水等。第二类是因各种事故造成的溢油，例如搁浅、碰撞、爆炸及火灾等海损事故。船舶垃圾主要是指产生于船舶正常营运期间并需要持续或定期地处理各种食品、日常用品的和工作用品的废弃物（不包括鲜鱼及其他部分）。但不包括《MARPOL73/78 公约》其他附则中所规定的或列举的物质。船舶垃圾按照来源不同可分为生活垃圾和生产垃圾两类，其中生活垃圾主要来源与船员及旅客的日常生活垃圾和各种废物，主要包括：①厨房垃圾；②舱室垃圾；③污泥水。船舶生产垃圾主要有两大类：①船舶正常营运产生的垃圾：如油泥、废滤芯、橡胶、金属等船舶维修、保养所产生分废弃物；②清扫货舱产生的扫货垃圾：如垫舱物料、衬料等货物残余和保障残留物。

船舶排放含油污水、生活污水，应当符合船舶污染物排放标准。船舶的残油、废油应当回收，禁止排入水体。禁止向水体倾倒船舶垃圾。船舶装载运输油类或者有毒货物，应当采取防止溢流和渗漏的措施，防止货物落水造成水污染。船舶应当按照国家有关规定配置相应的防污设备和器材，并持有合法有效地防止水域环境污染的证书与文书。船舶进行涉及污染物排放的作业，应当严格遵守操作规程，并在相应的记录簿上如实记载。禁止采取冲滩方式进行船舶拆解作业。

船舶及有关作业单位从事有污染风险的作业活动，应当按照有关法律法规和标准，采取有效措施，防止造成水污染。海事管理机构应当加强对船舶及有关作业活动的监督管理。船舶进行散装液体污染危害性货物的过驳作业，应当编制作业方案，采取有效的安全和污染防治措施，并报作业地海事管理机构批准。

船舶的所有人或者经营人应当遵守《中华人民共和国水污染防治法》《浙江省饮用水水源保护条例》等相关法律、法规的规定，做好船舶的水污染防治工作和饮用水水源保护工作。在饮用水水源二级保护区内，禁止危险货物水上过驳作业和冲洗船舶甲板，向水体排放船舶洗舱水、压载水等船舶污染物。在饮用水水源准保护区内，禁止运输剧毒物品、危险废物以及国家规定禁止通过内河运输的其他危险化学品。客运经营企业确需在饮用水水源保护区的库（湖）区水域从事客运经营的，应当建立并实施安全营运和防治船舶污染管理体系。

除渔业船舶外的其他船舶造成水污染事故的，应当向事故发生地的海事管理机构报告，接受调查处理；给渔业造成损害的，海事管理机构应当通知渔业主管部门参与调查处理。

2.船舶大气污染防治

空气污染主要是指由于人类活动或自然过程中引起某些物质进入大气中,呈现出足够的浓度,达到足够的时间,并因此而危害人类健康舒适感或环境。船舶在运营过程中会出现一些特殊的大气污染及危害问题,通常表现为:①散装货船在港口码头作业过程中产生粉尘和石油及化学品蒸汽,从而对港口附近局部区域大气环境产生明显不利的影响。②船舶发动机以及锅炉等设备燃烧燃料后的尾气排放(含硫化物成分)的数量较为客观,随船舶航行形成流动污染源,长期排放会造成大气的严重污染。③船舶目前大多使用含 CFCs 及其他卤化物的制冷剂或灭火剂,由于技术性问题或事故性泄漏而会对大气环境造成长期污染。④船舶所承运的有毒有害气体泄漏而造成的大气污染。国家采取财政、税收、政府采购等措施推广应用节能环保型和新能源机动船舶,限制高油耗、高排放机动船舶的发展,减少化石能源的消耗。机动船舶不得超过标准排放大气污染物。禁止生产、进口或者销售大气污染物排放超过标准的机动船舶。内河和江海直达船舶应当使用符合标准的普通柴油。远洋船舶靠港后应当使用符合大气污染物控制要求的船舶用燃油。新建码头应当规划、设计和建设岸基供电设施;已建成的码头应当逐步实施岸基供电设施改造。船舶靠港后应当优先使用岸电。浙江省在宁波舟山港海域划定了船舶大气污染物排放控制区,进入排放控制区的船舶应当符合船舶相关排放要求。

3.船舶噪声污染防治

船舶噪声,是指机动船舶在运行时所产生的干扰周围生活环境的声音。“噪声排放”是指噪声源向周围生活环境辐射噪声。船舶噪声污染源可分为动力装置噪声、辅助机械噪声、螺旋桨噪声和船体震动噪声等。主动力装置的噪声主要包括主机、柴油发电机组、齿轮箱及主辅机的排气管发生的噪声。辅助机械噪声包括各种舱室机械如水泵、油泵、风机、锅炉等,甲板机械如货物装卸设备、绞锚设备以及其他各种挖泥机等工作机构等。螺旋桨噪声按照其噪声性质可分为两种,一种是低频噪声,由桨叶和流体相互作用的流体动力效应及水流冲击尾柱而引起的,一种是“空泡”引起的叶片震动而产生的高频噪声。船体震动的噪声是由主辅机及螺旋桨的扰动和各种机械及波浪的冲击引起的震动而产生。机动船舶在城市市区的内河航道航行,必须按照规定使用声响装置。在港口、码头等地指挥作业时使用广播喇叭的,应当控制音量,减轻噪声对周围生活环境的影响。

三、污染事故的调查及处理

船舶污染事故是指船舶交通事故引发的,或是其他原因造成的同一起源的一起或一系列已造成或可能造成油或其他污染物的排放、对水域环境或对一个或多个地区的水岸线或有关利益构成或可能构成威胁,需要采取紧急行动或其他迅速反应措施的事故。

1.船舶污染事故分类

按船舶污染物的种类确定污染源，船舶污染事故可以分为油类污染、有毒有害物质污染事故、船舶垃圾污染事故、生活污染水等污染事故。

从事故发生的原因确定，污染事故可分为海滩、海损、水上交通事故导致的污染事故、人为操作性污染事故和设备损害等原因造成的污染事故。操作性污染事故所引起的污染事故可分为故意排放的污染事故、过失排放的污染事故。

过失排放污染事故主要有货油装卸、扫舱作业、加装燃油过程中船舶内部油料调驳、排放、调拨压载水时操作失误、船岸接收处理污水过程中操作失误或人为疏忽造成的污染事故。

故意排放污染事故是指人为故意违法排放含油类物质或有毒有害物质、随意向海洋丢弃废弃物、冲洗未经处理的被污染的甲板等造成的污染。

2.污染事故证据收集

污染事故调查中的证据主要包括：①书证、物证、视听资料；②证人证言；③当事人陈述；④鉴定结论；⑤勘查笔录、现场笔录、现场记录；⑥其他可以证明事实的证据。

针对不用类型事故的船上证据收集：对于不同类型的事故，收集证据的要求和内容有所区别。不同类型的污染事故、证据收集时应该注意如下事项：

(1)压载水带油造成污染事故的调查：查看船舶舷外排出口、看有无排油痕迹；检查航海日记和轮机日记，确定最近有无排放压载水的记录；查看压载水泵的位置及其排出口的布置；查看舱室布置图纸，确定是否有压载水仓与燃油舱相邻；查看管路图，有无油类管系经过压载水仓；使用测水尺查看舱中是否有油；从压载水泵排出口取样。

(2)燃(滑)油驳运误操作造成污染事故的调查：查看甲板有关舱室通气孔，看有无溢油痕迹；查看燃油管系是否有其他出口，在什么位置；查看轮机日记，是否有驳运燃油的记录；查看油类记录簿，确定各燃油舱室的最新存油量；测量各燃油舱室实际存储量，与记录比较是否过大差异；对燃油进行取样，先取驳运泵内存油，再取油舱样品。

(3)尾轴漏油调查：查看尾轴及其润滑系统图，确定润滑路径；查看重力油柜油是否有不正常下降；查看轮机日志，观察尾轴重力油柜驳油记录；做压力试验，观察是否有漏油痕迹；使重力油柜回油，观察尾轴管中的润滑油是否有乳化现象；对尾轴管中的润滑油取样。

(4)有意识排放的调查：鉴于违法排放一般是故意造成的，肇事者事先往往有所准备，事后及时采取措施掩盖违法事实，这类污染事故的调查难度最大。一般可按照下列情况进行调查：查看轮机日志、航海日志，是否有可能产生大量污油水的相关记录；查看机舱管系布置，原理图，明确污油水的排出途径；查看污油水有无明显减少迹象;查看船舶舷外排出口,看有无排油痕迹。

3.船舶污染事故处理

船舶污染事故处理一般分为应急处理、对责任方的处罚、溢油应急处理的相关设备等。其中应急处理主要是指各级海事管理机构接到污染事故报告后,相关人员即刻赶赴现场,迅速进展污染控制和清除工作。海事管理机构除可责令污染肇事方进行清污外,必要时还可组织附近有关船舶、单位、个人进行清污,有关清污费用由肇事方承担。对可能造成周边环境较为严重污染或可能威胁到沿江饮用水源的污染事故,海事管理机构应及时将有关情况通报有关政府及环保局、水厂等部门。

船舶污染事故调查处理机构应当根据船舶污染事故现场勘验、检查、调查情况和有关的技术鉴定、检验、检测报告,完成船舶污染事故调查。船舶污染事故调查处理机构应当自事故调查结束之日起 20 个工作日内制作《船舶污染事故认定书》,并送达当事人。《船舶污染事故认定书》应当载明事故基本情况、事故原因和事故责任。

海事管理机构在接到船舶污染事故报告或者发现船舶污染事故之日起 6 个月内无法查明污染源或者无法找到造成污染船舶的,经船舶污染事故调查处理机构负责人批准可以终止事故调查,并在《船舶污染事故认定书》中注明终止调查的原因。船舶污染事故当事人对事故认定不服的,可以在收到《船舶污染事故认定书》之日起 15 日内,向船舶污染事故调查处理机构或者其上级机构申请一次重新认定。

对责任方的处罚在全面查清事故危害程度、事故原因、责任方及责任大小等情况的基础上,对污染事故责任方应依法进行处罚。

溢油应急处理的相关设备处理,包括围油栏的种类,消油剂,吸收剂使用的管理。其中围油栏的种类按照使用性能分为应急型和常用型;按照是否具有可燃性,可分为可燃性围油栏和不燃性围油栏;按照浮沉特性,可分为浮上式和浮沉式围油栏。消油剂、吸收剂产品必须经过认可的检测单位检测,并取得海事管理机构的产品型式认可证书。禁止使用没有取得产品型式认可证书和被取消型式认可证书的消油剂产品。

第四节 船员管理

一、概述

船员,是指依照规定经船员注册取得船员服务簿的人员,包括船长、高级船员、普通船员。

船长,是指依照规定取得船长任职资格,负责管理和指挥船舶的人员。中国籍船舶的船长应当由中国籍船员担任。船长在其职权范围内发布的命令，船舶上所有人员必须执行。船长全面负责船舶航行、停泊和作业的安全，船长在保障水上人身与财产安全、船舶保安、防治船舶污染水域方面，具有独立决定权，并负有最终责任。国家规定不需要配备船长的船舶，船舶的所有人或者经营人应当指定船上驾驶人员履行船长职责。船长在船舶遇险时，应当组织船员和船舶上其他人员自救；决定弃船时，应当首先组织旅客安全离船，船长应当最后离船。

高级船员，是指依照规定取得相应任职资格的大副、二副、三副、轮机长、大管轮、二管轮、三管轮、通信人员以及其他在船舶上任职的高级技术或者管理人员。普通船员，是指除船长、高级船员外的其他船员。

1.船员管理

船员管理涉及的内容包括：培训、考试、发证、连续服务、体格要求、工作时间、卫生和医疗、船上起居和工作条件以及是否遵守相关法律法规等。船员证书指船员服务簿、海员证、船员适任证书、专业培训或特殊培训合格证等的统称。

2.适任证书

参加航行和轮机值班的船长和高级船员应当取得与任职船舶吨位、主机功率、航区（线）和职务要求相对应的“适任证书”。船员适任证书应当注明船员适任的航区（线）、船舶类别和等级、职务以及有效期限等事项，有效期不超过5年。

在内河船舶担任船长和驾驶部职务船员的“适任证书”类别按照船舶总吨位确定，其中在拖轮担任船长和驾驶部职务船员的“适任证书”类别按照拖轮的主推进动力装置总功率确定，分为以下类别：①一类“适任证书”：1000总吨及以上的内河船舶以及500千瓦及以上的内河拖轮；②二类“适任证书”：300总吨及以上至1000总吨的内河船舶以及150千瓦及以上至500千瓦的内河拖轮；③三类“适任证书”：300总吨以下的内河船舶以及150千瓦以下的内河拖轮。

担任轮机部职务船员的“适任证书”按照船舶主推进动力装置总功率确定，分为以下类别：①一类“适任证书”：适用于500千瓦及以上的内河船舶；②二类“适任证书”：适用于150千瓦及以上至500千瓦的内河船舶；③三类“适任证书”：适用于150千瓦以下的内河船舶。

“适任证书”按照船员职务资格分为以下类别：①一类“适任证书”：船长、大副、二副、三副；轮机长、大管轮、二管轮、三管轮；②二类和三类“适任证书”：船长、驾驶员；轮机长、轮机员。

申请船员注册，应当具备下列条件：①年满18周岁（在船实习、见习人员年满16周岁）但不超过60周岁；②符合船员健康要求；③经过船员基本安全培训，并经海事管理机构考试合格。被依法吊销船员服务簿未满5年的，不予注册。注册后发给的船员服务簿是船员的职业身份证件。“船员服务簿”载明船员本人的服务资历、参加有关专业训练和体格检查情况，是船员申请参加考试、办理职务升级签证和换领船员职务适任证书的证明文件之一,同时还能记录持证人收到违章处罚、违法记分的情况。

游艇操作人员应当经过专门的培训、考试,具备与驾驶的游艇、航行的水域相适应的专业知识和技能,掌握水上消防、救生和应急反应的基本要求,取得海事管理机构颁发的游艇操作人员适任证书。

二、船员违法记分

海事管理机构对船员水上交通安全违法行为除给予行政处罚外,实行水上交通安全违法行为累积记分制度。船员在一个记分周期内累积记分达到规定分值的,应当参加水上交通安全法律、法规、规章的学习并接受考试。

船员累计记分周期(即记分周期)为1个公历年,满分15分,自每年1月1日始至12月31日止。船员在一个记分周期内累计记分未达到15分的,记分分值重新起算。根据船员违法行为的严重程度,一次船员违法记分的分值为:15分、8分、4分、2分、1分5种。

船员一次存在两种以上违法行为的,应当分别计算,累计记分分值。对存在共同违法行为的船员,应当分别实施船员违法记分。对船员的同一违法行为,不得给予两次及以上船员违法记分。船舶未配备某一职务船员或该职务船员的职责与通常职责不符的,对实际履行该职务职责的船员实施记分。船员在船职务职责未明确的,对船长实施记分。

船员在一个记分周期内累计记分达到15分的,最后实施船员违法记分的海事管理机构应当扣留其船员适任证书,责令其参加为期5日的水上交通安全和防治船舶污染等法律法规知识、安全知识教育、海事案例警示、船员职业操守等内容的法规培训并进行相应的考试。

船员在一个记分周期内两次及以上达到15分,或在连续2个记分周期内分别达到15分,或连续2个记分周期内累计记分达到40分的,最后实施船员违法记分的海事管理机构应当扣留其船员适任证书,责令其参加法规培训和考试,制作"参加培训通知书"交船员本人。考试内容除理论部分外,还包括船员适任能力考核。

第五节 渡口管理

一、概述

渡口是指在我国江河、湖泊、水库、运河等内河水域设在两岸专供渡船渡运人员、车辆、货物的场所和设施,包括渡运所需的码头、水域及为渡运服务的其他设施。

乡镇渡口是指设于农村或者集镇,由乡镇、村集体或者个人运营,为当地群众生产生活服务的渡口。

渡船是指往返于内河渡口之间，按照核定的航线渡运乘客、车辆和货物的船舶。

缆渡是指利用横跨两岸的缆索将渡船固定在渡运水域，依靠人力或者其他动力牵引、推动渡船过渡的方式。

二、渡口管理职责分工

县(市、区)人民政府负责设置和撤销渡口的审批(审批前应当征求渡口所在地海事管理机构的意见，涉及公路管理职责的，还应当征求公路管理机构的意见。)，加强对内河渡口渡船安全管理工作的组织领导，建立、健全渡口安全管理责任制，指定负责渡口和渡运安全管理的部门。乡(镇)人民政府、街道办事处依法履行乡镇渡口渡船的安全管理职责。县(市、区)人民政府指定的部门在职责范围内负责对渡口和渡运实施安全管理。县(市、区)人民政府和乡(镇)人民政府、街道办事处应当保障管辖区域内的公益性乡镇渡口建设维护、渡船更新维修等费用，并逐步提高和改善渡工的待遇。各级海事管理机构依据各自职责对所辖内河水域内渡船的水上交通安全实施监督管理。

三、渡口安全

渡口应当根据其渡运对象的种类、数量、水域情况和过渡要求，合理设置码头、引道，配置必要的指示标志、船岸通讯和船舶助航、消防、安全救生等设施。渡口引道的宽度、纵坡和码头的设置应当满足相应的技术标准。渡口明显位置应当设置公告牌，标明渡口名称、渡口区域、渡运路线、渡口守则、渡运安全注意事项以及安全责任单位和责任人、监督电话等内容。梯级河段、库区下游以及水位变化较大的渡口水域，渡口应当标识警戒水位线和停航封渡水位线。

以渡运乘客为主的渡口应当有可供乘客安全上下的坡道，客运量较大的且具有相应陆域条件的渡口应当建有乘客候船亭等设施。以渡运货车为主的渡口，应当安装、使用地磅等称重设备，如实记录称重情况。有条件的渡口，应当设置电子监控设施。经批准运输超长、超宽、超高物品的车辆或者重型车辆过渡，应当采取有效保护措施后方可过渡，但超过渡船限载、限高、限宽、限长标准的车辆，不得渡运。渡运危险货物车辆的，渡口应当设置危险货物车辆专用通道。

四、渡口运营人

渡口运营人是指负责渡口营运和安全管理的经营人或者管理人。渡口运营人应当加强对渡口安全设施和渡船渡运的安全管理，根据国家有关规定建立渡口、渡船安全管理制度，落实安全管理责任制；应当结合船舶条件、气象条件和通航状况合理调度和使用渡船，不得指挥渡船违章作业、冒险航行。对渡口工作人员、渡船船员、渡工定期开展安全教育培训；督促渡船清点并如实记录每航次渡船载客数量及车辆驾驶员等随船过渡人员，并开展定期或者不定期核查。

五、渡船

海事管理机构负责渡船的登记、检验、发证工作。渡船检验证书应当标明船舶抗风等级。20 米以上的渡船，应当持有船舶检验机构签发的载客定额证书；20 米以下的渡船应当在相关证书中签注载客定额。渡船应当悬挂符合国家规定的渡船识别标志，并在明显位置标明载客（车）定额、抗风等级以及旅客乘船安全须知等有关安全注意事项。渡船夜航应当配备夜间航行设备和信号设备。高速客船从事渡运服务以及不具备夜航技术条件的渡船，不得夜航。渡船应当按照规定配备消防救生设备，放置在易取处，保持其随时可用，并在规定的场所明显标识存放位置，张贴消防救生演示图和标示应急通道。渡船不得同时渡运旅客和危险货物。渡船载运装载危险货物的车辆时，应当按照有关规定对危险货物积载隔离，除船员以外，随车人员总数不得超过 12 人。

六、渡船船员和渡工

渡船船员应当按照相关规定具备船员资格，持有相应船员证书。载客 12 人以下的渡船可仅配备渡工。渡工应当经过驾驶技术和安全培训，考核合格后取得海事管理机构颁发的渡工证书，方可驾驶渡船。

第六节　水上交通事故

一、概述

1.水上交通事故

《中华人民共和国内河交通安全管理条例》所称交通事故，是指船舶、浮动设施在内河通航水域发生的碰撞、触碰、触礁、浪损、搁浅、火灾、爆炸、沉没等引起人身伤亡和财产损失的事件。《内河交通事故调查处理规定》所称内河交通事故，是指船舶、浮动设施在内河通航水域内航行、停泊、作业过程中发生的下列事件：①碰撞、触碰或者浪损；②触礁或者搁浅；③火灾或者爆炸；④沉没（包括自沉）；⑤影响适航性能的机件或者重要属具的损坏或者灭失；⑥其他引起财产损失或者人身伤亡的交通事件。《水上交通事故统计办法》所称水上交通事故，是指船舶在航行、停泊、作业过程中发生的造成人员伤亡、财产损失、水域环境污染损害的意外事件。

2.水上交通事故分类

水上交通事故包括:①碰撞事故;②搁浅事故;③触礁事故;④触碰事故;⑤浪损事故;⑥火灾、爆炸事故;⑦风灾事故;⑧自沉事故;⑨操作性污染事故;⑩其他引起人员伤亡、直接经济损失或者水域环境污染的水上交通事故。船舶在船厂修造期间发生的事故、在船人员自杀或者他杀事件,不作为水上交通事故统计。

3.水上交通事故等级

水上交通事故按照人员伤亡、直接经济损失或者水域环境污染情况等要素,分为以下等级:

(1)特别重大事故,指造成30人以上死亡(含失踪)的,或者100人以上重伤的,或者船舶溢油1000吨以上致水域污染的,或者1亿元以上直接经济损失的事故(特别重大事故的报告和调查处理按照《生产安全事故报告和调查处理条例》规定执行);

(2)重大事故,指造成10人以上30人以下死亡(含失踪)的,或者50人以上100人以下重伤的,或者船舶溢油500吨以上1000吨以下致水域污染的,或者5000万元以上1亿元以下直接经济损失的事故;

(3)较大事故,指造成3人以上10人以下死亡(含失踪)的,或者10人以上50人以下重伤的,或者船舶溢油100吨以上500吨以下致水域污染的,或者1000万元以上5000万元以下直接经济损失的事故;

(4)一般事故,指造成1人以上3人以下死亡(含失踪)的,或者1人以上10人以下重伤的,或者船舶溢油1吨以上100吨以下致水域污染的,或者100万元以上1000万元以下直接经济损失的事故;

(5)小事故,指未达到一般事故等级的事故。

二、水上交通事故的管辖

除渔船、军事船舶的单方事故,以及渔船之间、军事船舶之间的碰撞事故,渔业为主的渔港水域内发生的事故外,其他水上交通事故的调查处理均由海事管理机构负责。

海事管理机构按照权限和上级的指定开展水上交通事故的调查处理工作。

三、水上交通事故的处理期限要求

自海事管理机构获悉事故发生之日起,应在3个月内申请事故调查结案。因涉及沉船打捞、事故定损等影响事故原因调查或事故等级确定的,经上级海事管理机构同意后,可延长3个月。在上述规定期限内仍然难以查明事故原因或确定事故等级的,按可能的原因分析及估计的事故损失上报申请结案,但事故原因查明和事故损失确定后要重新申请结案。

四、水上交通事故调查处理工作流程

1.事故信息接收、立案与报告

(1)海事管理机构接到事故报告后,应注意收集信息并将信息内容通报事故调查处理主管部门。应收集的信息包括:事故船舶的名称和船舶资料、提供信息的船名、人名及所在的位置、事故时间、地点和联系方式,事故船舶载货/载客情况、在船人员人数、事故现状及发展趋势、危害程度、人员伤亡情况、事故现场气象水域情况、所需救助以及采取的措施等。涉及肇事逃逸的:按照协查流程发布《水上交通肇事逃逸案件协查书》进行协查,并按照肇事逃逸案件调查处理业务流程进行调查处理;协查结束,应及时向有关单位或部门发出《解除协查通知书》。接到无管辖权的事故信息:如有必要,也应对事故船舶采取必要的应急处置措施,并协助当事方尽快向有管辖权的海事管理机构报告。在有管辖权的海事管理机构调查处理人员到达后,向其介绍情况,移交材料。适用简易调查处理程序的事故按照《水上交通事故调查处理简易程序规定》要求进行调查处理。

(2)调查处理管理人员接收事故信息后,应先初步核实事故情况,取得初步证据后,根据初步调查了解的情况制作《水上交通事故立案审批表》,经部门负责人审核、海事管理机构负责人审批同意后立案调查。

(3)部门负责人根据授权调派调查处理人员成立调查组或指定下属机构开展调查处理工作,同时向海事管理机构负责人报告。

(4)调查处理人员接到事故调查指令后及时赶赴现场开展调查取证工作。现场调查工作要尽快完成,各项证据收集全面到位,《水上交通事故现场勘查记录》记录完整。

(5)各级海事管理机构接到事故报告后应在1个工作日通过事故调查统计分析系统报告至中国海事局。

2.调查取证

水上交通事故调查是海事管理机构依法对水上交通事故进行调查的一系列活动,属于行政管理行为,但在具体的水上交通事故调查过程中,不仅取证、分析需要运用不同的技术手段,而且对事故原因的认定也主要是技术认定。所以水上交通事故调查既是行政执法调查,又是技术调查。为保证调查结论客观、真实,水上交通事故调查必须遵循全面、公正、合理、合法的原则。

船舶、浮动设施发生交通事故,其所有人或者经营人必须立即向交通事故发生地海事管理机构报告,并做好现场保护工作。遇险后未履行报告义务,包括下列情形:①船舶、浮动设施遇险后,未按照规定迅速向遇险地海事管理机构以及船舶、浮动设施所有人、经营人报告;②船舶、浮动设施遇险后,未按照规定报告遇险的时间、地点、遇险状况、遇险原因、救助要求;③发现其他船舶、浮动设施遇险,或者收到求救信号,船舶、浮动设施上的船员或者其他人员未将有关情况及时向遇险地海事管理机构报告。

船舶、浮动设施发生交通事故后不积极施救,包括下列情形:①船舶、浮动设施遇险后,不积极采取有效措施进行自救;②船舶、浮动设施发生碰撞等事故后,在不严重危及自身安全的情况下,不积极救助遇险他方;③附近船舶、浮动设施遇险,或者收到求救信号后,船舶、浮动设施上的船员或者其他人员未尽力救助遇险人员。

海事管理机构接到内河交通事故报告后,无论发生任何等级的事故以及是否已经立案,事故发生地的现场执法人员应根据职责立即赶赴事故现场进行初步事故调查取证,直到事故调查组接管事故调查为止。根据调查工作的需要,海事管理机构可以行使下列权力:①勘查事故现场,搜集有关证据;②询问当事人及其他有关人员并要求其提供书面材料和证明;③要求当事人提供各种原始文书、航行资料、技术资料或者其影印件;④检查船舶、浮动设施及有关设备、人员的证书,核实事故发生前船舶的适航状况、浮动设施及有关设备的技术状态、船舶的配员情况以及船员的适任状况等;⑤对事故当事船舶、浮动设施、有关设备以及人员的各类证书、文书、日志、记录簿等相关违法证据可以依法先行登记保存;⑥核查事故所导致的财产损失和人身伤亡情况。海事管理机构在进行调查取证时,可以采用录音、录像、照相等法律、法规允许的调查手段。事故调查取证工作应不少于2人,且至少有1人应持有海事调查官证,根据需要可以吸收专业人员协助调查;调查取证时,应主动出示调查官证或海事行政执法证。调查取证不应妨碍现场的应急处置行动。因调查需要,海事管理机构有权要求当事船舶在港或者驶往指定地点接受调查,但海事管理机构在行使本权力时尽量避免对船舶造成不适当的延误。

海事管理机构在调查处理内河交通事故过程中,应当采取有效措施,保证航路畅通,防止发生其他事故。船舶、浮动设施发生内河交通事故,有关船舶、浮动设施、单位和人员必须严格保护事故现场。除因抢险等紧急原因外,未经海事管理机构调查人员的现场勘查,任何人不得移动现场物件。

阻碍、妨碍内河交通事故调查取证,包括下列情形:①未按照规定立即报告事故;②事故报告内容不真实,不符合规定要求;③事故发生后,未做好现场保护,影响事故调查进行;④在未出现危及船舶安全的情况下,未经海事管理机构的同意擅自驶离指定地点;⑤未按照海事管理机构的要求驶往指定地点影响事故调查工作;⑥拒绝接受事故调查或者阻碍、妨碍进行事故调查取证;⑦因水上交通事故致使船舶、设施发生损害,未按照规定进行检验或者鉴定,或者不向海事管理机构提交检验或者鉴定报告副本,影响事故调查;⑧其他阻碍、妨碍内河交通事故调查取证的情形。

接受海事管理机构调查、取证的有关人员,应当如实提供有关情况和证据,不得谎报或者隐匿、毁灭证据。谎报、匿报、毁灭证据,包括下列情形:①隐瞒事实或者提供虚假证明、证词;②故意涂改航海日志等法定文书、文件;③其他谎报、匿报、毁灭证据的情形。

现场调查的主要工作:

(1)针对事故不同种类和性质,视情制定相应调查计划,确定调查重点,并按计划分步实施。

(2)尽快对事故主要当事人开展现场调查取证工作;在险情消除或险情得到基本控制的情况下,现场调查取证工作即可全面展开。

(3)现场执法人员、事故调查处理人员要紧密配合,合理分工,并做好现场材料的汇总和交接工作。

(4)条件具备时,现场勘查、收集书证物证、现场询问调查等工作力求同时进行。

(5)现场调查结束时调查人员应及时汇总调查材料,并进行初步分析,对重点、疑点和有争议问题应抓紧现场的补充调查。

(6)现场调查结束后可要求事故船舶申请检验部门进行检验或鉴定,必要时视情通知船舶安全检查部门安排专业性安全检查;针对不同种类的事故以及特殊专业的需求,聘请消防、船检、材料分析、化工等专门机构,进行专业技术鉴定,出具鉴定意见。

3.证据审查

(1)收集书证、物证,调查处理人员查询当事人和证人、核定事故损失等调查工作后,应及时汇总已有材料,针对各种事故的相应要求进行整理归纳,进行一般性审查和有效性审查。

(2)一般性审查以证据的合法性审查为主。

(3)有效性审查重点审查证据的客观性和关联性。

(4)对所有水上交通事故,都应获得齐全的一般资料,不同类型的事故还须根据其特点作相应的重点资料收集。

4.查找事故原因、认定事故责任

(1)调查处理人员汇总所有的调查材料,查找事故原因。

操作提示:通过对材料的审查、判断及分析,从人、船舶、环境与管理等几方面,分析事故发生的各种因素,进一步分析各因素在事故发生过程中所起作用,确定包括潜在原因在内的各种原因,建立事故原因链,从而找出事故的直接和间接原因,主要和次要原因,主观和客观原因以及可能原因。

(2)根据事故调查的实际情况,必要时可召集专家组会议,听取各方面意见,以获得正确的分析结果。

(3)在查明事故原因的基础上,确定当事方是否存在违法或过失行为,认定事故是责任事故还是非责任事故。

(4)对于责任事故,要根据事故原因和当事方违法或过失对事故的关联程度确定事故各相关方的责任。确认责任时,应用"全部"、"对等"、"主要与次要"来划分。

5.事故结案与处理

(1)市、县级地方海事管理机构调查处理的一般等级以上事故,应报上一级海事管理机构申请结案,小事故自行结案。省级地方海事管理机构负责调查的事故自行结案。

对于水上交通肇事逃逸案件(水上交通肇事逃逸是船舶明知或应当知道已发生水上交通事故,为逃避法律责任,而擅自驶离事发现场的行为),如无法判明责任,对已查实的肇事逃逸船舶应认定其承担全部责任或主要责任。对肇事逃逸船舶及有关人员按相关规定予以从重处罚。对涉嫌构成刑事犯罪的,及时移送司法机关追究其刑事责任。

(2)调查处理人员根据事故调查结果、事故原因分析及责任认定等,按照规定格式编写《水上交通事故调查报告》。《水上交通事故调查报告》包括下列内容:①船舶、浮动设施概况(包括其名称、主要技术数据、证书、船员及所载旅客、货物等);②船舶、浮动设施所属公司情况(包括其所有人、经营人或者管理人的名称、地址等);③事故发生的时间和地点;④事故发生时水域的水文、气象、通航环境情况;⑤事故搜救情况;⑥事故损失情况;⑦事故经过;⑧事故原因分析;⑨事故当事人责任认定;⑩安全管理建议;⑪其他有关情况。

(3)调查处理管理人员按规定以《水上交通事故调查结案申请表》的形式书面向上一级海事管理机构事故调查处理部门提出结案申请,除附送《水上交通事故调查报告》外,若调查组成员对调查报告有不同意见,或有其他需要说明的问题,应一并上报。

(4)上一级海事管理机构事故调查处理部门收到结案申请之日起,1 个月内以《水上交通事故调查结案批复表》的形式书面进行结案批复,逾期未批复视为同意。

(5)得到上一级海事管理机构的结案批复后,调查处理管理人员 30 日内向当事人出具《水上交通事故调查结论》。《水上交通事故调查结论》包括以下内容:①事故概况(包括事故简要经过、损失情况等);②事故原因(事实与分析);③事故当事人责任认定;④安全管理建议;⑤其他有关情况。根据事故调查报告制作《安全管理建议书》,并将《安全管理建议书》送达有关方面。《水上交通事故调查报告》《水上交通事故调查结论》和《安全管理建议书》应加盖印章。

(6)结案批复后,若发现重要证据需要重新调查的,原海事管理机构应向上级海事管理机构说明情况。重新调查结束后,应重新申请调查结案。

(7)对船舶、船员涉及的违法行为,调查处理管理人员依据海事行政处罚业务流程或海事行政强制业务流程有关规定及时实施处罚或强制措施,或移交相应职能部门处理。

(8)水上交通事故的责任人员涉嫌犯罪的,调查处理管理人员根据涉嫌犯罪案件移交业务流程及时移送司法机关追究其刑事责任。

(9)地方人民政府应当依照国家有关规定积极做好内河交通事故的善后工作。

6.备案与公开

(1)负责事故调查结案的海事管理机构应将事故调查报告以正式文件报结案批复的海事管理机构备案。

(2)重大事故的调查报告应在结案后1个月内,以正式文件和电子文本两种方式或通过事故调查统计分析系统报送中国海事局备案。

(3)除影响国家安全和国家利益、涉及军事船舶和军事秘密,以及主管机关或其上级机关认为不应公开的事故调查报告外,海事管理机构出具的其他事故调查报告可以公开。

7.归档

(1)事故调查处理结案后,调查处理管理人员应及时按一事一档建立水上交通事故卷宗,进行立卷与归档留存,建立档案材料目录,目录的格式、顺序应统一。

(2)调查处理管理人员按规定在相应业务软件中录入相关数据,填写《水上交通事故调查处理登记簿》,并按照要求将事故调查处理有关材料进行归档。

五、水上突发事件应急管理

突发事件应急是通过事前的计划和应急措施,充分利用一切可能的力量,在事故发生后迅速控制发展并尽可能排除事故,保护人员安全,将事故对人员、财产和环境造成的损失降低到最小限度。

内河水上突发事件应急管理主要为贯彻"以人为本,安全第一,预防为主,综合治理"的方针,有效防范和处置水上交通事故,最大限度地减少人员伤亡,切实保障人民群众生命、财产安全。

(一)水上险情的概念

水上险情是指对水上人命安全、水上交通安全及水域环境构成威胁,需立即采取措施控制、减轻和消除的各种事件。

水上险情按照遇险性质可分为11类:碰撞、搁浅、触礁、触损、浪损、火灾/爆炸、风灾、自沉、机损、伤病、其他。

(二)水上险情及突发事件分级

水上险情分为特别重大事故险情、重大事故险情、较大事故险情以及一般事故险情,具体分级标准如下:

1.特别重大事故险情(Ⅰ级)

造成30人以上死亡(含失踪),或者100人以上重伤的,或者船舶溢油1000吨以上致水域污染的或者1亿元以上直接经济损失的为特别重大事故。

危及30人以上生命安全、可能造成100人以上重伤、可能造成船舶溢油1000总吨以上并致水污染,或者可能造成1亿元以上直接经济损失的为特别重大险情。

2.重大事故险情(Ⅱ级)

造成10人以上30人以下死亡(含失踪)的,或者50人以上100人以下重伤的,或者船舶溢油500吨以上100吨以下致水域污染的,或者5000万元以上1亿元以下直接经济损失的为重大事故。

危及10人以上30人以下生命安全的为重大险情、可能造成50人以上100人以下重伤的、可能造成船舶溢油500吨以上100吨以下致水域污染的、可能造成5000万元以上1亿元以下直接经济损失的为重大险情。

3.较大事故险情(Ⅲ级)

造成3人以上10人以下死亡(含失踪)的,或者10人以上50人以下重伤的,或者船舶溢油100吨以上500吨以下致水域污染的,或者1000万元以上5000万元以下直接经济损失的为较大事故险情。

危及3人以上10人以下生命安全的、可能造成10人以上50人以下重伤的、可能造成船舶溢油100吨以上500吨以下致水域污染的、可能造成1000万元以上5000万元以下直接经济损失的为较大险情。

4.一般事故险情(Ⅳ级)

造成1人以上3人以下死亡(含失踪)的,或者1人以上10人以下重伤的,或者船舶溢油1吨以上100吨以下致水域污染的,或者100万元以上1000万元以下直接经济损失的为一般事故。并包括未达到一般事故等级的事故。

危及1人以上3人以下生命安全的、可能造成1人以上10人以下重伤的、可能造成船舶溢油1吨以上100吨以下致水域污染的、可能造成100万元以上1000万元以下直接经济损失的为一般险情;以及未达到一般等级险情的险情。

(三)水上险情报告

船舶、浮动设施遇险,必须迅速将遇险的时间和地点、遇险情况、遇险原因、救助要求等向遇险地海事管理机构以及船舶、浮动设施所有人、经营人报告。船员、浮动设施上的工作人员或者其他人员发现其他船舶、浮动设施遇险,或者收到求救信号后,必须尽力救助遇险人员,并将有关情况及时向遇险地海事管理机构报告。只有将遇险信息及时向各方报告,遇险船舶及人员才能得到及时有效的救助。

水上搜救机构接到求救信号或者水上险情报告后,应当立即核实情况,向本级人民政府和上一级水上搜救机构报告,并根据险情等级立即启动相应的应急预案,组织水上搜救和采取措施控制、减轻水域污染等危害,防止发生次生事故。

接到水上搜救指令的有关单位和人员,应当立即执行指令,并及时向水上搜救机构报告联系方式和动态;有特殊情况不能立即执行指令的,应当及时报告。

各级海事管理机构应将核实、分析和评估后的海上险情信息,对照水上险情分级标准,按照国务院、各级政府规定的信息报告规定和程序逐级上报。

第七节　地方海事执法案例分析

一、赵某强行通过航行条件受到限制区域案

(一)案情简介

20××年6月25日8时10分,浙江省××市地方海事处执法人员马某、金某在××线支线××市××大桥上游100米处巡查时,发现赵某经营的苏兴化机000×载运煤炭从上海经××线至××,该船"船舶检验证书簿"所载该船总长××米,已超过该航道船舶航行限定尺度。

(二)案件性质

交通管制区是指由于航道条件的限制或水上水下施工作业影响等(包括遇有恶劣天气、特殊水情、水上交通事故、交通堵塞或其他对航行安全畅通有较大影响的特殊情形),出于水上交通安全的考虑,由海事管理机构划定和公布,并规定船舶限时通过、单向或分道通航、限制航速、禁止追越及船舶报告制度等的特定水域。通航密集区是指通航密度较大的水域。航行条件受到限制的水域则是除交通管制区以外的,通航尺度(航宽、水深、曲率半径、净空等)对船舶安全航行有影响和限制的水域。由于港口、交通管制区、通航密集区或者航行条件受限制的区域的航行条件复杂,通航密度大,为维护通航秩序,规范船舶进出或者通过这些特殊水域的行为,海事管理机构一般制定了特别规定,船舶应当遵守海事管理机构发布的这些通航规定。本案的违法情形应按照相应的通航规定确定,其适用的范围和对象因水域、时间、船舶种类等的不同而不同。

禁航区是指在通航水域内,由于水下障碍物、爆炸物、危险物存在可能对船舶通过造成损害,或者由于军事需要或国家安全和权益需要等原因划定的禁止船舶驶入的水域,包括永久性禁航区和临时性禁航区两种。如确需进入或者穿越禁航区的,应当经海事管理机构同意,并采取相应的安全措施。

杭嘉湖干线航道属于航行条件受到限制的水域,相关的通航规定对船舶尺度、吃水等做出了规定。交通运输部《关于修订〈京杭运河通航管理办法(试行)〉的通知》(交海发〔2017〕73号)规定:"在京杭运河航行的集装箱船、滚装货船和江海直达特定航线船舶,进入四级航段的船舶总长不得大于65米,总宽不得大于12.7米;进入三级航段的船舶总长不得大于80米,总宽不得大于12.7米;进入二级航段的船舶总长不得大于90米,总宽不得大于17.8米。其他船舶,进入四级和三级航段的船舶总长不得大于45米,总宽不得大于10.8米;进入二级航段的船舶总长不得大于67.6米,总宽不得大于15.4米。船舶吃水应按照航道部门提供的航道实际水深控制。"进

入京杭运河的船队,静水航速不得低于每小时6公里。船队航行,应当采用单排一列式,且船队长度不得超过400米。与京杭运河相通的四级以上限制性航道可参照本办法执行。

本案中,当事人赵某强行通过航行条件受到限制区域的行为违反了《中华人民共和国内河交通安全管理条例》第二十条的规定:"船舶进出港口和通过交通管制区、通航密集区或者航行条件受限制的区域,应当遵守海事管理机构发布的有关通航规定。任何船舶不得擅自进入或者穿越海事管理机构公布的禁航区。"

(三)当事人

此类案件原则上处罚船舶经营人或者责任船员。

(四)证据收集要求

(1)现场笔录:证明船舶违法现场情况及案件来源。

(2)"船舶检验证书簿"复印件:证明有关船舶数据。

(3)"船舶营业运输证"或"船舶国籍证书"复印件:证明船舶经营人。

(4)对赵某的询问笔录:证明有关违法情况。

(5)勘验(检查)笔录:证明船舶的实际总长、总宽。

(6)现场照片(或录像):证明船舶在××线××支线××市××大桥航段航行。

(7)当事人的身份证明材料。

(五)现场笔录的事实情况记录

20××年6月25日8时10分,浙江省××市地方海事处执法人员马某、金某在××线××支线××大桥上游100米处巡查时,发现苏兴化机000×载运煤炭下行。该船"船舶检验证书簿"(编号:×××)载明苏兴化机000×总长××米、总宽××米。

(六)对船舶经营人赵某的询问要点

(1)确认被询问人的基本情况。(示例:请问你的姓名、年龄、家庭住址、居民身份证号码、文化程度?)

(2)确认被询问人的身份。(示例:请问你在哪艘船上工作?担任的是什么职务?)

(3)调查船舶有关情况。(示例:苏兴化机000×的船舶经营人是谁?你船有无"船舶检验证书簿"?证书号码是多少?证书所载船舶总长、总宽是多少米?船舶实际总长、总宽是多少米?)

(4)调查违法事实。(示例:你船本航次于何时从何地驶往何地?装载什么货物?何时何地被查?你船本航次有没有办理船舶进出港口报告?你船本航次在浙江省是通过哪些航道航行的?)

(5)调查违法原因。(示例:你船不符合浙江省主干航道的通航条件为什么还进入浙江省主干航道?)

(6)调查违法行为导致的后果。(示例:你船进入浙江省主干航道航行有无发生过水上交通事故或其他事件?)

(7)调查当事人对该行为的认识(含危害后果)。(示例:你知道这样做会带来什么危害后果吗?)

(七)勘验笔录的勘验情况及结果

20××年6月25日10时10分,浙江省××市地方海事处马某、金某在××线××支线××大桥上游100米处对苏兴化机000×船舶总长、总宽进行勘查:苏兴化机000×总长46.1米、总宽10米,与"船舶检验证书簿"所载船舶总长为46.1米、总宽10米基本一致。赵某在现场。

(八)处理情况

此类案件以是否造成事故及其责任大小为裁量依据。部海事局规定,如果当事人具有以下减轻情节的按减轻处罚基准执行:①积极配合海事管理机构调查,并主动交代违法情况的;②检举并配合海事管理机构查处他船海事行政违法行为有立功表现的;③其他可以给予减轻的情形。本案当事人的违法行为未造成事故,故按轻微一档裁量,即给予当事人赵某罚款人民币5000元整的行政处罚。此类案件应责令当事人立即改正;情节严重的,禁止船舶进出港口或者责令停航。

二、赵某未取得适任证书擅自从事船舶航行案

(一)案情简介

20××年6月8日10时30分,浙江省××市地方海事处执法人员马某、金某在××线××大桥上游100米处对××航运公司经营的浙××货000×进行检查,发现该船在船船员有4人,当班驾驶员赵某不能出示船员职务适任证书。赵某为××航运公司的聘用人员。

(二)案件性质

船员上船任职,必须取得相应的船员适任证书,证件主要包括:"船员服务簿";船员特殊培训合格证和"船员适任证书"。未经考试合格并取得适任证书或者其他适任证件,包括下列情形:①未经水上交通安全专业培训并取得相应合格证明;②未持有船员适任证书或者其他适任证件;③持采取弄虚作假的方式取得的船员职务证书;④持伪造、变造的船员职务证书;⑤持转让、买卖或者租借的船员职务证书;⑥所服务的船舶的航区、种类和等级或者所任职务超越所持船员职务证书限定的范围;⑦持已经超过有效期限的船员职务证书;⑧未按照规定持有服务簿。

本案赵某未取得船员适任证件擅自从事船舶航行属上述第2种情形。本案直接责任人员赵某未取得适任证件擅自从事船舶航行和聘用单位××航运公司聘用未取得适任证件的赵某从事船舶航行的行为违反了《中华人民共和国内河交通安全管理条例》第九条第一款的规定:"船员经水上交通安全专业培训,其中客船和载运危险货物船舶的船员还应当经相应的特殊培训,并经海事管理机构考试合格,取得相

应的适任证书或者其他适任证书,方可担任船员职务。严禁未取得适任证书或者其他适任证件的船员上岗。”

(三)当事人

此类案件应当对直接责任人员和其聘用单位并罚。根据《劳动法》相关规定,个体工商户也属于“用人单位”。如果无聘用单位的,如船舶为责任人所经营的(无证驾驶人为经营人或经营人的家庭成员),则不处罚聘用单位;如果个体船舶聘用他人担任船员的,则该个体经营人按聘用单位进行处罚。如果船员是受聘于某船员管理单位,船员的驾驶属于劳务合同的,则应处罚该船员管理单位。

(四)证据收集要求

(1)现场笔录:证明检查时在岗船员持证情况及案件来源。

(2)对船员赵某、××航运公司法定代表人李某的询问笔录:赵某未取得船员适任证件擅自从事船舶航行的违法事实。

(3)“船舶营业运输证”或“船舶国籍证书”复印件:证明船舶的经营人。

(4)“企业法人营业执照”复印件:证明船舶所属公司的有关情况。

(5)“船舶签证簿”复印件:证明船舶航行情况。

(6)现场照片(或录像)(必要时):证明赵某在浙××货000×上岗任职。(可收集赵某任职的其他记录,如航行日志复印件等)

(7)当事人的身份证明材料。

(五)现场笔录的事实情况记录

20××年6月8日10时30分,浙××货000×重载煤炭航行于××线,浙江省××市地方海事处执法人员马某、金某在××线××大桥上游100米处对浙××货000×进行检查,发现该船在船船员有三等船长赵某(船员适任证书编号:330123196407283×××)、水手李某(船员适任证书编号:330123196407283××Y)、机工王某(船员适任证330123196407283××Y)和当班驾驶员赵某。赵某不能出示船员职务适任证书。

(六)对赵某的询问要点

(1)核实被询问人的基本情况。(示例:请问你的姓名、年龄、性别、住址、单位及职务?)

(2)调查船舶基本情况。(示例:浙××货000×的船舶所有人和经营人是谁?)

(3)调查违法事实。(示例:你船何时何地被查?当时船上有几名船员?有何种船员职务适任证书?被查时当班驾驶员是谁?其他船员都在干什么?从何时开始上船任职的?你与××航运公司是什么关系?你是否持有“船员职务适任证书”?)

(4)调查违法原因、目的。(示例:你为什么没有“船员职务适任证书”而担任驾驶员?)

(5)调查裁量有关的情节。(示例:你担任驾驶员后,浙海宁货000×有没发生过水上交通事故?)

(6)调查当事人对该行为的认识(含危害后果)。(示例:你是否知道未取得适任证件的人员擅自从事船舶航行会造成什么后果?)

(七)处理情况

此类案件以是否造成事故及其责任大小为裁量依据。聘用单位减轻情节:①主动配齐所需船员;②积极配合海事管理机构调查,并主动交代本违法行为或本船其他情况的;③在航行过程中被发现存在本违法行为,主动或接受指令靠泊接受检查的;④检举并配合海事管理机构查处他船海事行政违法行为有立功表现的;⑤其他可以给予减轻的情形。直接责任人员减轻情节:①主动承认本违法行为的;②积极配合海事管理机构调查的;③检举本船他人违法行为情况,并查证属实的;④聘用单位安排其上船任职,并查证属实的;⑤其他可以给予减轻的情形。本案赵某未取得适任证件擅自从事船舶航行,但未造成水上交通事故,故按轻微一档裁量,即分别给予当事人赵某罚款人民币2000元整,给予当事人××航运公司罚款人民币3万元整的行政处罚。此类案件应责令不合格船员立即离岗,该船按规定配备齐船员后方可航行。

第七章 港航监督检查

第一节 监督检查基本要求

各级港口、航道、水路运输、地方海事管理机构应当建立健全行政执法监督检查制度，落实人员、经费和装备，综合运用各类检查方式，依法履行监督检查工作职责。各级港航管理机构负责本辖区内港航行政执法检查的组织实施，现场检查由市、县级港航管理机构按照职责分工分别组织实施，必要时省港航管理局可以进行现场检查。实施行政执法检查，执法人员应当严格执行交通行政执法禁令、交通行政执法风纪等执法规范，做到语言文明、行为规范。执法人员不得少于两人，并持有合法有效的行政执法证件。港航行政执法检查实行组长负责制，组长对检查工作的质量负责。

(1)监督检查前准备工作。明确检查内容、重点和分工；规范着装，佩戴行政执法证件；准备检查登记台账、执法文书和资料以及交通、取证、通信等执法装备；涉及安全生产监督检查的，应根据年度安全监督检查计划成立监督检查组，熟悉被检查单位的情况，编制现场检查表，准备检查装备；根据实际需要，可聘请第三方专业机构或专家参与检查。

(2)实施检查时可依法实施的行为。依法开展检查、检测、勘验、拍照、录音、录像、鉴定、抽样取证等工作；查阅、审核、复制与港航活动有关的原始记录、业务台账、报表、许可证照等资料；在证据可能灭失或者以后难以取得的情况下，经单位负责人批准可以先行登记保存，紧急情况下可以先口头征得同意，事后再及时补办书面审批手续，并在 7 日内及时做出处理决定；向有关单位或者个人进行调查询问，要求如实提供情况和资料；其他依法可以实施的检查行为。

(3)实施检查应遵照的程序。向有关人员出示行政执法证件，表明身份，告知检查内容、要求、有关权利和义务等；告知有关人员提供有关证件或者资料；就有关问题展开询问，查明情况；发现存在安全隐患的，应当责令其改正并消除；发现行政相对人的行为涉嫌违法的，依法调查取证，制作现场笔录、勘验(检查)笔录、视听资料(照片)、现场检查表等，并收集其他相关证据；经检查，行政相对人不存在违法行为的，执法人员应当立即归还有关证件、资料，被查船舶应当立即予以放行；查获的各类违法案件,原则上于当日将相关信息录入浙江省水路交通行政处罚管理系统。

(4)执法检查的要求。①物品检查:执法人员在实施港航行政执法检查时,不得检查与执法活动无关的物品,检查完成后,对检查所涉及的物品要尽可能复位。②保密规定:执法人员应当遵守国家有关保密的规定,对在检查过程中知悉的商业秘密和个人隐私应当保密,不得将被检查的有关资料用于与港航行政执法工作无关的事项。③安全防护:执法人员进行港航行政执法检查应当严格执行安全防护规定,采取有效防护措施,注意自身和他人人身、财产安全。执法人员应佩戴个人执法记录仪并按规定使用。在舱面时,执法人员应当穿着救生衣。④检查地点选择:在航道、港口水域上实施港航行政执法检查或者纠正违法行为时,应当选择安全和不妨碍通航(行)的地点进行,规范使用警灯、警报器,避免引发各类水上交通事故。

(5)地方海事管理机构可对在航船舶实施拦截检查的情况。交通肇事逃逸的船舶;严重超载的船舶;非法载客的船舶;经举报可能存在严重违法行为或者重大安全隐患的船舶;有严重违法行为或者明显安全隐患的船舶;其他有证据证明在航船舶有违法行为且如不对其立即制止则可能造成严重后果的。对船舶实施拦截检查时,执法人员应当在适当位置向被检查船舶发出停船指令,指挥船舶到达指定的安全位置停靠。

(6)行政相对人拒绝接受检查的行为的处理。行政相对人拒绝接受检查的行为可能导致事故发生的,执法人员不宜强行拦截、追截,应当按照《浙江省地方海事局辖区船舶动态监督检查管理办法》(浙地海〔2011〕17 号)的规定进行处理。如果出现行政相对人暴力抗法或煽动围观群众围攻执法人员的情况,执法人员应当立即向单位领导报告,并及时通知公安机关协助处理。

(7)巡查工作。各级港航管理机构应当按照部、省有关规定定期或者不定期开展巡查工作,综合履行港口、航道、水路运输和地方海事监督管理职责。各级港航管理机构应当结合现有执法力量和辖区情况,科学制定巡查工作计划,合理安排巡查车(艇)、巡查水域(港区、航段)、巡查时间和频度,加强对重点水域(港区、航段)、重点时段、重点船舶的监管。在组织实施专项检查、集中整治、年度核查前应当事先拟定检查计划。检查计划包括检查的依据、时间、对象、内容和组织形式等。

(8)检查通知。对港口、航运企业实施港航行政执法检查,一般提前 3 个工作日采用电话、短信、传真、电子邮件或者送达书面文件等方式通知。通知的内容包括:被检查企业的名称;检查的依据、时间、内容和形式;对被检查企业配合检查工作的具体要求;检查组组长及成员名单。但若港航管理机构认为向被检查企业下达检查通知对检查的实施有明显不利影响或者对有违法嫌疑的企业实施检查时,可在事前适当时间通知或者不予通知。

(9)非现场检查。各级港航管理机构应当运用各类执法信息系统对行政相对人实施非现场检查,通过技术监控设备加强对港区、航道、船舶的实时监控,发现违法情形的及时记录。

(10)检查记录。各级港航管理机构应当建立健全港航行政执法检查台账,客观、真实地记录、反映检查情况。检查记录做到内容完整、条理清楚、用词准确、字迹清晰、格式规范,并按照有关要求报送检查情况报告和统计表。检查记录需要被检查单位、个人签名、盖章的,执法人员不得以欺骗、隐瞒等方式获得。被检查单位、个人拒不签名、盖章或者对所查事项有异议的,执法人员应当备注说明。

(11)违法行为的处理。行政相对人存在违法行为的,应当及时制止、纠正。无法当场纠正的,执法人员可以通过技术监控设备进行记录,依据有关法律、法规、规章的规定予以处理。违法行为轻微的,口头告知其违法行为的基本事实、依据,纠正违法行为并予以口头警告,被查船舶予以放行。在违法船舶停船接受处理的条件不具备或者航道堵塞时,可以通过手势、喊话、VHF 呼叫等方式要求其纠正违法行为。对技术监控设备记录的轻微违法行为,可以通过手机短信、邮寄违法行为告知书、通知船舶和码头经营人或者所有人等方式,提醒有关人员遵守港航法律、法规、规章。行政相对人的违法行为依法可以不予行政处罚的,执法人员应当制作《不予行政处罚决定书》,告知行政相对人违法行为的基本事实、依据,对行政相对人进行批评教育。行政相对人的违法行为应受行政处罚的,应当按照法律法规规定的程序进行调查取证,并依法做出相应的处理决定。发现属于公安、水利、渔业、环保、城管等有关部门或者机构管辖的,应当及时通报或者移交案件。

(12)执法车(艇)配置。各级港航管理机构应当按照规定标准配备执法车(艇),加强后勤保障,保持车(艇)容整洁、标识清晰醒目、安全性能良好。执法车(艇)应当配齐必要的取证、通信、消防、救生、定位终端等设备,有条件的还应当配备视频监控系统、移动执法设备。定位终端和车(艇)载视频监控系统在出勤时应当开启。

第二节　随机抽查监管

为规范事中事后监管工作,创新管理方式,提高监管效能,保护公民、法人和其他组织的合法权益,浙江省各级港航管理机构依照法律、法规和规章的规定,按照随机抽取检查对象、随机选派执法检查人员的方式,对具有固定经营场所的市场主体开展的日常执法检查工作。

(1)“一单两库两公开”。省交通运输厅负责制定全省交通运输行政执法检查人员名录库、全省港航管理系统随机抽查事项清单(表 7-1)。实施随机抽查,执法检查对象应从市场主体名录库中经营场所在本单位辖区内的企业中随机抽取。实施随机抽查,执法检查人员应从执法检查人员名录库中的本单位人员中随机抽取。需要具备一定专业技能的执法检查工作,应从相应专业执法人员中随机选派。随机抽取执法检查对象和执法检查人员的过程应有完整的记录,鼓励各单位结合本地区、本单位实际建立电子化随机抽取机制。实施随机抽查前须向本单位负责人报告并经批准。随机抽查事项清单和随机抽查处理结果应及时通过浙江政务服务网和信用信息系统向社会公布。

全省港航管理系统随机抽查事项清单

表 7-1

编号	抽查项目名称	抽查依据	抽查主体	抽查对象	抽查比例	抽查频次	抽查方式	抽查内容及要求	备注
1	国内水路运输经营	1.《中华人民共和国安全生产法》第六十二条； 2.《浙江省安全生产条例》第五条第二款、第二十三条第二款、第二十四条、第三十九条； 3.《国内水路运输管理条例》第五条； 4.《国内水路运输管理规定》第三十九条、第四十条、第四十三条、第四十四条； 5.《老旧运输船舶管理规定》第六条、第十八条、第二十八条、第二十九条、第三十三条； 6.《内河运输船舶标准化管理规定》第十五条； 7.《水路旅客运输实名制管理规定》	市、县级港航管理机构	国内水路运输经营企业	每次不少于10%	每年不少于2次	通过年度核查、预警检查、实地检查等方式进行抽查	1.企业经营基本情况； 2.经营范围情况； 3.安全管理制度建立落实情况； 4.经营的船舶情况； 5.海务机务管理人员配备以及履职情况； 6.高级船员劳动合同签订比例情况； 7.班轮运输信息公布备案情况	

续上表

编号	抽查项目名称	抽查依据	抽查主体	抽查对象	抽查比例	抽查频次	抽查方式	抽查内容及要求	备注
2	国内水路运输辅助业经营	1.《中华人民共和国安全生产法》第六十二条； 2.《浙江省安全生产条例》第五条第二款、第二十三条第二款、第二十四条、第三十九条； 3.《国内水路运输管理条例》第五条； 4.《国内水路辅助业管理规定》第二十七条、第二十八条、第三十条、第三十二条	市、县级港航管理机构	国内水路运输辅助业经营企业	每次不少于10%	每年不少于2次	通过年度核查、预警检查、实地检查等方式进行抽查	1.船舶管理企业经营基本情况； 2.经营范围情况； 3.安全管理制度建立落实情况； 4.海务机务管理人员配备以及履职情况； 5.安全与防污染代管合同履行情况； 6.代理业务经营情况	
3	港口经营	1.《中华人民共和国港口法》第三十六条、第四十二条； 2.《港口经营管理规定》第三十三条、第三十四条； 3.《港口危险货物安全管理规定》第六十条、第六十一条、第六十二条、第六十三条	所在地港口管理部门	港口经营企业	每次不少于10%	每年不少于2次	通过年度核查、现场检查等方式进行	1.企业经营基本情况； 2.设施设备情况； 3.管理制度； 4.重大危险源管理； 5.隐患排查治理； 6.应急管理； 7.从业人员情况； 8.经营规范情况	
4	港口设施保安	《中华人民共和国港口设施保安规则》第六条、第三十六条、第七十六条、第七十七条	所在地港口管理部门	港口设施经营企业	每次不少于10%	每年不少于2次	通过年度核验、现场检查等方式进行	1.资质情况； 2.台账情况； 3.现场情况	

(2)不适用随机抽查的情形。主要包括:①因投诉举报、发现违法行为线索或者专项整治开展的执法检查;②需要覆盖辖区所有同类市场主体的执法检查;针对流动执法对象进行的水上巡查和定点检查;③重大节假日、重大群体性活动期间或者为应对自然灾害、事故灾难等突发应急事件开展的执法检查;④辖区内同类市场主体少于 3 家的;⑤情况紧急,需要当场实施监督检查措施的;⑥法律、法规和规章对执法检查对象和检查方式有专门规定的;⑦其他明显不需要实施随机抽查的情形。

(3)抽查比例和频次。随机抽查事项的抽查比例和频次应根据港航管理需要确定,抽查频次应不低于每年一次,对同一市场主体的随机抽查一年内应不超过两次。随机抽查比例和频次可根据不同市场主体的实际情况适当调整。行业信用评价状况良好且连续两次抽查均未发现违法行为的市场主体,下一年度可降低随机抽查频次。存在一年内被投诉举报两次以上、已列入各类经营异常名录、有严重违法违规记录等情形或涉及安全生产重点领域的市场主体,应加大随机抽查力度。对同一市场主体的多个检查事项,原则上应一次性完成。涉及多个执法机构的,交通运输主管部门应牵头组织并实施联合抽查。

(4)检查过程。随机抽查应由港航管理机构两名以上行政执法人员共同实施,其他人员不得实施。执法检查人员应对检查过程进行全程记录,及时制作执法检查案卷并归档,具体按照行政执法全过程记录及执法文书制作相关规定执行。随机抽查中发现的违法行为,属于本单位职责范围的,执法检查人员应按照行政处罚和行政强制程序依法处理;不属于本单位职责范围或者涉嫌犯罪的,应按照相关规定及时移送有关部门处理。各单位开展随机抽查过程中,不得妨碍被抽查市场主体的正常生产经营活动。对抽查监管工作中存在的失职渎职行为,要依法依规严肃追究责任。

第三节 港口管理监督检查

一、港口经营资质监督检查

1.监督检查对象

港口经营人。

2.监督检查依据

《中华人民共和国港口法》《浙江省港口管理条例》《港口经营管理规定》《港口危险货物安全管理规定》等。

3.监督检查主体及内容

所在地港口管理部门对港口的经营资质开展监督检查,包括但不限于下列内容：

(1)从事港口经营是否依法取得相应的港口经营许可证、港口危险货物作业附证；

(2)港口经营活动是否符合港口经营人的经营范围；

(3)作业的危险货物是否属于许可的范围；

(4)港口经营人的经营资质是否符合法定条件；

(5)港口理货业务经营人有无兼营货物装卸经营业务、仓储经营业务的。

所在地港口管理部门应当对危险货物港口经营人的资质进行年度核验。

4.监督检查处理

(1)发现其不再具备资质条件的，应当责令限期整改；逾期不改正或者整改后仍不符合规定条件的，依法撤销其资质、吊销《港口经营许可证》。

(2)无证经营或者超范围经营的，责令停止违法经营，没收违法所得，处以罚款处罚。

二、港口经营活动监督检查

1.监督检查对象

港口经营人。

2.监督检查依据

《中华人民共和国港口法》《浙江省港口管理条例》《港口经营管理规定》《港口危险货物安全管理规定》等。

3.监督检查主体及内容

所在地港口管理部门对港口经营活动开展监督检查，包括但不限于下列内容：

(1)是否优先安排抢险物资、救灾物资、国防建设急需物资的作业；

(2)是否遵守国家有关港口经营价格和收费的规定，经营场所是否公布经营服务收费项目和收费标准，是否使用国家规定的港口经营票据；

(3)是否采取不正当手段，排挤竞争对手，限制或者妨碍公平竞争；是否对具有同等条件的服务对象实行歧视；是否强迫他人接受其提供的港口服务；

(4)承运人不能按时运输旅客的，港口经营人是否及时发布公告；

(5)是否服从疏港统一调度；

(6)港口经营人停业、歇业前是否按规定时限报告；

(7)对码头前沿水域是否及时进行疏浚；

(8)是否及时、如实提供港口统计资料及有关信息。

省级港口管理部门应当定期对本区域内港口码头靠泊能力情况进行监督检查。所在地港口管理部门和海事管理机构应当按照各自职责加强现场监管。

所在地港口管理部门对旅客上下集中、货物装卸量较大或者有特殊用途的码头进行重点巡查。

4.监督检查处理

根据监督检查情况,依法做出处理,处理的方式有:责令改正;拒不改正的,责令停产停业整顿;警告;吊销“港口经营许可证”,罚款;有违法所得的,没收违法所得。

三、港口危险货物安全监督检查

1.监督检查对象

从事港口危险货物作业的经营人。

2.监督检查依据

《中华人民共和国港口法》《中华人民共和国安全生产法》《危险化学品安全管理条例》《生产安全事故报告和调查处理条例》《港口危险货物安全管理规定》《港口经营管理规定》《港口大型机械防阵风防台风管理规定》《劳动防护用品监督管理规定》《危险化学品重大危险源辨识》(GB 18218)、《危险货物集装箱港口作业安全规程》(JT 397)、《港口危险货物经营企业安全生产标准化规范》(JT/T 947)、《港口危险货物重大危险源监督管理办法(试行)》《港口安全设施目录》等。

3.监督检查主体及内容

所在地港口管理部门对危险货物港口经营人开展安全监督综合检查包括但不限于表7-2内容。

对涉嫌在普通货物中夹带危险货物,或者将危险货物匿报或者谎报为普通货物的,所在地港口管理部门或者海事管理机构可以依法开拆查验,港口经营人应当予以配合。港口管理部门和海事管理机构应当将查验情况相互通报,避免重复开拆。

所在地港口管理部门应当根据国家有关规定对危险货物包装进行抽查。不符合规定的,可以责令作业委托人处理。

港口危险货物安全监督检查内容　　表7-2

检查项目	检查事项	检查内容
一、经营资质与文件	1.安全评价/评估	1.开展安全评价及相应的整改情况; 2.开展重大危险源评估情况
	2.剧毒品及重大危险源备案	剧毒化学品以及储存数量构成重大危险源的危险货物备案情况
	3.港口经营出租与承包	港口危险货物经营涉及出租与承包的情形
二、安全生产管理机构与人员资质	1.安全生产管理机构	设置安全生产管理机构、配备专职安全生产管理人员情况
	2.人员资质	主要负责人、安全管理人员经安全生产知识和管理能力考核合格情况
		危险货物装卸管理人员等从业人员按规定取得从业资格证书的情况

续上表

检查项目	检查事项	检查内容
三、安全管理制度和规程	1.安全生产责任制	建立安全生产责任制、划分与落实安全职责、明确第一责任人安全生产职责、建立和落实安全责任监督考核机制的情况
	2.安全生产规章制度	建立安全生产规章制度的情况，及制度的修订更新情况
	3.安全生产操作规程	制定安全生产操作规程的情况，及安全操作规程修订更新情况
	4.制度和规程执行	安全管理规章制度和操作规程的执行落实情况
四、教育培训	1.培训管理	制定安全教育培训计划及其实施情况
	2.持证上岗人员培训	危险货物作业相关岗位人员接受安全培训和持证上岗情况
	3.相关方安全教育培训	相关方进港人员安全教育情况
五、设备设施	1.工艺与工艺设备设施	工艺及工艺设备设施的安全管理情况
	2.工艺控制	工艺控制系统的安全防护功能及运行、管理情况
	3.安全设备设施、强检设备、特种设备	安全设备设施、特种设备与强制检定设备的使用管理情况
	4.安全管理信息系统	安全管理信息系统及其运行情况
	5.危险货物作业场所与员工宿舍等安全间距	危险货物作业场所与员工宿舍等的安全间距
六、安全投入	安全投入	按规定提取和使用安全生产费用，以及据实列支情况
七、个体防护	1.个体防护用品配备和使用	1.为从业人员提供个体防护用品和器具情况； 2.教育、监督从业人员正确佩戴、使用防护用品情况
	2.个体防护用品管理	个体防护用品管理台账，以及个体防护用品使用、保管等情况
八、作业与现场管理	1.作业申报	按规定开展港口危险货物作业报告情况
	2.作业合规要求	按作业标准、规范开展作业的情况
	3.安全检查	开展安全生产检查情况
	4.危险作业管理	对危险性作业活动的作业管理
	5.危及管道的施工作业	对涉及危险化学品管道安全的施工作业的安全管理情况
九、重大危险源管理	1.评估分级	按规定对重大危险源进行安全评估，及重大危险源分级情况
	2.登记建档备案	重大危险源登记建档，报所在地港口管理部门和相关部门备案情况
	3.监控与管理	重大危险源安全管理和监控，与周边场所、设施、区域的安全间距，安全防护设施与安全监控报警、安全警示标志等
十、隐患排查治理	1.隐患排查	制定隐患排查制度和开展隐患排查、隐患登记情况
	2.隐患治理	针对排查发现的隐患的治理情况
	3.备案	重大事故隐患的排查和处理情况报所在地港口管理部门备案情况
	4.建档与通报	建立事故隐患排查治理档案，及时向从业人员通报

续上表

检查项目	检查事项	检查内容
十一、应急管理	1.应急预案	1.应急预案体系建立及向港口行政管理部门和相关部门备案情况； 2.应急预案修订补充完善情况
	2.应急组织与人员	1.建立应急救援组织、配备应急救援人员或指定兼职应急救援人员情况； 2.应急救援人员职责分工情况
	3.应急设备物资	1.配备应急救援器材、设备和物资情况； 2.应急器材设备物资的经常性维护、保养情况
	4.应急演练	组织开展定期应急演练情况
十二、事故/事件管理	1.事故上报	按规定及时上报发生的安全生产事故情况
	2.事故调查处理	配合事故调查或开展事故调查情况
	3.事故建档	事故建档管理情况

4.监督检查处理

监督检查组根据现场检查和检查记录编写、提交监督检查报告，提出隐患整改和行政处罚意见建议。

发现安全隐患的，应当责令危险货物港口经营人立即消除或者限期消除；安全隐患严重影响生产安全的，应当责令停止作业。对事故隐患的整改情况应进行跟踪督查，督促危险货物港口经营人上报事故隐患整改情况报告。对整改不到位的事故隐患再次督促危险货物港口经营人整改，对事故隐患整改不力的危险货物港口经营人要进行通报；对拒不执行整改措施的危险货物港口经营人，责令停产停业整顿，并依法进行处罚。经停产停业整顿仍不具备安全生产条件的，报请县级以上人民政府按照国务院规定的权限予以关闭。

属于重大事故隐患的，必要时报告同级人民政府，实行挂牌督办；在重大事故隐患排除前或者排除过程中无法保证安全的，应当责令危险货物港口经营人从危险区域内撤出作业人员，责令暂时停产停业或者停止使用相关设施、设备。重大事故隐患整改过程中，暂时停产停业或者相关设施、设备停止使用的，重大事故隐患排除后，经审查同意，危险货物港口经营人方可恢复生产经营和使用。

发现危险货物港口作业和设施、设备、装置、器材、运输工具不符合法律、法规、规章规定和标准要求的，责令立即停止使用；经本部门主要负责人批准，查封违法储存危险化学品的场所，扣押违法储存的危险化学品，并依法做出处理决定。

对发现的安全生产违法行为，当场予以纠正或者要求限期改正；对依法应当给予行政处罚的行为，依法做出行政处罚决定。

发现存在的安全问题应由其他有关部门进行处理的，应及时移送其他有关部门并形成记录备查。

四、危险货物水路运输从业人员监督检查

1.监督检查对象

从事港口危险货物储存作业的港口经营人的主要负责人和安全生产管理人员、危险化学品港口经营人的装卸管理人员。

2.监督检查依据

《危险化学品安全管理条例》《危险货物水路运输从业人员考核和从业资格管理规定》等。

3.监督检查主体及内容

所在地港口管理部门依据职责对辖区内装卸管理人员的从业资格进行监督检查。监督检查中可以行使以下职权:①查阅相应岗位人员的劳动合同、培训档案、年度考核材料等有关资料,向有关人员了解情况;②检查核对相应岗位人员从业资格证书。

所在地港口管理部门对从业人员进行监督检查,包括但不限于下列内容:

(1)港口危货储存单位主要安全管理人员是否按规定经考核合格;

(2)危险化学品港口经营人的装卸管理人员是否取得从业资格上岗作业;

(3)聘用装卸管理人员的危险化学品港口经营人是否按规定报送解聘用从业人员信息;

(4)装卸管理人员的"资格证书"是否转借他人使用或者涂改。

4.监督检查处理

根据监督检查情况,依据《危险货物水路运输从业人员考核和从业资格管理规定》第二十六条至第二十九条的有关规定做出处理,处理的方式有:责令限期改正、责令改正、责令停产停业整顿、罚款。

五、港口设施保安监督检查

1.监督检查对象

为航行国际航线的客船、500总吨及以上的货船、500总吨及以上的特种用途船和移动式海上钻井平台服务的港口设施的经营人或者管理人。

2.监督检查依据

《中华人民共和国港口设施保安规则》等。

3.监督检查主体及内容

省级港口管理部门、所在地港口管理部门依法对港口设施保安活动实施的监督检查。省级港口管理部门负责全省行政区域内的《港口设施保安符合证书》年度核验工作。所在地港口管理部门履行下列监督检查职责:

(1)监督检查《港口设施保安计划》的实施;

(2)受省级港口管理部门委托,对申请“港口设施保安符合证书”年度核验的港口设施上一年度的保安工作进行核查并提交核查报告;

(3)监督检查港口设施保安费的征收和使用;

(4)所在地港口管理部门应当对港口设施的下列保安事项进行监督检查:

(5)“港口设施保安符合证书”的有效性;

(6)《港口设施保安计划》的实施效果,包括保安措施实施过程中的协调性;

(7)港口设施保安主管和相关人员(包括:从事港口设施保安行政管理工作人员、从事港口设施保安评估的人员、制定《港口设施保安计划》的人员和港口设施经营人中主管安全、生产的负责人等)对保安知识的掌握情况;

(8)对非经常性地为国际航行船舶提供服务的港口设施和处于试生产阶段的港口设施采取的保安措施是否适当进行现场监管。

4.监督检查处理

(1)下列情况年度核验不得通过:①保安设备设施状况不符合《港口设施保安计划》规定;②港口设施保安主管、港口设施其他保安人员不具备履行其职责的知识和能力;③未按照规定进行或者参加保安训练、演习;④未按照规定收取和使用港口设施保安费。

(2)未按规定取得有效“港口设施保安符合证书”且不属于非经常性地为国际航行船舶提供服务的港口设施和处于试生产阶段的港口设施,擅自为航行国际航线船舶提供服务的,予以警告并责令停止违法行为,并可处以3万元以下罚款。

(3)港口设施保安主管和相关人员未经必要的培训,可以责令更换;港口设施保安主管和相关人员未能履行规定的职责,可以责令其参加保安培训;情节严重的,可以责令暂停或者撤销其港口设施保安主管资格。

第四节　涉航建筑物监督检查

1.监督检查对象

涉航建筑物。

2.监督检查依据

《中华人民共和国航道法》《浙江省航道管理条例》等。

3.监督检查主体及内容

市级港航管理机构负责由交通运输部或者省港航管理局许可的涉航建筑物的监管工作。县级港航管理机构具体负责其他涉航建筑物建设的监管工作。包括但不限于下列内容:

(1)开工建设前是否取得航道通航条件影响评价审核意见或者涉航建筑物许

可,在地方海事辖区是否同时取得水上水下活动许可;

(2)与航道有关的设计与施工方案有无变更并办理相关手续;

(3)涉航建筑物许可要求是否得到执行,在地方海事辖区水上水下活动许可条件规定是否同时得到执行;

(4)防撞设施、导助航标志、安全警示标志等是否按要求设置;

(5)施工遗留物是否已清除,受影响的航道设施是否恢复原状。

负责监管的港航管理机构应加强涉航建筑物施工期间的检查。重点抽查内容:

(1)船闸(水闸)的底板高程、上下闸首门槛高程、闸室尺寸、闸首桥通航净空尺度,跨航道建筑物通航净空尺度、塔基墩台与航道边线(护岸)的距离,下穿航道建筑物的埋设深度、出入土口与航道边线(护岸)的距离,取排水口与航道边线(护岸)之间的距离、构筑物高程等技术参数和变更情况;

(2)施工便桥、桥梁施工支架、围堰等临时工程的通航孔位置、通航净空尺度及变更情况;

(3)有关建设单位和施工作业单位所属船舶、设施、人员水上通航安全作业条件和采取的通航保障措施落实情况;

(4)航道保护措施落实情况。

4.监督检查处理

发现涉航建筑物未取得涉航建筑物许可的,应责令建设单位立即停止施工、改正,并及时报告上一级港航管理机构。

发现涉航建筑物建设与涉航建筑物许可要求不符的,应及时向建设单位或者施工单位提出整改意见和要求,同时报告上一级港航管理机构。

建设项目交竣工验收,对发现的问题,应在验收时提出并要求建设单位予以整改。

第五节　水路运输监督检查

1.监督检查对象

水路运输经营人及其船舶、水路运输辅助业务经营企业。

2.监督检查依据

《国内水路运输管理条例》《国内水路运输管理规定》《国内水路运输辅助业管理规定》等。

3.监督检查主体及内容

市、县级港航管理机构对水路运输及辅助业务经营活动和经营资质实施监督管理,包括但不限于下列内容:

(1)水路运输经营。经营资质取得及保持情况,包括:经营水路运输业务是否取得合法有效的《国内水路运输经营许可证》;经营活动是否符合许可的经营范围;经营行为是否规范;安全管理制度建立及落实情况;船舶运力配置情况;从事水路运输的船舶是否取得并随船携带《船舶营业运输证》;使用外国籍船舶经营水路运输业务是否经交通运输部许可;使用外国籍船舶经营水路运输业务是否超越交通运输部许可范围;海务、机务管理人员和高级船员配备情况;水路旅客运输业务经营者是否为其经营的客运船舶投保承运人责任保险或者取得相应的财务担保;水路班轮运输业务信息公布及备案情况。

(2)水路运输辅助业务经营。经营资质取得及保持情况,包括:经营国内船舶管理业务否取得合法有效的《国内船舶管理业务经营许可证》;经营活动是否符合许可的经营范围;经营行为是否规范;安全管理制度建立及落实情况;海务、机务管理人员配备情况;船舶安全与防污染管理协议订立、备案、履行情况。

①外国的企业、其他经济组织和个人是否经营或者以租用中国籍船舶或者舱位等方式变相经营水路运输业务;

②是否以欺骗或者贿赂等不正当手段取得水路运输业务经营许可、国内船舶管理业务经营许可;

③《国内水路运输经营许可证》《国内船舶管理业务经营许可证》是否伪造、变造、涂改、出租、出借、倒卖;

④船舶代理、水路运输代理等服务开展情况;

⑤水路客运实名制落实情况。

4.监督检查方式

(1)年度核查:按照年度工作计划定期开展检查。

①核查范围:注册于浙江省取得国内水路运输业务经营资格的企业及个体,从事国内水路运输辅助业务的企业。

②核查频次:年度审验,1 年 1 次。

(2)预警检查:发现可能存在应予以监督检查的事项时及时开展检查。

①检查范围:注册于浙江省取得国内水路运输业务经营资格的企业。

②检查频次:根据企业预警等级不同,实施不同频次检查。

③列入绿色警告的,每年至少检查 1 次;列入黄色警告的,每半年至少检查 1 次;列入橙色警告的,每季度至少检查 1 次;列入红色警告的,每季度至少检查 2 次。

(3)专项检查:根据上级部署或行业发展需要,针对某个特定问题开展专题检查。

检查范围和频次:根据届时专项内容要求而定。

(4)按照抽查事项清单确定的比例和频次,开展“双随机”抽查。

5.监督检查处理

(1)水路运输、船舶管理业务经营者取得许可后,不再具备规定的许可条件的,责令限期整改;在规定期限内整改仍不合格的,由原许可机关撤销其经营许可。

(2)旅客班轮运输业务经营者自取得班轮航线经营许可之日起60日内未开航的,责令改正;拒不改正的,由原许可机关撤销该项经营许可。

(3)根据监督检查情况,对违法行为依法做出处理,处理方式有:责令改正、罚款、没收违法所得、吊销许可证。

第六节　地方海事监督检查

1.监督检查对象

省管通航水域船舶、船员、通航环境、通航秩序。

结合辖区实际情况和下列情形确定重点检查对象,对确定为重点检查对象的,海事管理机构应当增加检查的频次和比例:

(1)交通密集区域、事故多发水域以及货物装卸、乘客上下较为集中的港口水域通航环境和通航秩序情况;

(2)依据海事信用评价体系,信用等级较低或者失信的行政相对人;

(3)客船、危险品船和易流态化固体散装货物运输船舶;

(4)未按规定履行水上交通安全和防污染责任,存在安全隐患未在规定期限内有效整改的行政相对人;

(5)根据要求实施的专项检查或者其他专项治理活动;

(6)阶段性频发的违反海事行政管理秩序行为。

2.监督检查方式

(1)日常巡查:是指海事管理机构对船舶及水上设施(以下统称"船舶")航行、停泊、作业情况、船员情况、通航环境状况等不特定对象实施的外观巡视或者初步检查。

(2)周期检查:是指海事管理机构对航运公司、船员培训机构、船舶检验机构、防污染作业单位履行保障水上交通安全和防治船舶污染责任情况,按照一定周期实施的监督检查。

(3)指定检查:是指海事管理机构对指定的监管对象实施的非周期性专门监督检查。

3.监督检查内容

(1)对船舶航行、停泊、作业情况的日常巡查内容包括:遵守船舶报告制、避碰规则、交通管制有关规定情况;船舶作业活动遵守水上交通安全管理和防治船舶污染有关规定情况；船舶停泊、锚泊、靠泊秩序情况；船舶法定证书、文书情况；水上无线电通信有关规定遵守情况；船舶协查、规费缴纳情况；船舶配备、使用 AIS 情况；是否存在超载运输、非法载客以及涂改、遮挡船名的显性违法情况；船舶防污染措施落实情况。

(2)对船员情况的日常巡查内容包括：船员在船工作期间携带符合法定要求与工作有关的证件、证书情况；船员配备以及任解职动态报告情况；船员遵守值班制度情况；船员在船日常训练和考核情况。

(3)对通航环境状况的日常巡查内容包括：助航标志、警示标志、专用标志(包括电缆标志、桥涵标志、取排水口标志、锚地标志、沉船沉物标志)的状态；航道(路)、交通管制区、锚地、停泊区、安全作业区等水域通航安全情况；水域是否存在污染物；通航水域内是否存在漂浮物，以及沉船、沉物、水上养殖、捕捞、采砂是否碍航情况。

(4)对航运公司的周期检查内容包括：安全与防污染管理制度；公司对船舶提供资源和岸基支持情况；公司安全与防污染管理人员配备情况；公司为船舶配备船员情况；公司教育培训制度落实情况；公司对船舶安全与防污染监督检查实施情况；公司应急预案实施、训练演习情况；公司所属中国籍船舶发生事故、重大险情或者被滞留的信息报告情况；公司安全与防污染管理方面存在问题的整改情况。

(5)对船员培训机构的周期检查内容包括：培训教学计划的执行情况；承担培训教学任务的教员和授课情况；培训设施、设备的使用和管理情况；培训规模与师资配备要求的符合情况；学员出勤情况。

(6)对防污染作业单位的周期检查内容包括：营运和防污染管理制度建立运行情况；组织作业人员进行防污染专业培训、应急演练情况；按照国家有关规定配备防污染设备、设施、器材情况；国家规定的防污染技术标准要求符合情况；防污染作业活动相关法定要求和操作规程执行情况。

(7)实施船舶安全监督检查的内容包括：船舶配员；船舶和船员有关证书、文书、文件、资料；船舶结构、设施和设备；货物积载及其装卸设备；船舶保安相关内容；船员履行其岗位职责的情况，包括对其岗位职责相关的设备的维护保养和实际操作能力等。

(8)对行政许可、行政备案管理事项事中事后检查的内容包括：行政许可申请人是否按照海事管理机构确定的主体、范围、条件从事许可活动；行政许可、行政备案申请人的实际活动是否存在违反海事行政管理秩序的情况。

4.监督检查的实施

(1)实施海事行政检查时，应当依法及时收集行政检查所需客观证据，尽量避免影响行政相对人的正常生产经营活动。各级海事管理机构应当根据法律法规、行政规章的规定和辖区监管实际，明确检查的对象、范围、数量、频次或检查比例，组织实施海事行政检查。

(2)结合巡查力量、监管设施和通航环境等海事监管要素,科学制定日常巡查管理制度和工作计划,合理确定巡查要素清单和重点巡查项目,按照规范的工作要求和记录文本实施日常巡查。日常巡查主要包括现场巡查和电子巡查。

(3)根据辖区实际和巡查工作计划,合理安排执法人员,执行日常巡查任务,在合理期限内覆盖管辖水域的监管要素。海事执法人员实施现场巡查,应当按照日常巡查内容要点进行外观巡视。需要登船初步检查的,应当向船方出示有效执法证件,巡视船舶及其设备外观、船舶作业情况,核查船舶证书、文书和船员证书。

(4)具体承担现场巡查职责的海事管理机构每年工作日平均实施现场巡查不少于2次、每年工作日平均巡查时间不少于1小时。对于重点水域和重点时段,应当增加巡查频次和时间。

(5)应当结合辖区实际情况,根据船公司、船舶分类分级信用评价和船舶风险情况,合理选择到港船舶实施日常巡查。除了按照有关要求实施船舶安全检查外,具体承担日常巡查职责的海事管理机构每年日常巡查船舶艘次数不少于当年辖区到港船舶总艘次(单船进出港计1艘次)的百分之一。

(6)海事执法人员在日常巡查中,有合理理由怀疑可能存在涉及船舶航行、停泊及作业安全、船员管理、通航环境的安全隐患及问题,或者存在涉嫌违反海事行政管理秩序的情况,需要对特定对象进一步详细检查的,应当按照要求实施指定检查。

(7)实施周期检查、指定检查应当遵守下列程序规定:由两名及以上持有海事行政执法证的执法人员进行,并出示执法身份证件,法律、法规对海事执法人员持证要求另有规定的,从其规定;当场告知当事人实施海事行政检查的依据以及当事人依法享有的权利、救济途径;听取当事人意见;查阅、调取、复制相关材料;制作现场检查记录,相关检查记录和材料由当事人和海事执法人员签名或者盖章,当事人拒绝签名或者不能签名的,应当注明原因。

(8)每年应当对所管辖的航运公司、船员培训机构、船舶检验机构、防污染作业单位至少开展一次周期检查,制定检查方案,明确检查范围(对象)、检查方式、检查重点、检查时间、检查分工等内容。

(9)在行政许可事项审核过程中,依照法律法规、行政规章的规定,在做出许可决定之前需要对行政相对人申请事项进行现场核查的,应当以指定检查的方式核实申请材料的真实性。

(10)开展现场核查的,审批部门应当制作核查任务书或者通过网上办公系统指派核查任务信息,明确核查的对象、内容、时限、方式等要素,现场检查部门完成核查任务后应将核查情况如实、及时反馈审批部门。

(11)应当按照行政许可、行政备案事项的种类和法定要求建立事中事后检查项目清单,明确检查要点、频次及比例,实施事中事后检查。海事管理机构可以建立并定期更新行政许可、行政备案对象目录名单,按照双随机检查机制的要求,从目录名单中随机或有针对性地抽取海事行政检查对象,并随机指派海事执法人员实施事中事后检查。

(12)实施周期检查、指定检查时需要测试和操作相关设施、设备的,执法人员可以要求行政相对人指派人员进行操作。

(13)采用暗查暗访方式实施安全生产周期检查、指定检查的,应当根据拟暗查对象的实际情况,制定方案,确定暗查暗访人员、任务、方法和突发情况的应对措施,暗查暗访人员应当遵守保密制度并严格按照方案的要求实施检查。

(14)海事执法人员应当按照规定要求如实记录检查过程、结果等检查情况,并可以通过执法记录仪或者其他记录设备音视频记录现场执法过程。

5.检查结果的处理

(1)日常巡查结束后,海事执法人员应当按照要求留存书面检查结果信息记录。周期检查、指定检查结束后,海事管理机构应当及时形成书面检查报告。对经检查存在缺陷和问题的,应当书面反馈行政相对人,并根据以下情形依法处置:

①对检查中发现的违反海事行政管理秩序的行为,应当依法调查处理;②对检查中发现的安全隐患,应当责令当场改正或者限期整改;③涉及其他监管部门的,应当按规定通报有关部门联合调查或者将案件有关资料移送有管辖权的部门,并做好记录;④涉嫌犯罪的,应当依法移送。

(2)海事管理机构应当建立海事行政检查台账或者电子数据管理系统,在检查结束后5个工作日内完成材料整理收存工作,按照档案管理要求及时归档,海事行政检查档案应至少保存两年。

(3)海事管理机构应当建立海事行政检查信息通报机制,及时将有关信息通报涉及的海事管理机构、船舶检验机构、地方人民政府或其相关职能部门。

第八章　水路交通行政执法案卷质量规范

第一节　水路交通行政执法文书基本规范

水路交通行政执法案卷是水路交通行政执法活动的真实记录，由依法具有水路交通行政执法权的水路交通行政执法机关的执法人员依照规范负责制作。水路交通行政执法案卷的制作应当遵循全面、客观、真实、合法和规范的原则，做到规范化、标准化、美观化。案卷载体和书写材料应符合耐久性要求。各类执法文书及案卷应当使用信息化系统制作，非信息化系统制作的文书及案卷内容应当使用钢笔（蓝、黑墨水）或签字笔，不能用铅笔、圆珠笔或红色水笔书写。

一、水路交通行政执法文书语言要求

水路交通行政执法文书属于特定的公文语体，主要用书面语言，其内容涉及申请人、当事人的利益，对语言运用有着很高的要求，不应刻意追求语言的艺术性，也不应以语言的生动性和感染力作为评判行政执法文书语言优劣的标准，而要做到语言精确规范、通俗易懂、严谨庄重、简练平实。

水路交通行政执法文书语言的具体要求：

1.表意精确，避免歧义

行政执法文书文字表达必须要精确、如实、清楚地反映情况和说明事实，叙述案情客观真实，逻辑严谨，推理正确，不得模糊含混，虚假不实，不得推测、臆想事实。执法人员应熟悉并正确使用行政执法和业务管理的专业术语，尤其要注意术语之间的区别，不要混淆，如终止和中止、可处和并处等，确保执法文书的法律性和严肃性。适用法律、法规、规章的条、款、项、目应当准确，并使用全称，转致规定必须写明相关条款。

2.用词规范，避免语言禁忌

在文书制作时，注意忌用方言土语，忌用生僻字词，不得滥用文言文，不得使用繁体字和不规范的简化字，不得出现错别字。用语不能运用修辞手法，更不得夸大

渲染,使用诸如“也许、大约、可能、旁边”等不确定的词语。

3.语言要完整,称谓符合法律规定

文书中出现的各种名称,如法律法规名称、单位名称、申请人姓名、当事人名称、物品名称,不得随意省略和使用代号。制作执法文书使用的称谓应符合法律规定,如申请人、被许可人、违法嫌疑人、当事人等。他、她、它、其等人称代词不可乱用,应指代明确,且行文应始终一致,不得随意变更。批请语用“请示、请批示、请批复、请核准”等,批答语用“同意”。修辞准确,句子结构完整,不得随意省略。标点符号符合国家标准《标点符号用法》,如《中华人民共和国港口法》《浙江省港口管理条例》以及“港口设施”“航道设置”,并列的书名号和引号之间不加“、”。

4.数字、计量等符合公文要求

数字:涉及时间、长度、重量、质量、面积、容积、体积和其他有关事项时用数字表示,应按照国家公文写作有关规定进行使用。数字表示有阿拉伯数字和汉字表示两种。用汉字表示数字的情况:引用法律条款项和做出的处理决定等。用阿拉伯数字的情况:编号、数量、公历的年月日和时刻等。数字必须准确使用,避免语义的不确定性,如做出暂扣船员证书3个月的决定,严格地讲,这个决定存在着外延不确定的问题。月份有大月、小月的区分,在没有明确起止日期的情况下,就无法确定实际的暂扣天数,使得该行政决定存在着执行上的变数。对这个个案,只要明确规定暂扣的起止日期或者写明暂扣天数即可。

计量单位:应停止使用已被国家规定停止使用的计量单位。如尺、寸、斤、里、担等,换成米、厘米、千克(公斤)、千米(公里)等法定计量单位。

二、水路交通行政执法文书格式要求

1.水路交通行政执法文书格式的规范性

水路交通行政执法文书是一种实用性很强的法律文书,有明显的程式性,结构固式化、用语成文化。

(1)结构固定。

水路交通行政执法文书结构一般包括首部(表头)、正文(表中)、尾部(表尾)三部分。

首部包括水路交通行政执法机关名称(全称或规范化简称)、文书名称、编号(案号)、申请人(当事人)基本情况、案件名称等。执法机关名称和文书名称应居中分两行排列,编号(案号)应处于文书名称下一行靠右的位置,字号应小于文书名称。(申请人)当事人应顶格书写。

许可文书正文包括许可的依据、决定的内容等;处罚文书正文包括案情事实及证据、理由和依据、处理结果、告知事项等。正文部分应空两格书写。

尾部包括水路交通行政执法机关名称(一般在成文日期之上、以成文日期为准居中编排)、制发日期、用印、附项、签名等。制发日期应居于文书的右下方,使用阿拉伯数字,如2017年6月7日。成文日期右空4字。

对外类文书多为上述格式结构,笔录类文书、内部流转类文书(如行政审批表、案件处理审批表)等根据文书自身要求进行书写。

(2)事项固定。

水路交通行政执法文书所记载的事项是固定的,不得任意修改或者增减。

(3)用语固定。

水路交通行政执法文书的编号(案号)、许可事项名称、案件名称、告知事项等用语都有统一的要求,必须按照规范填写。

2.水路交通行政执法文书规格

文书使用A4标准无酸纸打印。版面干净无底灰,字迹清楚无断划,尺寸标准,版心不斜,误差不超过1毫米。双面印刷为宜。

三、水路交通行政执法文书内容要求

(1)水路交通行政执法机关应根据处理案件的实际使用全省统一的执法文书。制作的文书应完整、客观、准确,字迹清楚、文字规范、文面清洁。

因书写错误需要对文书进行修改的,应用双杠线划去修改处,在其上方或者接下处写上正确内容,涉及当事人的,由当事人签名、盖章或捺指印确认。需送达当事人的执法文书的填写内容不得涂改。

(2)预定格式文书的待填写栏,要逐栏填写,不得遗漏和随意修改。不需要填写的,用"/"划去。摘要填写的,应简明、完整、准确。签名和注明日期,必须清楚无误。

(3)记录应具体详细,涉及案件关键事实和重要线索的,应尽量记录原话。要避免使用推测性词句,防止发生词句歧义。

描述方位、状态以及程度的记录,应依次有序、准确清楚。

(4)记录内容应在笔录[现场核查记录、询问笔录、现场笔录、勘验(检查)笔录、听证笔录等文书]制作完毕后,当场交申请人或当事人(被检查人、被询问人、代理人等)审核或者向当事人宣读,申请人或当事人认为记录有遗漏或者有差错的,应当面提出补充和修改,并在改动处捺指印或用印鉴覆盖。申请人或当事人要求作较大修改的,可以要求申请人或当事人在笔录后另外书写,并签名确认。申请人或当事人认为无误后,应在笔录上注明"以上笔录属实"并签名或者盖章,申请人或当事人拒不签名的,应有2名以上执法人员签名并注明拒签事由,有其他人在场的,还应请他们签名证明。

文书首页不够记录时,可以附纸记录,但应当注明页码,首页及附页均应由相关人员签名或者盖章,并注明日期。记录不能随意空行。

四、文书共性事项的填写要求

1.编号(案号)

编号(案号)编制实行一案一号,从涉及编号(案号)的第一份文书到最后的“结案报告”,都填写同一编号(案号),并且是由受理(立案)单位统一编号,即“谁受理(立案)谁编号”。

许可文书编号由“浙+执法类别+单位编号+年份+案件流水号”组成,处罚文书案号由“浙+执法类别+罚+单位编号+年份+案件流水号”组成,强制文书案号由“浙+执法类别+强+单位编号+年份+案件流水号”组成,备案文书编号由“浙+执法类别+备+单位编号+年份+案件流水号”组成。执法类别和单位编号之间用“-”连接,年份外加六角括号“〔〕”,流水号从自然数“1”开始编号,流水号不编虚位(即1不编为001),不加“第”字;执法类别用两个汉字标识,如运政(水路运输管理)、地海(海事管理)、港政(港口管理)、航政(航道管理)、船检(船舶检验)。单位编号用两个汉语拼音字母组成的代码标识,第1个字母为设区市的代码,与立案单位所在设区市的车牌号码一致;第2个字母为设区市本级、县(市、区)代码。

简易处罚案件在流水号前加“J”字母。如立案单位为宁波市港口管理局的港口简易程序行政处罚案件的案号为“浙港政罚-BA〔2008〕J1”。

2.事项名称

(1)许可事项名称应当与省政府对外公布的行政许可事项名称和全省交通运输系统行政权力清单相一致。

(2)处罚案件名称。案件名称由当事人(姓名、名称)+涉嫌+具体违法行为+案(做出决定之后的文书不需加涉嫌)组成,如“张三涉嫌超载运输案”。

具体违法行为的表述是根据案情实际对处罚条款规定的违法行为(全省交通运输系统行政权力清单列明的处罚事项名称)予以细化、具体化,表述应当严谨、科学,并与当事人的违法事实相对应,一般不得直接引用处罚条款的条文表述。如原《浙江省水路运输管理条例》第四十三条:“违反本条例规定,伪造、涂改、出借、出租或者转让水路运输许可证、水路运输服务许可证、船舶营业运输证的,由港航管理机构责令改正,收缴伪造、涂改证件,没收违法所得,处二千元以上二万元以下罚款。”根据案情实际应描述为“伪造水路运输许可证”、“涂改船舶营业运输证”等,但不得直接引用“伪造、涂改、出借、出租或者转让水路运输许可证、水路运输服务许可证、船舶营业运输证”的表述。

(3)强制案件案由。“案由”由“当事人”+“采取行政强制名称”组成。“采取行政强制名称”参照依据的法律、法规的具体条款内容进行简写,要求精炼、准确;对采取多个行政强制的,列明后加“等”。

3.印章

印章顶端应上距正文(或附件说明)一行之内,印章端正、居中下压水路交通行政执法机关名称和成文日期,使机关名称和成文日期居印章中心偏下位置。印章用红色。当文书排版后所剩空白处不能容纳下印章位置时,应采取调整行距、字距的措施加以解决,务必使印章与正文同处一面,不得采取标识"此页无正文"的方法解决。

4.签名

执法文书尾部要求签名或注明日期的,必须准确无误。处罚、强制文书由执法人员、当事人、证人、见证人、审核(审批)人等本人在预留位置手写签名。交付给当事人的文书(非存根联)不需要当事人签名。执法人员不得为其他人员代签名。需要加盖校对章的,建议按照下列"校对章"的格式填写,见图 8-1。

此复印件真实有效,与原件一致。 提供人签名:　　　　　　　　年　月　日
经核对,此复印件与原件无误。 核对人签名:　　　　　　　　年　月　日

图　8-1

第二节　水路交通行政执法案卷整理规范

水路交通行政执法档案是指按照法定的程序,在实施水路交通行政执法过程中直接形成反映水路交通行政执法全过程具有保存价值的文字、图表、声像等各种形式和载体的历史记录。水路交通行政执法档案整理就是对水路交通行政执法档案进行分类、排列、组卷、编号、编目、装订,使之有序化的过程。

一、归档原则

(1)行政许可案件档案按照"一案一卷"的原则组卷,涉及国家秘密、商业秘密、个人隐私等事项,可以一案两卷。归档应遵循"一企一档多卷""一船一档多卷""一码(头)一档多卷""一员(从业人员)一档"的原则进行排列归置。

(2)简易程序行政处罚案件档案每 50 个案件的责令改正通知书、当场行政处罚决定书等组成一个案卷。

(3)一般程序(听证程序)行政处罚案件档案按"一案一卷"的原则组卷,同一案件文件材料数量过多时,可适当调整成若干分卷。案卷可以分为正卷和副卷。依法不能公开的案件材料和行政处罚实施机关案件集体讨论记录,装入副卷。

(4)行政强制、备案案件档案参照执行。

二、归档范围

(1)水路交通行政许可案件卷宗应当包括下列文书材料和内容:①行政许可决定书、证照和送达回证;②许可受理文书材料;③申请材料;④内部审批、征求意见、专家审查、现场核查等审查决定材料;⑤事中事后监管材料;⑥结案文书材料。

(2)水路交通行政处罚案件卷宗应当包括下列文书材料和内容:①行政处罚决定书和送达回证;②立案审批文书材料;③调查取证材料;④定案处理材料;⑤执行文书材料;⑥结案文书材料。

(3)归档的行政执法实施机关出具的执法文书必须用原件。卷内文书材料应当齐全完整,无重份或多余材料。

(4)当事人申请行政复议和提起行政诉讼或者行政机关申请人民法院强制执行的案卷,可以在案件办结后附入原卷归档。

三、卷宗填制要求

1.卷宗封面

(1)档案全宗名称:即立档单位名称,用立档单位全称或规范化简称。

(2)档案类别:包括行政许可案件档案、行政处罚案件档案等。

(3)卷内文件起止时间:即卷内文件形成的起止日期(本卷最早文件日期开始到结案报告日期为止)。归档文件是原件的,日期为文件印发日期;归档文件是复印件的,日期为文件复印的日期。示例:“自 2007 年 5 月 11 日至 2008 年 4 月 25 日止”。

(4)保管期限:案卷的保管期限应当按照《机关文件材料归档范围和文书档案保管期限规定》(国家档案局第 8 号令)及省交通运输主管部门有关文件要求执行。行政许可:20 年及以上有效或未注明有效期的为永久,20 年以下有效的为 30 年;行政处罚:重要的如涉及永久性建筑物、较大以上安全生产事故或造成较大经济社会影响的等为永久,一般的为 30 年;行政备案:10 年。

(5)卷内文件数量:本案件共有的案卷数量及各卷内的文件份数和页数。示例:“本案共 15 卷,本卷为第 8 卷 13 件 167 页”。

(6)归档号:案件档案的归档顺序号,一般由档案部门接收档案时给定。要注意与案卷排列的顺序号之间的区别。

(7)全宗号:档案馆(室)给定每一个全宗的代码。全宗号用四位代码标识。其中第一位用汉语拼音字母标识全宗属性,后三位用阿拉伯数字标识某一全宗的进馆顺序号。一个单位的档案应作为一个全宗进行整理和保管。示例:“J036”。

(8)类别号:馆(室)藏档案类别的代码标识,由汉语拼音字母组成。第一个字母为“F”,代表处罚案卷;第2、3个字母分别为:运政YZ、船检CJ、港政GZ、航政HZ、海事HS,代表执法职能类别。中间可用间隔符“·”分开,也可省略。各地档案有另行规定的,可按其执行。示例:“J063—F·HZ-048”中的“F·HZ”。许可案卷仅填写执法职能类别即可。

(9)案卷号:案卷排列的顺序号。案卷号用三位阿拉伯数字标识。若设分卷的案卷,则在案卷号后用阿拉伯数字标识,并加“(　　)”。示例:“J063—F·HZ—123(1)”。

(10)处罚案卷的案件名称:简要写明违法主体和违法行为。示例:“××违反港口规划建设港口设施案”。

(11)处罚案卷的处理结果:处罚决定书中确认的处罚内容,或者复议决定书确认的处罚内容或者诉讼判决、裁定确认的处罚内容。要求分项写明行政处理的方式。示例:“1.责令立即改正违法行为;2.没收违法所得人民币××元整;3.罚款人民币××元整”。

(12)许可案卷封面还应当载明:许可事项、申请人、受理机关、许可机关和许可结果。

(13)案卷封面范本,见表8-1。

案　卷　封　面　　　　表8-1

<table>
<tr><td colspan="4">舟山市港航管理局
行政许可案件档案</td></tr>
<tr><td>许可事项</td><td colspan="3">港口经营许可</td></tr>
<tr><td>申请人</td><td colspan="3">舟山市×××公司</td></tr>
<tr><td>受理机关</td><td colspan="3">舟山市港航管理局</td></tr>
<tr><td>许可机关</td><td colspan="3">舟山市港航管理局</td></tr>
<tr><td>许可决定</td><td>√准予
□不予
□</td><td>保管期限</td><td>30年</td></tr>
<tr><td colspan="4">自2013年3月1日至2013年3月5日止</td></tr>
<tr><td colspan="4">本卷共6件34页</td></tr>
</table>

全宗号	类别号	案卷号
J081	GZ	5

2.卷内目录

卷内目录与案卷目录是不同的。卷内目录是一卷案卷内的目录,由案卷立卷人填写;案卷目录是为档案管理编写的目录,由档案管理人员登记编写。

(1)顺序号:卷内文件的排列序号。用阿拉伯数字从“1”起按照文书材料的排列顺序逐件填写，一份文书材料只标注一个顺序号，并写明每件文书材料的首尾页页号，最后一件文书材料要注明终止页。如申请材料清单、申请材料标注一个顺序号，起页至止页为申请材料清单的第一页页号至最后一份申请材料的末页页号；案件处理审批表、证据材料清单及证据材料标注一个顺序号，起页至止页为案件处理审批表的第一页页号至最后一份证据的末页页号。

(2)文号：文件编号。文件制发过程中由制发机关、团体或个人赋予文件的顺序号。文件编号包括发文字号、科研试验报告流水号、标准规范类文件的统编号、图号等。示例："浙交〔2008〕38号"。

(3)责任者：对档案内容进行创造、负有责任的单位或个人。责任者只有一个时，照原文填写。责任者有多个单位时，第一顺序选择立档单位为责任者；立档单位不是责任者时，选择主要责任者填写。责任者有多人时，原则上应按重要性选择两人填写。责任者用全称或规范化简称。示例："浙江省交通运输厅"。原件归档的，责任者为原件的制作单位或个人；复印件归档的，责任者为复印件的提供单位或个人。以单位名义出具并加盖单位印章的，责任者为单位。

(4)题名：文件的标题。文件没有题名时，依据其内容拟写题名，并加"[ ]"号。示例：[关于启用浙江省水路交通行政执法文书的通知]。

(5)日期：文件形成的日期。原件的，以原件的制作日期为准；复印件的，以复印的日期为准。用8位阿拉伯数字表示，第1~4位数表示年，第5~6位数表示月，第7~8位数表示日。示例：2008年4月25日填写为"20080425"。

(6)页号：每份文件首尾页上标注的页号。如"011—021"。

(7)备注：留待对卷内文件变化时作说明之用。

(8)卷内目录范本，见表8-2。

卷 内 目 录　　表8-2

序号	文　号	责 任 者	题　名	日期	页号	备注
1	浙港政-LB〔2013〕5	舟山市港航管理局	准予行政许可决定书	20130305	001	
2	浙港政-LB〔2013〕5	舟山市港航管理局	水路交通行政许可送达回证	20130305	002	
3	浙港政-LB〔2013〕5	王×× 李××	水路交通行政许可申请材料清单及申请材料	20130301	003-030	
4	浙港政-LB〔2013〕5	舟山市港航管理局	行政许可申请受理通知书	20130301	031	
5	浙港政-LB〔2013〕5	王×× 李××	水路交通行政许可现场核查笔录	20130303	032	
6	浙港政-LB〔2013〕5	王×× 李××	水路交通行政许可审批表	20130305	033-034	终止页

3.卷内备考表

(1)本卷情况说明:说明卷内文件的件数、页数,不同载体文件的数量,缺损、修改、补充、移出、销毁等情况,组卷情况。

(2)立卷人:由责任立卷者签署。

(3)检查人:由案卷质量审核者签署。一般为本单位的档案管理人员(需检查案卷封面、卷内目录、备考表等内容填写和案卷装订规范)。

(4)立卷时间:完成案卷立卷的日期。

(5)备考表范本,见表8-3。

表8-3

备　考　表	
本卷情况说明: 本案卷卷内文件共6件34页,全部为纸质文件,卷内文件无缺损、修改、补充、移出、销毁等情况,无附卷。	
立卷人签名:××× 2013年3月10日	检查人签名:××× 2013年3月10日

4.页号

水路交通行政执法案件文书材料经系统排列后,有图片、文字的页面要用阿拉伯数字逐页编号。页号编写位置具体为:单面书写文件在右上角;双面书写文件,正面在右上角,背面在左上角;大张材料折叠后应当在有字迹页面的右上角编写页号;A4纸横印材料应当字头朝装订线摆放好再编写页号。卷宗封面、卷内目录、备考表、证物袋、卷底不编号。各分卷之间不连续编页号。页号使用3位阿拉伯数字从“001”开始依次编写。

四、装订要求

1.装订顺序

卷宗内的文书材料应按照文件材料的重要程度进行排列,结论性的放在前面,印证性的材料放在后面,原则上将准予行政许可(不予行政许可)决定书及其送达回证在前,其余文书按时间顺序排列;处罚决定书及其送达回证放在卷首,其他按办案过程的顺序排列。申请材料按照申请材料清单填写的顺序排列;证据材料按照证据材料清单所列顺序排在清单之后。

同一证据材料按照下列要求排列:正本在前,定稿在后;正件在前,附件在后;

原件在前，复制件在后；批复在前，请示在后。不能随案装订立卷的录音、录像等证据材料，应放入证据袋中，并在证据袋上注明证据名称、数量、种类、制作的时间、地点和所在案件卷宗号。

2.装订要求

卷宗装订前，要对文书材料进行检查，材料不完整或者破损的，要补充或者修补完整；文书材料中的文字不能耐久保存的（包括当事人提供的证据材料用铅笔或圆珠笔书写的），要进行复制后入卷；文书材料过小或者过大的，要进行衬贴或者折叠；需要附卷的信封，要展开并加贴衬纸，邮票不得取下来；文书材料上的金属物必须剔除干净。对字迹难以辨认的材料，应当附上抄件。

案卷装订采用三孔一线的装订方式，并由立卷人在装订线结扎处贴封条后加盖骑缝章，以示负责。

案卷应当整齐、美观、固定，不松散，不压字迹，不掉页，便于翻阅。办案人员完成立卷后，应当及时向档案室移交，进行归档。案卷归档，不得私自增加或者抽取案卷材料，不得修改案卷内容。

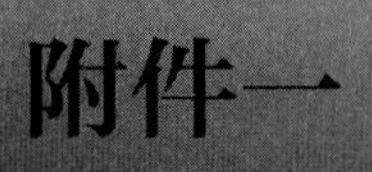

附件一 浙江省水路交通行政许可文书范本

目　录

1.申请材料补正告知书示范文本

××市港航管理局
申请材料补正告知书

编号:浙运政—EF〔201×〕×

<table>
<tr><td colspan="2">申请许可事项</td><td colspan="3">水路运输业务经营许可</td></tr>
<tr><td rowspan="2">申请人</td><td>公　民</td><td></td><td>公民身份号码</td><td></td></tr>
<tr><td>法人或其他组织</td><td>××市××航运有限公司</td><td>社会信用代码</td><td>按营业执照填写</td></tr>
<tr><td colspan="5">申请人:
经审查,你(单位)于201×年3月5日提交的申请材料不齐全。根据《中华人民共和国行政许可法》第三十二条第一款第(四)项和《国内水路运输管理规定》第十一条的规定,需要补正内容如下:
1.你公司的营业执照复印件;
2.海务、机务管理人员任职文件复印件。
请你(单位)收到本告知书之日起10日内将以上补正材料提交本机关。逾期未补正的,视为放弃申请。

××市港航管理局
201×年3月5日</td></tr>
<tr><td colspan="2">申请人或者代理人签名</td><td>王××</td><td>签收日期</td><td>201×年3月5日</td></tr>
<tr><td colspan="2">机关办理人签名</td><td>李××</td><td>联系电话</td><td>057×-1234567</td></tr>
</table>

注:本文书一式两份。一份送达申请人,一份存档。

2.水路交通行政许可申请材料清单示范文本

水路交通行政许可申请材料清单

编号:浙运政—EF〔201×〕×

<table>
<tr><td>序号</td><td colspan="3">申请材料名称</td><td>份数</td><td>页数</td></tr>
<tr><td>1</td><td colspan="3">水路运输业务经营许可申请书原件</td><td>1</td><td>2</td></tr>
<tr><td>2</td><td colspan="3">船舶所有权登记证书复印件、船舶国籍证书复印件、船舶最低安全配员证书复印件、船舶检验证书复印件</td><td>1</td><td>12</td></tr>
<tr><td>3</td><td colspan="3">海务、机务管理人员的任职文件、从业资历证明材料、劳动合同复印件</td><td>1</td><td>10</td></tr>
<tr><td>4</td><td colspan="3">高级船员比例证明材料</td><td>1</td><td>8</td></tr>
<tr><td>5</td><td colspan="3">交通运输企业安全生产标准化达标证书复印件</td><td>1</td><td>1</td></tr>
<tr><td>6</td><td colspan="3">委托书原件</td><td>1</td><td>1</td></tr>
<tr><td></td><td colspan="3"></td><td></td><td></td></tr>
<tr><td></td><td colspan="3"></td><td></td><td></td></tr>
<tr><td>申请人或者代理人签名</td><td>王××</td><td>提交日期</td><td colspan="3">201×年3月6日</td></tr>
<tr><td>机关办理人签　　名</td><td>李××</td><td>接收日期</td><td colspan="3">201×年3月6日</td></tr>
</table>

注:本清单一式二份,申请人、许可机关各存一份。

3.行政许可申请受理通知书示范文本

××市港航管理局
行政许可申请受理通知书

编号:浙运政—EF〔201×〕×

<table>
<tr><td colspan="2">申请许可事项</td><td colspan="3">水路运输业务经营许可</td></tr>
<tr><td rowspan="2">申请人</td><td>公　民</td><td></td><td>公民身份号码</td><td></td></tr>
<tr><td>法人或其他组织</td><td>××市××航运有限公司</td><td>社会信用代码</td><td>按营业执照填写</td></tr>
<tr><td colspan="5">申请人:
经审查,你(单位)于2017年3月6日提出的行政许可申请,属于本机关职权范围,申请材料齐全,符合法定形式要求。
根据《中华人民共和国行政许可法》第三十二条第一款第(五)项的规定,本机关决定予以受理。

某某市港航管理局
20××年×月×日</td></tr>
<tr><td colspan="2">申请人或者代理人签名</td><td>王××</td><td>签收日期</td><td>2017年3月6日</td></tr>
<tr><td colspan="2">机关办理人签名</td><td>李××</td><td>联系电话</td><td>057×-1234567</td></tr>
</table>

注:本文书一式两份。一份送达申请人,一份存档。

4.行政许可申请不予受理决定书示范文本

××市交通运输局
行政许可申请不予受理决定书

编号:浙港政—EF〔201×〕×

<table>
<tr><td colspan="2">申请许可事项</td><td colspan="3">危险化学品经营许可</td></tr>
<tr><td rowspan="2">申
请
人</td><td>公　民</td><td>张××</td><td>公民身
份号码</td><td>按身份证填写</td></tr>
<tr><td>法人或
其他组织</td><td>/</td><td>社会信
用代码</td><td>/</td></tr>
<tr><td colspan="5">申请人:
　经审查,你(单位)于20××年×月×日提出的行政许可申请,因存在下列情形,根据《中华人民共和国行政许可法》第三十二条第一款第(二)项的规定,本机关决定不予受理:
　√该事项依法不属于本行政许可机关职权范围,你(单位)可以向湖州市安全生产监督管理局申请行政许可;
　□(法律、法规、规章规定其他不予受理的情形)。
　如你(单位)不服本决定,可以于收到本决定书之日起60日内向××市人民政府或浙江省交通运输厅申请行政复议,或者6个月内直接向××区人民法院提起行政诉讼。

××市交通运输局
201×年×月×日</td></tr>
<tr><td colspan="2">机关办理人
签　　　名</td><td>李××</td><td>联　系
电　话</td><td>057×-1234567</td></tr>
</table>

注:本文书一式两份。一份送达申请人,一份存档。

5.水路交通行政许可现场核查笔录示范文本

水路交通行政许可现场核查笔录

编号:浙航政—EB〔201×〕×2

申 请 人:××县××市政建设有限公司

申请事项:航道通航条件影响评价审核

核查内容:航道的通航条件

核查地点:长兴县××镇××

核查时间:201×年1月5日9时30分至11时45分

核查记录:××县港航管理局执法人员王某、李某

执法证号:3×、4×

在××县××市政建设有限公司副总经理张某的陪同下,依法进行现场核查。核查情况如下:

(现场核查的简要经过)

(现场核查、勘验的主要情况,申请人已具备的条件、存在的问题及相关数据)

(根据需要,可以附图、照片或其他)

(核查结论)

(本页不够可以续页)

当事人签名:张× 见证人签名:

核查人员签名:王×、李× 记录人签名:李×

第1页 共1页

6.行政许可权利告知书示范文本

××市港航管理局
行政许可权利告知书

编号:浙航政—EB〔201×〕×

<table>
<tr><td colspan="2">申请许可事项</td><td colspan="3">航道通航条件影响评价审核</td></tr>
<tr><td rowspan="2">申请人</td><td>公　民</td><td></td><td>公民身份号码</td><td></td></tr>
<tr><td>法人或其他组织</td><td>××县××市政建设有限公司</td><td>社会信用代码</td><td>按照营业执照填写</td></tr>
<tr><td rowspan="2">利害关系人</td><td>公　民</td><td></td><td>公民身份号码</td><td></td></tr>
<tr><td>法人或其他组织</td><td>××县××码头有限公司</td><td>社会信用代码</td><td>按照营业执照填写</td></tr>
</table>

申请人、利害关系人:

本机关于2017年1月3日受理申请人××县××市政建设有限公司提出的行政许可申请,经审查,该事项直接关系他人重大利益。根据《中华人民共和国行政许可法》第三十六条的规定,现将有关情况向你(单位)告知:根据……,××县××市政建设有限公司在××建设长丰大桥(钢架结构,一跨过河),该桥梁的通航净空尺度为5米。

你(单位)依法享有陈述权、申辩权。你(单位)可以自收到本告知书之日起5日内,到本机关进行陈述、申辩。逾期未行使的,视为放弃上述权利。

本机关地址:××市南门外南墩

联系人及联系方式:李××,057×-1234567

××市港航管理局

201×年1月4日

申请人或者代理人签名	黄×	签收日期	201×年1月4日
利害关系人签名	洪×	签收日期	201×年1月4日
机关办理人签名	李××	联系电话	057×-1234567

注:本文书一式三份。送达申请人、利害关系人(涉及多人的按实际情况送达),一份存档。

7.行政许可听证公告示范文本

××市交通运输局
行政许可听证公告

编号:浙港政—EF〔201×〕×

申请人××生物科技有限公司申请在港口建设危险货物作业场所、实施卫生除害处理的专用场所许可,拟在××港××港区××(具体位置)建设××(场所名称),该场所专用于卫生除害处理。该行政许可事项属于:

□ 1.根据法律、法规、规章规定应当听证的事项;

☑ 2.本机关认为该事项涉及公共利益,需要听证。

根据《中华人民共和国行政许可法》第四十六条的规定,本机关定于201×年6月30日9时30分在××市港航管理局1号会议室(××区南华路379号)公开举行听证。请要求参加听证的单位或者个人于201×年6月27日前向本机关登记,并提供联系电话、通讯地址、邮政编码。

一、听证人员

听证主持人姓名:吴××

单位及职务:××市交通运输局政策法规处处长

听证员姓名:李××

单位及职务:××市交通运输局运输安全处科员

听证员姓名:王××

单位及职务:××市交通运输局运输安全处科员

二、听证内容

××生物科技有限公司申请在××港××港区××(具体位置)建设××(场所名称)。

三、听证参加人及旁听人员的报名须知

1.因场地限制,参加听证和旁听人数总数不超过30人。

2.报名对象为拥有××市德清县户籍,年满18周岁的完全民事行为能力人。

3.报名时间:6月17日8:30至6月27日17:00的工作时间,逾期将不接受报名。

4.报名地点:××市港航管理局政策法规科。

5.报名方式:采取现场登记报名的方式。个人报名须持本人有效身份证;法人及其他组织报名须持工商或民政部门颁发的有效登记证书;委托代理人报名须持委托代理人有效身份证件和授权委托书。

6.公众代表应当在年龄、性别、职业或者界别方面体现广泛性、代表性。公众代表一般不得少于30人。登记人数不满30人的,可以全部参加听证会;超过30人的,参加听证会人员由听证机关根据公开、公平、合理的原则确定,但不少于30人。公告期满无人申请听证的,本机关不再举行听证。

四、联系方式

联系人:王××;联系电话:057×-1234567。

联系地址:××市港航管理局(××市××区南华路379号)

五、注意事项

1.申请听证人员应对提供的个人信息真实性和有效性负责,并承担相应责任。

2.法人和其他组织提供材料应加盖单位印章。

3.申请主持人、听证员、记录人回避的,应在报名时告知本机关并说明理由。

4.委托代理人参加的,须提前办理委托代理手续。

特此公告。

××市交通运输局

201×年6月16日

8.行政许可听证通知书示范文本

××市港航管理局
行政许可听证通知书

编号:浙航政—EB〔201×〕×

××县××建设有限公司:

根据《中华人民共和国行政许可法》第四十八条第一款第(一)项之规定,并应××县××码头有限公司的听证要求,本机关决定于201×年2月5日9时00分,在××县港航管理局3楼会议室(××县迎宾大道28号),就××大桥航道通航条件影响评价审核举行听证,届时请凭本通知准时参加。若无故缺席,视为你(单位)放弃听证。听证可以由你(单位)本人(法定代表人)亲自参加,也可以委托1至2名代理人参加。

经本机关负责人指定,本次听证主持人、听证员、记录员、审查人、参与人名单如下:

听证主持人:王×× 职务:处长

听证员:张××、黄×× 职务:科员

记录员:李×× 职务:科员

审查人员:赵××、王×× 职务:科员

听证参与人:高级工程师李××、律师王××、港口协会理事孙××

在参加听证前,须做好以下准备:

1.携带身份证明和有关证据材料;

2.如委托代理人参加的,请提前办理委托代理手续;

3.申请主持人、听证员、记录人回避的,应及时告知本机关并说明理由。

联系人:张×× 联系电话:057×-1234567

签收人(签名):张×× 签收日期:201×年1月20日

××市港航管理局

201×年1月20日

9.水路交通行政许可听证笔录示范文本

水路交通行政许可听证笔录

听证事项:航道通航条件影响评价审核

听证时间:201×年2月5日9时00分至11时15分

听证地点:××县港航管理局3楼会议室

许可申请人:名称:××县××建设有限公司,住所:××县××路25号,法定代表人:张××,职务:总经理

委托代理人:姓名:张××,性别:男,年龄:35岁,住址:××市××区××街道××小区×栋×单元××室,单位:××县××建设有限公司,职务:副总经理

许可利害关系人:名称:××县××码头有限公司,住所:××县××街道56号,法定代表人姓名:李××,职务:董事长

委托代理人:姓名:李××,性别:男,年龄:32岁,住址:××市××区××街道××小区×栋×单元××室,单位:××县××码头有限公司,职务:副总经理

委托代理人:姓名:章××,性别:男,年龄:33岁,住址:××县××小区1幢2单元502室,单位:××县××码头有限公司,职务:经营科科长

主持人:王××听证员:张××、黄××记录员:李××

审查人员:赵××、王××参与人:李××、王××、孙××

听证的内容记录:(按照听证实际进行顺序如实记录)

(本页不够可以续页)

申请人(或其委托代理人):张××　　主持人:王××

利害关系人(或其委托代理人):李××、章××　　听证员:张××、黄××

记录员:李××　　审查人:赵××、王××

参与人:李××、王××、孙××

第2页　共2页

10.行政许可特别程序期限告知书示范文本

××市港航管理局
行政许可特别程序期限告知书

编号:浙航政—EB〔201×〕×

<table>
<tr><td colspan="2">申请许可事项</td><td colspan="3">航道通航条件影响评价审核</td></tr>
<tr><td rowspan="2">申请人</td><td>公　民</td><td></td><td>公民身份号码</td><td></td></tr>
<tr><td>法人或其他组织</td><td>××县××建设有限公司</td><td>社会信用代码</td><td>按营业执照填写</td></tr>
<tr><td colspan="5">申请人:
本机关于201×年1月16日受理你(单位)提出的行政许可申请,经审查,该许可事项直接涉及申请人××县××建设有限公司与利害关系人××县××码头有限公司之间重大利益关系,××县××码头有限公司于201×年1月19日提出听证申请,依法进入听证程序,所需时间为20个工作日。
根据《中华人民共和国行政许可法》第四十五条的规定,上述所需时间依法不计算在行政许可办理的期限内,行政许可期限顺延。
特此告知。

××市港航管理局
201×年1月20日</td></tr>
<tr><td colspan="2">申请人或者代理人签名</td><td>黄三</td><td>签收日期</td><td>201×年1月4日</td></tr>
<tr><td colspan="2">机关办理人签名</td><td>李××</td><td>联系电话</td><td>057×-1234567</td></tr>
</table>

注:本文书一式两份。一份送达申请人,一份存档。

11.行政许可延期决定通知书示范文本

××市交通运输局
行政许可延期决定通知书

编号:浙港政—EF〔201×〕×

<table>
<tr><td colspan="2">申请许可事项</td><td colspan="3">建设项目使用港口岸线许可</td></tr>
<tr><td rowspan="2">申请人</td><td>公　民</td><td>房某某</td><td>公民身份号码</td><td>按身份证填写</td></tr>
<tr><td>法人或其他组织</td><td>/</td><td>社会信用代码</td><td></td></tr>
<tr><td colspan="5">申请人:
本机关于201×年2月6日受理你(单位)提出的行政许可申请,因涉及多个公司厂房搬迁日期的协调,不能在法定期限内做出决定。依照《中华人民共和国行政许可法》第四十二条的规定,经本行政机关负责人批准,决定延长6个工作日,将于201×年3月28日前做出行政许可决定。

××市交通运输局
201×年3月17日</td></tr>
<tr><td colspan="2">申请人或者代理人签名</td><td>房××</td><td>签　收
日　期</td><td>201×年3月17日</td></tr>
<tr><td colspan="2">机关办理人签　　名</td><td>李××</td><td>联　系
电　话</td><td>057×-1234567</td></tr>
</table>

注:本文书一式两份。一份送达申请人,一份存档。

12.不予行政许可决定书示范文本

××市港航管理局
不予行政许可决定书

编号:浙运政—EF〔201×〕×

××市××航运有限公司:

你公司于201×年3月6日提出的水路运输业务经营许可申请,本机关已于201×年3月6日受理。经审查,因海务管理人员张某某长期卧病在床,生活无法自理,其身体条件与其职责要求不相适应,根据《中华人民共和国行政许可法》第三十八条第二款和《国内水路运输管理规定》第八条第(三)项的规定,本机关决定不予行政许可。

如你公司不服本决定,可以自收到本决定书之日起60日内,依法向××市交通运输局申请行政复议,也可以在6个月内直接向××区人民法院提起行政诉讼。

××市港航管理局
201×年3月10日

注:本文书一式两份。一份送达申请人,一份存档。

13.行政许可准予变更决定书示范文本

××市港航管理局
行政许可准予变更决定书

编号:浙港政—LA〔201×〕×

××市××有限公司:

你公司于201×年1月6日提出的港口经营许可[许可证编号:(浙×)港经证(××14)号]变更申请,经审查,符合《中华人民共和国港口法》第二十三条、《浙江省港口管理条例》第二十二条、《港口经营管理规定》第七条规定的条件。根据《中华人民共和国行政许可法》第四十九条和《港口经营管理规定》第十七条第一款的规定,现决定对你公司已取得的港口经营许可做如下变更:经营范围新增“在港区内提供货物仓储服务”。

××市港航管理局

201×年1月7日

注:本文书一式两份。一份送达申请人,一份存档。

14.行政许可不予变更决定书示范文本

××市港务管理局
行政许可不予变更决定书

编号:浙港政—FJ〔201×〕×

××市××港务有限公司:

你公司于2016年1月5日提出的港口经营许可[许可证编号:(浙嘉海)港经证(××12)号]变更申请,经审查,××码头未建有旅客上、下船设施,你公司的变更申请不符合《港口经营管理规定》第七条规定的条件。根据《中华人民共和国行政许可法》第四十九条和《港口经营管理规定》第十七条第一款的规定,本机关决定不予变更。

如你公司不服本决定,可以自收到本决定书之日起60日内,依法向××市人民政府申请行政复议,也可以在6个月内直接向××市人民法院提起行政诉讼。

××市港务管理局

201×年1月8日

注:本文书一式两份。一份送达申请人,一份存档。

15.行政许可准予延续决定书示范文本

××市港务管理局
行政许可准予延续决定书

编号:浙港政—FJ〔201×〕×

××发电有限公司:

你公司于2016年4月28日提出的港口经营许可[许可证编号:(浙嘉海)港经证(00××)号]延续申请,经审查,符合《中华人民共和国港口法》第二十三条、《浙江省港口管理条例》第二十二条、《港口经营管理规定》第七条规定的条件。根据《中华人民共和国行政许可法》第五十条第二款和《港口经营管理规定》第十八条第一款的规定,本机关决定准予延续,有效期限自201×年5月22日至201×年5月21日。

××市港务管理局

201×年5月19日

注:本文书一式两份。一份送达申请人,一份存档。

16.行政许可不予延续决定书示范文本

××市交通运输局
行政许可不予延续决定书

编号:浙港政—EF〔201×〕×

张三:

你于201×年3月7日提出的港口经营许可[许可证编号:(浙湖)港经证(00×7)号]延续申请,经审查,××码头的港口岸线临时使用期限已届满,且未办理延续手续,你的申请不符合《港口经营管理规定》第七条第(二)项规定的条件。根据《中华人民共和国行政许可法》第五十条第二款和《港口经营管理规定》第十三条第一款的规定,本机关决定不予延续。

如你不服本决定,可以自收到本决定书之日起60日内,依法向××市人民政府或浙江省交通运输厅申请行政复议,也可以在6个月内直接向××区人民法院提起行政诉讼。

××市交通运输局

201×年3月10日

注:本文书一式两份。一份送达申请人,一份存档。

17.行政许可变更、撤回决定书示范文本

××市交通运输局
行政许可变更、撤回决定书

编号:浙港政—EF〔201×〕×

李四:

你于20××年6月1日取得的建设项目使用港口岸线许可(许可决定书编号:浙港政—EF〔201×〕×),因××规划调整,××码头所在地块功能已经依法调整为景观绿化地块,为了公共利益的需要,根据《中华人民共和国行政许可法》第八条第二款和《中华人民共和国港口法》第十四条的规定,现决定撤回你已取得的建设项目使用港口岸线许可。

补偿问题:按照你与××市人民政府于201×年5月23日签署的补偿协议(合同号:×××)执行。

请你于20××年6月1日前,持本决定书和《港口岸线使用证》(编号:×××)到××市港航管理局(××市南华路379号)办理有关手续;逾期未办理的,本机关将公告注销《港口岸线使用证》(编号:×××)。

如你不服本决定,可以自收到本决定书之日起60日内,依法向××市人民政府或浙江省交通运输厅申请行政复议,也可以在6个月内直接向××区人民法院提起行政诉讼。

××市交通运输局

201×年5月23日

注:本文书一式两份。一份送达申请人,一份存档。

18.行政许可撤销决定书示范文本

××市港航管理局
行政许可撤销决定书

编号:浙航政—EB〔201×〕×

××市××电力公司:

××县港航管理局于201×年12月21日做出的航道通航条件影响评价审核意见(编号:浙航政—EB〔201×〕16)。经调查核实,存在下列问题:你公司伪造了……,以欺骗手段取得行政许可。你公司架设的电缆线仅为××服务,撤销行政许可不会对公共利益造成重大损害。

根据《中华人民共和国行政许可法》第六十九条第二款的规定,本机关决定撤销你(单位)已取得的航道通航条件影响评价审核意见。

请你(单位)于201×年1月8日前,持本决定书和原行政许可决定书及相关行政许可证件到××市港航管理局(南华路379号)办理有关手续。逾期未办理的,本机关将公告撤销原行政许可证件。

如你公司不服本决定,可以自收到本决定书之日起60日内,依法向××市交通运输局申请行政复议,也可以在6个月内直接向××区人民法院提起行政诉讼。

××市港航管理局

201×年1月5日

注:本文书一式两份。一份送达申请人,一份存档。

19.行政许可注销决定书示范文本

××市港航管理局
行政许可注销决定书

编号:浙运政—EF〔201×〕×

××市××航运有限公司:

你公司于201×年1月10日取得的水路运输业务经营许可(许可证编号:×××),属于:行政许可有效期届满未延续,你公司的国内水路运输经营许可证有效期已于201×年1月31日到期,且你公司未按照规定办理延续手续。

根据《中华人民共和国行政许可法》第七十条第(一)项的规定,本机关决定注销你公司该项行政许可。

请你(单位)于201×年3月2日前,持本决定书和原行政许可决定书及相关行政许可证件到××市港航管理局(南华路379号)办理有关注销手续。逾期未办理的,本机关将公告注销原行政许可证件。

如你公司不服本决定,可以自收到本决定书之日起60日内,依法向××市交通运输局申请行政复议,也可以在6个月内直接向××区人民法院提起行政诉讼。

××市港航管理局

201×年2月25日

注:本文书一式两份。一份送达申请人,一份存档。

20.委托书示范文本

委 托 书

委 托 人:张三

地　　址:××市××区某某街道某某小区×栋×××室

联系方式:13500000001

受委托人:李××

地　　址:××市××区某某小区×栋×××室

联系方式:13500000002

现委托李××作为我的委托代理人办理水路运输经营许可有关事项,委托权限为:

√代为提出、变更、放弃行政许可申请;

√代为接受询问;

√代为行使陈述申辩权利;

√代为要求和参加听证;

√代为提交和接收法律文书;

□(其他委托权限)________________________________。

委托期限自201×年1月1日至201×年4月1日。

(受委托人身份证明复印件粘贴处)

委托人:张三　　　　　　　　受委托人:李××

201×年×月×日

21.征求意见函示范文本

××市港航管理局
征求意见函

编号:浙航政—EB〔201×〕×

××市×局:

申请人××市××公司于201×年5月23日向本机关提出断航施工许可申请。

该行政许可事项因涉及你单位的职能,需要征求你单位意见。现将该行政许可申请及有关材料的复印件一并送给你单位,请你单位于201×年5月31日前提出书面审核意见反馈我机关。逾期没有反馈书面审核意见的,视为同意。

联系人及电话:李某某,057×-1234567

附件:1.断航施工许可申请书

2.断航施工方案

3.保障通航补救措施

××市港航管理局

201×年5月26日

22.水路交通行政许可送达回证示范文本

水路交通行政许可送达回证

编号:浙港政—FJ〔201×〕×

送达机关(盖章):××市港务管理局

送达文书名称及文号	××市港务管理局行政许可准予延续决定书 (编号:浙港政—FJ〔201×〕×)		
	《港口经营许可证》 (编号:(浙嘉海)港经证(00××)号)		
受送达人	××有限公司		
送达地点	××市××镇金门村		
送达方式	直接送达		
收件人签名或盖章	陆某林	日期	201×年5月19日15时30分
送达人签名或盖章	张某 褚某琴	日期	201×年5月19日15时30分
见证人签名或盖章		日期	年 月 日 时
见证人签名或盖章		日期	年 月 日 时
备注	陆某林系××有限公司委托的行政许可经办人		

注:1.文书应当直接送交受送达人。受送达人为公民的,交其本人,本人不在交其同住的成年家属签收;受送达人为法人或其他组织的,由法人的法定代表人、其他组织的主要负责人或其负责收件的人签收。除公民本人(公民为受送达人)签收的情况之外,其他情况均应在备注栏内写明签收人与受送达人的关系。

2.受送达人已指定代收人,交代收人签收,但应注明其与受送达人的关系。

3.留置送达须在送达回证上写明拒收事由和日期,由送达人、见证人签名或者盖章;委托送达须附上委托书;邮寄和公告送达的,须附有关邮寄凭证、公告原件。

23.水路交通行政许可结案报告示范文本

水路交通行政许可结案报告

编号:浙港政—FJ〔201×〕×

<table>
<tr><td rowspan="4">申请人</td><td>公　民</td><td>/</td><td>公民身份号码</td><td>/</td></tr>
<tr><td>法人或其他组织</td><td>××有限公司</td><td>社会信用代码</td><td>91330000720085372×</td></tr>
<tr><td>地　址</td><td>××市××镇金门村</td><td>邮　编</td><td>31420×</td></tr>
<tr><td>联系人</td><td>陆某林</td><td>联系电话</td><td>1395731××57</td></tr>
<tr><td colspan="2">行政许可事项</td><td colspan="3">港口经营许可</td></tr>
<tr><td colspan="2">办理内容</td><td colspan="3">□初次申请 √延续 □变更 □撤回 □撤销 □注销</td></tr>
<tr><td colspan="2">受理机关</td><td>××市港务管理局</td><td>受理日期</td><td>201×年4月28日</td></tr>
<tr><td colspan="2">行政许可文书文号</td><td>浙港政—FJ〔201×〕×</td><td>发文日期</td><td>201×年5月19日</td></tr>
<tr><td colspan="2">许可决定</td><td colspan="3">准予延续</td></tr>
<tr><td colspan="2">结案方式</td><td colspan="3">许可决定书和证件已采用直接送达方式送达申请人,办理结果按要求予以公开</td></tr>
<tr><td colspan="2">许可机关审批意见</td><td colspan="3">同意结案归档。
负责人签名:吴××　　201×年5月20日</td></tr>
<tr><td colspan="2">备注</td><td colspan="3"></td></tr>
</table>

填表人:张×　　201×年5月20日

24.水路交通行政许可审批表示范文本

水路交通行政许可审批表

编号:浙航政—EF〔201×〕×

<table>
<tr><td colspan="2">办理单位</td><td colspan="3">××市港航管理局</td><td>接件时间</td><td>201×年7月8日14时05分</td></tr>
<tr><td colspan="2">申请事项</td><td colspan="5">航道通航条件影响评价审核</td></tr>
<tr><td colspan="2">审批内容</td><td colspan="5">√初次申请 □延续 □变更 □撤回 □撤销 □注销</td></tr>
<tr><td rowspan="4">申请人基本情况</td><td>公　民</td><td colspan="3">/</td><td>公民身份号码</td><td>/</td></tr>
<tr><td>法人或其他组织</td><td colspan="3">公司名称</td><td>社会信用代码</td><td>按营业执照填写</td></tr>
<tr><td>法定代表人(负责人)</td><td>按营业执照填写</td><td>经办人</td><td>按委托书填写</td><td>联系电话</td><td>按委托书填写</td></tr>
<tr><td>地址</td><td colspan="3">办公地址</td><td>邮政编码</td><td>×××</td></tr>
<tr><td colspan="7">本人已对申请人填报的申请内容及其提交的申请材料进行了逐项审查,对提供的复印件与原件进行逐一核对。本人确认:申请人申请的事项属于本机关职权范围,申请人提供的复印件与原件一致,申请材料齐全,符合法定形式要求,符合《关于明确航政行政许可有关事项的通知》(浙交〔2010〕292号)的规定。根据《中华人民共和国行政许可法》第三十二条第一款第(五)项的规定,拟予以受理。
受理人:行政审批科李×　　7月8日14时35分</td></tr>
<tr><td colspan="7">申请材料齐全,符合法定形式要求,同意受理。
审核人:行政审批科宋×　　7月8日14时55分</td></tr>
<tr><td colspan="7">经审查,该项许可申请符合法定条件、标准,拟准予许可。
承办人:航道科张×　　7月9日16时35分</td></tr>
<tr><td colspan="7">经审查,该项许可申请符合法定条件、标准,拟准予许可。
审核人:航道科沈××　　7月9日17时15分</td></tr>
<tr><td colspan="7">同意审查意见,准予许可。
负责人签名并盖许可专用章:顾×　　7月10日09时15分</td></tr>
</table>

附件二 浙江省水路交通行政处罚文书范本

目　录

30.行政处罚决定书示范文本
31.当场行政处罚决定书示范文本
32.责令改正通知书示范文本
33.文书送达回证示范文本
34.文书送达公告示范文本
35.罚没物品处理记录示范文本
36.分期(延期)缴纳罚款申请书示范文本
37.同意分期(延期)缴纳罚款通知书示范文本
38.不予分期(延期)缴纳罚款通知书示范文本
39.行政处罚结案报告示范文本
40.重大行政处罚案件报备表示范文本
41.案件移送函示范文本
42.移送案件涉案物品清单示范文本

1.举报记录示范文本

举 报 记 录

举报时间:201×年6月2日9时20分　　　　　　　　　　举报类别:来电

举报人:张××　　　　　　　　性别:男　　　　　　　　年龄:39

地址或工作单位:××市××航运公司

联系电话:1390123456×

身份证号:××××××××××××××××××

举报内容:我公司××船船员××打电话来,他们的船舶被堵在××市袁硖港新塘桥航段,同时被堵的船舶已经有十几艘,原因是有单位正在拆除该桥,请管理部门派人核查情况,尽快恢复通航。

举报人签名及时间:　　　　　　　　　　　　记录人签名及时间:

×××201×年6月2日9时25分　　　　　　　　×××201×年6月2日9时25分

备注:

2.现场笔录示范文本

现 场 笔 录

<table>
<tr><td>执法地点</td><td colspan="2">××市某某港新塘桥</td><td>执法时间</td><td colspan="2">201×年 6 月 2 日
10 时 5 分至 10 时 30 分</td></tr>
<tr><td rowspan="2">执法人员</td><td>张××</td><td rowspan="2">执法证号</td><td>××××××</td><td rowspan="2">记录人</td><td rowspan="2">王××</td></tr>
<tr><td>李××</td><td>××××××</td></tr>
<tr><td rowspan="5">现场人员具体情况</td><td>姓名</td><td colspan="2">李四</td><td>性别</td><td>男</td></tr>
<tr><td>身份证号</td><td colspan="2">××(18 位)</td><td>与案件关系</td><td>当事人</td></tr>
<tr><td>单位及职务</td><td colspan="2">××市××有限公司项目经理</td><td>电话</td><td>13912×12×12</td></tr>
<tr><td>联系地址</td><td colspan="4">安徽省黄山市××路××号</td></tr>
<tr><td>船名</td><td>/</td><td>船型</td><td>/</td><td>船籍港</td><td>/</td></tr>
<tr><td colspan="6">事实情况记录：
201×年 6 月 2 日 10 时 5 分，浙江省××市地方海事处执法人员张××、王××在××市袁硖港新塘桥航段进行检查，发现××市××有限公司正在进行拆除新塘桥作业，被堵船舶有 35 艘。执法人员要求现场负责人李四出示海事管理机构核发的《中华人民共和国水上水下活动许可证》，李四不能出示。(以下无正文)
执法人员签名：张××、王×× 201×年 6 月 2 日 10 时 35 分</td></tr>
<tr><td colspan="6">现场人员意见：
以上情况属实。(此内容应由现场人员手写)
现场人员签字：李四 201×年 6 月 2 日 10 时 35 分</td></tr>
</table>

<table>
<tr><td rowspan="5">当事人信息</td><td rowspan="2">公民</td><td>/</td><td>性别</td><td>/</td><td>年龄</td><td>/</td><td>身份证号</td><td>/</td></tr>
<tr><td>工作单位</td><td colspan="6">/</td></tr>
<tr><td rowspan="2">单位</td><td colspan="4">××市××有限公司</td><td>社会信用代码</td><td colspan="2">××××</td></tr>
<tr><td colspan="2">法定代表人(负责人)</td><td colspan="2">王五</td><td>职务</td><td colspan="2">总经理</td></tr>
<tr><td>地址邮编</td><td colspan="4">××市××路××号</td><td>电话</td><td colspan="2">057×-12345678</td></tr>
<tr><td colspan="9">备注：</td></tr>
</table>

3.立案审批表示范文本

立案审批表

案号:浙地海罚—FC〔201×〕×

<table>
<tr><td colspan="2">案件来源</td><td colspan="4">投诉举报</td><td>执法时间</td><td colspan="2">201×年6月2日
10时5分</td></tr>
<tr><td colspan="2">案件名称</td><td colspan="7">××市××有限公司涉嫌应申请许可证而未取得,擅自进行水上水下活动案</td></tr>
<tr><td rowspan="5">当事人信息</td><td rowspan="2">公民</td><td>/</td><td>性别</td><td>/</td><td>年龄</td><td>/</td><td>身份证号</td><td>/</td></tr>
<tr><td>工作单位</td><td colspan="6">/</td></tr>
<tr><td rowspan="2">单位</td><td colspan="4">××市××有限公司</td><td>社会信用代码</td><td colspan="2">××××</td></tr>
<tr><td colspan="2">法定代表人</td><td colspan="2">王五</td><td>职务</td><td colspan="2">总经理</td></tr>
<tr><td>地址邮编</td><td colspan="4">××市东山路8888号31440×</td><td>电话</td><td colspan="2">057×-12345678</td></tr>
<tr><td colspan="2">案发时间</td><td colspan="4">201×年6月2日10时5分</td><td>案发地点</td><td colspan="2">××市袁硖港新塘桥</td></tr>
<tr><td colspan="9">案件基本情况:根据举报,201×年6月2日10时5分,浙江省××市地方海事处指派执法人员张××、王××在××市袁硖港新塘桥航段检查,发现××市××有限公司正在进行拆除新塘桥作业,被堵船舶有35艘。执法人员要求现场负责人李四出示海事管理机构核发的《中华人民共和国水上水下活动许可证》,李四不能出示</td></tr>
<tr><td colspan="9">涉嫌违反的法律条款:
《中华人民共和国水上水下活动通航安全管理规定》第二条第(二)款、第五条</td></tr>
<tr><td colspan="9">承办人意见:
建议立案调查。
签名:张××、王×× 日期:201×年6月2日</td></tr>
<tr><td colspan="9">负责人审批意见:
同意立案,由本处海事科×××、×××负责调查。
签名:××× 日期:201×年6月2日</td></tr>
<tr><td colspan="9">备注:</td></tr>
</table>

4.询问笔录示范文本

询 问 笔 录

询问时间:201×年 6 月 2 日 14 时 20 分至 15 时 10 分第 1 次询问

询问地点:××市某某港新塘桥

询问人:张××、王××

被询问人:李四 性别:男年龄: 39

身份证号:××××××××××××××××××

与案件关系:当事人电话:13912×12×12

工作单位:××市××有限公司职务:项目经理

地址:安徽省黄山市××路××号邮编:××××××

执法人员表明身份告知权利:我们是浙江省××市地方海事处的行政执法人员张××、王××,这是我们的执法证件,执法证号分别是××××××××、×××××××,请您过目。现就××市××有限公司涉嫌应申请许可证而未取得,擅自进行水上水下活动一案有关情况依法向你询问调查,请如实回答与本案事实相的问题,如作虚假陈述,你将承担相应的法律责任。执法人员与你有直接利害关系的,你可以申请回避。同时你依法享有陈述申辩的权利。

答:以上告知我清楚了。你们的证件我已看过,我一定如实回答。我不申请回避。

问:请问你的姓名、年龄、住址、单位及职务?

答:我叫李四,39 岁,家住安徽省黄山市××路××号,我在××市××有限公司工作,职务是项目经理。

问:袁硖港新塘桥航段拆桥施工是谁负责的?

答:根据公司的指派,由我负责新塘桥的拆除工程。

问:请你说一下今天上午在袁硖港新塘桥航段拆桥施工的情况。

答:拆除施工时,船不能航行,有 30 多艘船被堵在施工现场的上下游。堵了一个半小时左右。

问:你所说的"公司"是哪一个公司? 法定代表人是谁? 公司地址在哪里?

被询问人签字:李四　　201×年 6 月 2 日 15 时 10 分

询问人签字:张××、王××　　201×年 6 月 2 日 15 时 10 分

第 1 页　共 2 页

答:我所说的“公司”是指××市××有限公司,法定代表人是王五,公司地址是××市××路××号。

问:新塘桥拆除施工从什么时间开始的?预计什么时候完成施工?

答:前两天做了一些准备,今天上午8时开始施工的,预计用3天的时间可以完成桥梁拆除。

问:你们公司在内河通航水域上进行拆除桥梁的施工作业,有没有到海事管理机构办理过水上水下施工作业许可?

答:没有。

问:你们公司知不知道在内河通航水域进行水上水下施工作业须经海事管理机构许可后才能施工,你是不是知道?

答:我知道。我接到施工任务后,请示过公司副总马六,他说这个事公司会处理的,让我按计划施工。

问:你公司在施工前采取了什么通航安全措施?发生堵航后又采取了什么措施?

答:我们施工前没有采取通航安全措施。发生堵航之后,我们停工了。

问:那你们公司现在准备怎么处理?

答:现在我们已经全部停工,先恢复航道的正常通航,并到海事管理机构办理有关手续。

问:你还有什么要补充么?

答:没有了。

问:请你看一下以上笔录与你说的是否一致,如无异议,请签字确认。

答:以上笔录我已看过,与我说的一致。

李四 201×年6月2日15时10分

被询问人签字:李四　　201×年6月2日15时10分

询问人签字:张××、王××　　201×年6月2日15时10分

第2页　共2页

5.勘验(检查)笔录示范文本

勘验(检查)笔录

案号:浙航政罚—AG〔201×〕×

案件名称:××市××自来水公司未经航道管理机构同意修建跨航道建筑物案

勘验(检查)时间:201×年3月2日11时10分至11时45分

勘验(检查)场所:杭甬运河××段××桥上游100米水域

天气情况:晴

勘验(检查)人及执法证号:××××××

单位:××市港航管理局××管理处

勘验(检查)人及执法证号:×××　×××

单位:××市港航管理局××管理处

记录人:×××　　单位:××市港航管理局××管理处

被勘验(检查)人:××市××自来水公司　法定代表人(负责人):王五

被勘验(检查)人:　/　性别:　/　年龄:　/　身份证号:　/

单位:　/　职务:　/　电话:　/

地址:××市××区市心路8888号　　邮编:311201

现场负责人:赵六　　职务:办公室主任

身份证号:××××××××××××××××××

其他见证人:陈三　单位或地址:××市××区衙前镇×村委会副主任

勘验(检查)情况及结果:××市港航管理局执法人员×××、×××对杭甬运河××段××桥上游100米水域上空跨航道而过的自来水管道进行现场勘验。经现场勘查和测量,航道左右侧(岸)距护岸×米各设有一个高5.5米的墩柱,航道内未设置墩柱,该自来水管道采用凌空水平架设的方式一跨过河,已经铺设完毕。跨航道水域自来水管道长约40米,净空高度约6.7米。

被检查(勘验)人或现场负责人意见:以上记录与事实相符。

签名:赵六　201×年3月2日

见证人意见:以上情况属实。　签名:陈三　201×年3月2日

勘验(检查)人签名:×××、×××　　记录人(签名):×××

(本页填写不下的内容或需绘制勘验图等,可另附纸)

6.回避申请书示范文本

回避申请书

申请人:××市××有限公司

地址:××市××路××号　　　　　　　　　　联系电话:057×-12345678

被申请人:路××

工作单位及职务:浙江省××市地方海事处执法人员

申请事项及理由:

承办××市××有限公司涉嫌应申请许可证而未取得,擅自进行水上水下活动案的执法人员路××与我公司车辆浙F××××发生过一起道路交通事故,双方有较大的纠纷,至今未处理完毕。现依据《中华人民共和国行政处罚法》第三十七条第三款和《交通行政处罚程序规定》(交通部令1996年第7号)第十七条第(三)项,请求其回避。

此致浙江省××市地方海事处

申请人:××市××有限公司

201×年6月3日

7.同意回避申请决定书示范文本

浙江省××市地方海事处
同意回避申请决定书

申请人:××市××有限公司

地址:××市××路××号　　　　　　　　联系电话:057×-12345678

被申请人:路××

工作单位及职务:浙江省××市地方海事处执法人员

申请人××市××有限公司于2011年6月3日以执法人员路××与××市××有限公司车辆浙F××××发生过一起道路交通事故,至今未处理完毕,因双方有较大的纠纷为由提出要求办理××市××有限公司涉嫌应申请许可证而未取得,擅自进行水上水下活动案的执法人员路××回避的申请。经审查,符合《中华人民共和国行政处罚法》第三十七条第三款和《交通行政处罚程序规定》(交通部令1996年第7号)第十七条第(三)项规定的情形,同意申请人的回避申请。

浙江省××市地方海事处

201×年6月4日

注:本文书一式两份,一份交申请人,一份存根。

8.驳回回避申请决定书示范文本

浙江省××市地方海事处
驳回回避申请决定书

申请人:××市××有限公司

地址:××市××路××号　　　　　　　　联系电话:057×-12345678

被申请人:路××

工作单位及职务:浙江省××市地方海事处执法人员

申请人××市××有限公司于2016年6月3日以执法人员路××与××市××有限公司车辆浙F·××××发生过一起道路交通事故,至今未处理完毕,因双方有较大的纠纷为由提出要求办理海宁市华山建设有限公司涉嫌应申请许可证而未取得,擅自进行水上水下活动案的执法人员路××回避的申请。经审查,不符合《中华人民共和国行政处罚法》第三十七条第三款和《交通行政处罚程序规定》(交通部令1996年第7号)第十七条第(一)项规定的情形,决定驳回申请人的回避申请。理由如下:经向交警部门核实,双方车辆未曾发生交通事故。

浙江省××市地方海事处

201×年6月4日

注:本文书一式两份,一份交申请人,一份存根。

9.抽样取证通知书示范文本

浙江省××市××地方海事处
抽样取证通知书

案号:浙地海罚—AG〔201×〕×

被取证人: 张××

法定代表人(负责人): / 现场负责人: 张××

地址:××市××区××镇华海村8-10号 联 系 电 话: 1395999×999

因张××涉嫌向水体排放船舶的残油一案,依据《中华人民共和国行政处罚法》第三十七条第二款的规定,本机关对你(单位)的下列物品予以抽样取证:

序号	被抽样物品名称	规格及批号	数量	被抽样物品地点
1	船舶残油	/	0.5升	浙××油××船
	以下空白			

被抽样取证人签名或盖章:张×× 201×年9月19日

执法人员签名:××× 执法证号: 330105××××

执法人员签名:××× 执法证号: 330105××××

联系电话: 057×-81234567

浙江省××市××地方海事处

201×年9月19日

注:本文书一式三份,一份交被抽样取证人,一份随抽样物品备查,一份存根。

10.抽样取证物品处理通知书示范文本

浙江省××市××地方海事处
抽样取证物品处理通知书

案号:浙地海罚—AG〔201×〕×

张××:

你(单位)因涉嫌向水体排放船舶的残油一案,本机关于201×年 9 月 19 日向你(单位)做出了抽样取证通知书(案号:浙地海罚—FC〔201×〕×),对抽样取证物品处理清单所列物品进行了抽样取证。现根据调查检验结果,依照《交通行政处罚程序规定》(交通部令 1996 年第 7 号)第十六条第(四)项的规定,现对抽样取证物品处理清单所列物品予以送交××机构检验。

抽样取证物品处理清单:

序号	被抽样物品名称	规格及批号	数量	被抽样物品地点
1	船舶残油		0.5 升	浙杭州油××船
	以下空白			

被抽样取证人签名或盖章:张×× 201×年 9 月 22 日

执法人员:×××、××× 201×年 9 月 22 日

浙江省××市××地方海事处

201×年 9 月 22 日

注:本文书一式两份,一份交被抽样取证人,一份存根。

11.先行登记保存证据审批表示范文本

先行登记保存证据审批表

<table>
<tr><td colspan="2">案件名称</td><td colspan="7">张××涉嫌向水体排放船舶的残油案</td></tr>
<tr><td rowspan="5">当事人信息</td><td rowspan="2">公民</td><td>张××</td><td>性别</td><td>男</td><td>年龄</td><td>30</td><td>身份证号</td><td>××(18 位)</td></tr>
<tr><td>工作单位</td><td colspan="6"></td></tr>
<tr><td rowspan="2">单位</td><td colspan="4">/</td><td colspan="2">社会信用代码</td><td>/</td></tr>
<tr><td>法定代表人(负责人)</td><td colspan="3">/</td><td colspan="2">职务</td><td>/</td></tr>
<tr><td>地址邮编</td><td colspan="4">××市××区××镇华海村 8-10 号
3100××</td><td colspan="2">电话</td><td>057×-872888××</td></tr>
</table>

序号	证据物品名称	规格	数量	拟登记保存地点
1	×××	×××	×××	××市××地方海事处 307 办公室

承办人意见：因上述证据物品☐可能灭失；☐不先行登记保存，以后难以取得，依据《中华人民共和国行政处罚法》第三十七条第二款的规定，予以先行登记保存。先行登记保存时间为 201×年 9 月 19 日至 201×年 9 月 25 日。

承办人签名或盖章：×××、×××　　　　201×年 9 月 19 日

承办人意见：

同意承办人意见

承办人签名或盖章：×××　　　　201×年 9 月 19 日

承办人意见：

同意承办人意见

承办人签名或盖章：×××　　　　201×年 9 月 19 日

12.先行登记保存证据通知书示范文本

浙江省××市××地方海事处
先行登记保存证据通知书

案号:浙地海罚—AG〔201×〕×

张××:

因你(单位)涉嫌向水体排放船舶的残油一案,为防止证据以后难以取得,根据《中华人民共和国行政处罚法》第37条第二款的规定,本机关决定对你(单位)予以先行登记保存。在7日内当事人或有关人员不得销毁或转移证据。请你(单位)于201×年9月25日前到浙江省××市××地方海事处接受处理。

序号	被抽样物品名称	规格及批号	数量	登记保存地点
1	×××	××	××	×××
	以下空白			

被取证人签名或盖章:张×× 201×年9月19日

执法人员签名:××× 执法证号:330105××××

执法人员签名:××× 执法证号:330105××××

联系电话:057×-81234567

浙江省××市××地方海事处

201×年9月19日

注:本文书一式三份,一份交被抽样取证人,一份随保存证据物品备查,一份存根。

13.先行登记保存证据物品处理通知书示范文本

浙江省××市××地方海事处
先行登记保存证据物品处理通知书

案号:浙地海罚—AG〔2016〕×

张××:

你(单位)因涉嫌向水体排放船舶的残油一案,本机关于201× 年 9 月 19 日向你(单位)做出了先行登记保存证据通知书(浙地海罚—AG〔2016〕×),对先行登记保存证据物品处理清单所列物品进行了先行登记保存。现依法对被先行登记保存证据的物品做出如下处理:解除先行登记保存措施,全部退还你(单位)。

先行登记保存证据物品处理清单:

序号	被抽样物品名称	规格及批号	数量	备注
1	×××	××	××	
	以下空白			

被取证人签名或盖章:张×× 201×年 9 月 26 日

执法人员签名及执法证号:××× 330105××××

执法人员签名及执法证号:××× 330105××××

浙江省杭州市萧山地方海事处

201×年 9 月 26 日

注:本文书一式两份,一份交被取证人,一份存根。

14.陈述申辩笔录示范文本

陈述申辩笔录

案号:浙地海罚—FC〔201×〕×

时间:201×年6月6日8时55分至9时30分

地点:浙江省××市地方海事处307办公室

陈述申辩人:马六 性别:男 年龄:45

身份证号:××××××××××××××× 与案件关系:当事人

工作单位及职务:××市××有限公司副总经理

联系电话:0573-××××××××

地址:×××××× 邮编:31440×

执法人员:××× 执法证号:×××

执法人员:××× 执法证号:×××

记录人:×××

陈述申辩内容:我叫马六,在××市××有限公司工作,任公司副总经理。我今天是受公司委托,对我公司涉嫌应申请许可证而未取得,擅自进行水上水下活动案的有关情况向你处作如下说明。袁硖港新塘桥属于危桥,对过往船舶、人员的安全是个严重的隐患。由于施工时间比较紧,也为了尽快排除危桥的安全隐患,我公司就先行对该桥进行拆除作业。堵航发生后,我公司已停止施工,采取措施,清除碍航物,恢复通航。我公司已认识到该问题的严重性,并责成有关人员到海事管理机构办理许可手续。鉴于我公司的行为造成的后果轻微,且及时改正违法行为,故请求你处在量罚时予以酌情考虑,减轻处罚。

陈述申辩人签名:马六

执法人员签名:×××、×××

记录人签名:×××

201×年6月6日9时30分

15.照片、视听材料证据示范文本

照片、视听材料证据

照片粘贴处
视听材料的,注明:"附光盘"。

拍摄时间:201×年6月2日10时6分至 / 时 / 分

地点:××市袁硖港新塘桥

拍摄环境:天气晴,水流平稳,视线良好

拍摄设备:康佳200 保存方式:打印保存

内容描述:××市袁硖港新塘桥拆除工程施工作业的现场,以及航道堵塞的情况。

拍摄人签名或盖章:××× 201×年6月2日

单位及职务: / 联系电话:

执法人员:××× 执法证号:×××

执法人员:××× 执法证号:×××

现场人员意见:本照片的拍摄情况属实。

现场人员签名: 李四 时间:201×年6月2日

16.协助调查通知书示范文本

浙江××市地方海事处
协助调查通知书

案号:浙地海罚—FC〔201×〕×

××市××局:

为查××市××有限公司涉嫌应申请许可证而未取得,擅自进行水上水下活动一案有关事实情况,本单位将于201×年6月4日10时30分去你局进行调查取证,请予以协助。

特此通知。

联系人:×××

联系电话:057×-××××××××

浙江省××市地方海事处

201×年6月4日

17.鉴定委托书示范文本

浙江省××市地方海事处
鉴定委托书

上海××鉴定所：

因调查有关交通违法案件的需要，本机关现委托你单位对下列物品进行鉴定：

物品名称	规格型号	数量	备　注
XX	500mL/瓶	1瓶	
YY	500mlL瓶	1瓶	
以下空白			

鉴定要求：鉴定两批物品的危险品性质，可不可以混装。

请于201×年6月1日前向本单位提交鉴定结果。

浙江省××市地方海事处

201×年5月4日

18.鉴定意见书示范文本

鉴定意见书

鉴定内容及目的:鉴定两批物品的危险品性质,是否可以混装。

委托鉴定单位:浙江省××市地方海事处

鉴定人:×× 职务和职称:工程师

地点:上海市××路××号

时间:201×年5月20日

鉴定意见:两批物品分别属于××、××,其性质是××、××,鉴定结论是两批物品属于不同性质的危险品,不可以混装。

鉴定人签名或盖章:×××

上海××鉴定所

201×年5月20日

注:本文书一式两份,一份鉴定单位留存,一份交委托鉴定单位。

19.案件处理审批表示范文本

案件处理审批表

案号:浙地海罚—FC〔201×〕×

<table>
<tr><td>案件名称</td><td colspan="8">××市××有限公司涉嫌应申请许可证而未取得,擅自进行水上水下活动案</td></tr>
<tr><td colspan="2">案件来源</td><td colspan="4">举报投诉</td><td colspan="2">调查人员</td><td>张××、王××</td></tr>
<tr><td rowspan="5">当事人信息</td><td rowspan="2">公民</td><td>/</td><td>性别</td><td>/</td><td>年龄</td><td>/</td><td>身份证号</td><td>/</td></tr>
<tr><td colspan="2">工作单位</td><td colspan="5">/</td></tr>
<tr><td rowspan="2">单位</td><td colspan="4">××市××有限公司</td><td colspan="2">社会信用代码</td><td>××××</td></tr>
<tr><td colspan="2">法定代表人</td><td colspan="2">王五</td><td colspan="2">职务</td><td>总经理</td></tr>
<tr><td>地址邮编</td><td colspan="4">××市××路××号
31440×</td><td colspan="2">电话</td><td>057×-12345678</td></tr>
<tr><td colspan="9">案件调查经过及违法事实(附证据材料清单):根据投诉举报,201×年6月2日10时5分,浙江省××市地方海事处执法人员张××、王××在××市袁硖港新塘桥航段进行检查,发现××市××有限公司正在进行拆除新塘桥作业,被堵船舶有35艘。执法人员要求现场负责人李四出示海事管理机构核发的《中华人民共和国水上水下活动许可证》,李四不能出示。(立案审批表案件基本情况)201×年6月2日,经××市地方海事处负责人批准立案,并指定由执法人员张××、王××承办此案。(以上填写立案情况)201×年6月2日,执法人员根据现场情况只做了现场笔录,并拍摄了现场照片。201×年6月2日,对李四进行了询问,201×年6月3日,对张×进行了询问,分别制作了询问笔录。6月2日,李××提供了现场录像1份。6月2日,执法人员收集了现场监控录像1份。(以上填写调查经过)以上证据表明,××市××有限公司在未经海事管理机构批准并办理《中华人民共和国水上水下活动许可证》的情况下,于201×年6月2日8时开始在××市袁硖港新塘桥航段进行拆除新塘桥作业。9时发生堵航,最终造成上下游35艘船舶被堵。执法人员到达现场时,当事人已停止拆桥作业,并正积极采取清理障碍物等恢复通航的措施。该航段于当日10时30分起正式恢复通航。(以上填写认定的违法事实,该段文字可用于事先告知书和处罚决定书。)</td></tr>
</table>

续上表

<table>
<tr><td>调查结论及拟处理意见:××市××有限公司涉嫌应申请许可证而未取得,擅自进行水上水下活动的行为,(以上填写当事人姓名或名称+“实施的”+“具体违法行为名称”+“的行为”)违反了《中华人民共和国水上水下活动通航安全管理规定》第二条第(二)项“公民、法人或者其他组织在中华人民共和国内河通航水域或者岸线上和国家管辖海域从事下来可能影响通航安全的水上水下活动,适用本规定:(二)构筑、设置、维修、拆除水上水下构筑物或者设施”和第五条“从事本规定第二条第(一)项至第(九)项的水上水下活动的建设单位、主办单位或者工程总负责的施工作业者,应当按照《中华人民共和国海事行政许可条件规定》明确的相应条件向活动地的海事管理机构提出申请并报送相应的材料。在取得海事管理机构颁发的《中华人民共和国水上水下活动许可证》后,方可进行相应的水上水下活动”的规定,(写明违反条款及具体内容)违法事实清楚,证据充分、确凿。根据《浙江省水路交通行政处罚裁量基准》的规定,当事人的行为造成堵航,违法程度一般。[说明裁量依据及具体的适用。如有从重、从轻、减轻等情形的,在此处陈述理由依据。例如“鉴于,当事人及时停止违法行为,并主动消除危害后果,根据《中华人民共和国行政处罚法》第二十七条第一款第(一)项和《浙江省交通运输行政处罚裁量权设施办法》(浙交〔2010〕272)的规定,符合从轻处罚的要件”。情节理由样板来自《浙江省交通运输行政处罚裁量权设施办法》]依据《中华人民共和国水上水下活动通航安全管理规定》第三十三条第(一)项“有下列情形或者之一的,海事管理机构应当责令施工作业单位、施工作业的船舶和设施立即停止施工作业,责令限期改正,并处五千元以上三万元以下的罚款。属于内河通航水域水上水下活动的,处五千元以上五万元以下的罚款:(一)应申请许可证而未获得,擅自进行水上水下活动的”(写明处罚条款及具体内容)的规定,拟给予当事人××市××有限公司罚款人民币壹万元整的行政处罚。
执法人员签名:张××、王×× 201×年6月4日</td></tr>
<tr><td>调查部门意见:
同意调查人员意见。
签名:××× 201×年6月4日</td></tr>
<tr><td>处罚部门意见:
同意调查部门(如没有设置调查部门的,写调查人员)意见,拟给予当事人××市××有限公司罚款人民币壹万元整的行政处罚。
签名:××× 201×年6月5日</td></tr>
<tr><td>法制部门意见:
本案违法事实清楚,证据充分、确凿,量罚适当,程序合法。(拟处罚内容属于集体讨论范围内的,建议在做出处罚决定前进行集体讨论)
签名:××× 201×年6月5日</td></tr>
<tr><td>负责人审批意见:
同意,拟给予当事人××市××有限公司罚款人民币壹万元整的行政处罚。
签名:××× 201×年6月5日</td></tr>
</table>

续上表

负责人意见： **（当事人进行陈述申辩的，负责人签署意见）**由×××、×××就当事人提出的陈述申辩进行复核。 负责人签名：××× 201×年6月6日
复核意见： 经对当事人提出陈述申辩的事实、理由和证据进行复核认为：当事人的行为已导致航道堵塞约1小时30分，有35艘船舶被堵，危害程度一般。当事人陈述、申辩提出"造成的后果比较轻微，且及时改正违法行为"的理由不成立，且不符合《中华人民共和国行政处罚法》第二十七条和《浙江省交通运输行政处罚裁量权实施办法》（浙交〔2010〕272）规定的可以依法减轻行政处罚的情形。因此，建议对当事人提出减轻行政处罚的要求不予采纳。 复核人员签名：×××、××× 201×年6月6日
听证报告的处理意见及建议：**（该栏文字引用自听证报告）** ××市××有限公司涉嫌应申请许可证而未取得，擅自进行水上水下活动的行为，违反了《中华人民共和国水上水下活动通航安全管理规定》第二条第（二）项"公民、法人或者其他组织在中华人民共和国内河通航水域或者岸线上和国家管辖海域从事下来可能影响通航安全的水上水下活动，适用本规定：（二）构筑、设置、维修、拆除水上水下构筑物或者设施"和第五条"从事本规定第二条第（一）项至第（九）项的水上水下活动的建设单位、主办单位或者工程总负责的施工作业者，应当按照《中华人民共和国海事行政许可条件规定》明确的相应条件向活动地的海事管理机构提出申请并报送相应的材料。在取得海事管理机构颁发的《中华人民共和国水上水下活动许可证》后，方可进行相应的水上水下活动"的规定，违法事实清楚，证据充分、确凿。根据《浙江省水路交通行政处罚裁量基准》的规定，当事人的行为造成堵航，违法程度一般。当事人的行为已导致航道堵塞约1小时30分，有35艘船舶被堵，危害程度一般。当事人听证提出"造成的后果比较轻微，且及时改正违法行为"的理由不成立，且不符合《中华人民共和国行政处罚法》第二十七条和《浙江省交通运输行政处罚裁量权实施办法》（浙交〔2010〕272）规定的可以依法减轻行政处罚的情形。因此，对当事人提出减轻行政处罚的要求不予采纳。依据《中华人民共和国水上水下活动通航安全管理规定》第三十三条第（一）项"有下列情形或者之一的，海事管理机构应当责令施工作业单位、施工作业的船舶和设施立即停止施工作业，责令限期改正，并处五千元以上三万元以下的罚款。属于内河通航水域水上水下活动的，处五千元以上五万元以下的罚款：（一）应申请许可证而未获得，擅自进行水上水下活动的"**（写明处罚条款及具体内容）**的规定，拟给予当事人××市××有限公司罚款人民币壹万元整的行政处罚。
相关部门意见： **（如由上级机关审批做出决定的，上级机关负责出发审查的部门签署意见。如由本单位做出处罚决定的，则不需要填写）** 负责人签名：××× 201×年6月20日
执法机关意见： 给予当事人××市××有限公司罚款人民币壹万元整的行政处罚。 **［无须集体讨论的案件，一般表述为责令××，给予当事人××（当事人姓名或名称）××（处罚内容）的行政处罚］** 负责人签名：××× 201×年6月20日

20.证据材料清单示范文本

证据材料清单

案号:浙地海罚—FC〔201×〕×

序号	证据名称	证据来源	采集日期	规格	数量	所要证明的内容
1	举报记录	来电	201×年6月2日	A4纸	1	证明案件来源
2	现场照片	现场拍照	201×年6月2日	A4纸	2	证明新塘桥拆桥工程的现场情况和堵航情况
3	现场录像	李××提供	201×年6月2日	光盘	1	证明新塘桥拆桥工程的现场情况和堵航情况
4	现场笔录	现场检查	201×年6月2日	A4纸	1	证明新塘桥拆桥工程的现场情况和堵航情况
5	现场监控录像	××(单位)所属视频监控系统	201×年6月2日	光盘	1	证明新塘桥拆桥工程的现场情况和堵航情况
6	对李四的询问笔录	询问	201×年6月2日	A4纸	1	证明新塘桥拆桥工程的现场情况和堵航情况以及××市××有限公司未经海事管理机构批准并办理《中华人民共和国水上水下活动许可证》
7	对张×的询问笔录	询问	201×年6月3日	A4纸	1	证明新塘桥拆桥工程的现场情况和堵航情况以及××市××有限公司未经海事管理机构批准并办理《中华人民共和国水上水下活动许可证》
8	××市××有限公司营业执照复印件	××市××有限公司提供	201×年6月3日	A4纸	1	证明当事人主体资格

21.行政处罚事先告知书示范文本

浙江省××市地方海事处
行政处罚事先告知书

浙地海罚—FC〔201×〕×

当事人:××市××有限公司,法定代表人:王五,职务:总经理,社会信用代码:×××,地址:××市××路××号(**根据当事人情况确定。如当事人为法人或其他组织的,应写明该当事人的法定名称、法定代表人或负责人姓名、职务、社会信用代码或组织机构代码、地址等内容;如当事人为公民的,应写明当事人的姓名、性别、身份证号、地址、工作单位等内容**)

(**立案部分**)根据投诉举报,201×年6月2日10时5分,浙江省××市地方海事处执法人员张××、王××在××市袁硖港新塘桥航段进行检查,发现××市××有限公司正在进行拆除新塘桥作业,被堵船舶有35艘。执法人员要求现场负责人李四出示海事管理机构核发的《中华人民共和国水上水下活动许可证》,李四不能出示。(**案件来源,一般根据案件发生的过程写,可引用立案审批表的案件基本情况,根据不同案件应进行适当调整,需要保密的除外**)201×年6月2日(**负责人批准立案的日期**),本机关对你(单位)涉嫌应申请许可证而未获取,擅自进行水上水下活动(**具体的违法行为名称**)的行为予以立案调查。

(**违法事实部分**)现查明:你(单位)在未经海事管理机构批准并办理《中华人民共和国水上水下活动许可证》的情况下,于201×年6月2日8时开始在××市袁硖港新塘桥航段进行拆除新塘桥作业。9时起发生堵航,最终造成上下游35艘船舶被堵。执法人员到达现场时,你(单位)已停止拆桥作业,并积极采取清理障碍物等恢复通航的措施。该航段于当日10时30分起恢复通航。(**陈述违法事实。载明违法行为发生的时间、地点、情节、构成要件、危害后果等内容。具体表述可引用案件处理审批表"以上证据表明"后的文字,并应注意称谓等文字的修改**)

(**采取措施部分。本机关在查办行政违法行为过程中所采取的措施应当在此处填写,如先行登记保存证据、责令改正等措施**)

(**证据部分**)以上违法事实主要有以下证据证明:(**来自证据材料清单**)

1.现场笔录1份,证明新塘桥拆桥工程的现场情况和堵航情况;

2.现场照片1份,证明新塘桥拆桥工程的现场情况和堵航情况;

3.现场录像1份,证明新塘桥拆桥工程的现场情况和堵航情况;

4.现场监控录像1份,证明新塘桥拆桥工程的现场情况和堵航情况;

5.对李四的询问笔录1份,证明新塘桥拆桥工程的现场情况和堵航情况以及××市××有限公司未经海事管理机构批准并办理《中华人民共和国水上水下活动许可证》;

6.对张×的询问笔录1份,证明新塘桥拆桥工程的现场情况和堵航情况以及××市××有限公司未经海事管理机构批准并办理《中华人民共和国水上水下活动许可证》;

7.××市××有限公司营业执照复印件1份，证明当事人主体资格。

（法律适用和定性部分）本机关认为：你（单位）实施的应申请许可证而未获取，擅自进行水上水下活动**（具体的违法行为名称）**的行为，违反了《中华人民共和国水上水下活动通航安全管理规定》第二条第（二）项“公民、法人或者其他组织在中华人民共和国内河通航水域或者岸线上和国家管辖海域从事下列可能影响通航安全的水上水下活动，适用本规定：（二）构筑、设置、维修、拆除水上水下构筑物或者设施”和第五条“从事本规定第二条第（一）项至第（九）项的水上水下活动的建设单位、主办单位或者工程总负责的施工作业者，应当按照《中华人民共和国海事行政许可条件规定》明确的相应条件向活动地的海事管理机构提出申请并报送相应的材料。在取得海事管理机构颁发的《中华人民共和国水上水下活动许可证》后，方可进行相应的水上水下活动”**（禁止性条款及内容，无禁止性条款的除外，可饮用案件处理审批表调查结论）**的规定，已构成违法。**［如有从重、从轻、减轻等情形的，在此处陈述理由依据。例如“鉴于，当事人及时停止违法行为，并主动消除危害后果，根据《中华人民共和国行政处罚法》第二十七条第一款第（一）项和《浙江省交通运输厅行政处罚裁量权实施办法》（浙交〔2010〕272）的规定，符合从轻处罚的要件”。情节理由样板来自《浙江省交通运输行政处罚裁量权实施办法》］**

（拟处罚决定部分）现依据《中华人民共和国水上水下活动通航安全管理规定》第三十三条第（一）项“有下列情形或者之一的，海事管理机构应当责令施工作业单位、施工作业的船舶和设施立即停止施工作业，责令限期改正，并处五千元以上三万元以下的罚款。属于内河通航水域水上水下活动的，处五千元以上五万元以下的罚款：（一）应申请许可证而未获得，擅自进行水上水下活动的”**（处罚性条款及内容）**的规定，参照《浙江省水路交通运输行政处罚裁量基准》（610125）**（自由裁量基准）**，拟决定对你（单位）做出以下行政处罚：罚款人民币壹万元整**（大写）**。

（权利告知部分）根据《中华人民共和国行政处罚法》第三十一条、第三十二条和《交通行政处罚程序规定》（交通部令1996年第7号）第二十条第一款的规定，你（单位）有权在收到本告知书之日起3日内向本机关进行陈述申辩。逾期不陈述或者申辩的，本机关将依法作出行政处罚决定。

根据《中华人民共和国行政处罚法》第四十二条的规定，你（单位）有权在收到本告知书之日起3日内向本机关要求举行听证。逾期不要求矩形听证的，视为你（单位）放弃听证权利，本机关将依法作出行政处罚决定。

本机关地址：××市××路××号　　邮编：31440×

联系人：×××　　电话：057×-××××××××

浙江省××市地方海事处

201×年6月5日

22.听证通知书示范文本

浙江省××市地方海事处
听证通知书

案号:浙地海罚—FC〔201×〕×

××市××有限公司:

根据你(单位)申请,关于××市××有限公司涉嫌应申请许可证而未取得,擅自进行水上水下活动案,现定于201×年6月19日9时30分在浙江省××市地方海事处六楼会议室公开举行听证,请准时出席。

听证主持人姓名:×××单位及职务:浙江省××市地方海事处法制科科长

听证员姓名:×××单位及职务:浙江省××市地方海事处×××

听证员姓名:×××单位及职务:浙江省××市地方海事处×××

书记员姓名:×××单位及职务:××× ×××

根据《中华人民共和国行政处罚法》第四十二条的规定,你(单位)认为听证主持人、听证员、书记员与本案有直接利害关系的,有权申请回避。因特殊原因需申请延期举行的,应当在201×年6月15日前向本机关提出,由本机关决定是否延期。若无正当理由不按时参加听证且未事先说明理由的,视为放弃听证权利,本机关将终止听证。

参加听证前,请你(单位)注意下列事项:

1.请事先准备相关证据,通知证人和委托代理人(1至2名)准时参加。当事人有证人出席作证的,应事先告知本机关联系人;委托代理人参加听证的,应在听证举行前向本机关提交授权委托书等有关证明,载明委托的事项、权限和期限。

2.参加听证的当事人、委托代理人、证人应携带身份证明原件及复印件。

本机关地址:××市××路××号　　　邮编:31440×

联系人:×××　　　联系电话:057×-××××××

浙江省××市地方海事处

201×年6月7日

注:本文书一式两份,一份交听证申请人,一份存根。

23.听证委托书示范文本

听证委托书

委托人:××市××有限公司　　性别:______　　职务:______

工作单位:______　　联系电话:057×-12345678

地址:××市××路××号　　邮编:31440×

代理人:王×　　性别:男　　年龄:40

联系电话:138××××××××

工作单位:××市××有限公司　　职务:副总经理

地址:××市××路××号　　邮编:31440×

代理人:______　　性别:______　　年龄:______

联系电话:______

工作单位:______　　职务:______

地址:______　　邮编:______

委托人 ××市××有限公司 委托 王× 为××市××有限公司涉嫌应申请许可证而未取得,擅自进行水上水下活动一案参加听证。

代理人 王× 的委托代理权限为:申请回避权、陈述权、申辩权、质证权、辩论权、申请中止听证权、放弃听证权。

委托人签名或盖章:______　　201×年 6 月 10 日

代理人签名或盖章:王×　　201×年 6 月 10 日

24.听证笔录示范文本

听证笔录

案号:浙地海罚—FC〔201×〕×

案件名称:××市××有限公司涉嫌应申请许可证而未取得,擅自进行水上水下活动案

主持听证机关:浙江省××市地方海事处

听证地点:浙江省××市地方海事处六楼会议室　听证方式:公开

听证时间:201×年 6 月 19 日 9 时 30 分至 201×年 6 月 19 日 11 时 30 分

听证主持人:×××　听证员:×××、×××　书记员:×××

案件调查人:张××　执法证号:×××　单位及职务:××市地方海事处

案件调查人:王××　执法证号:×××　单位及职务:××市地方海事处

听证申请人:××市××有限公司　法定代表人(负责人):王五

性别:______身份证号:________________单位及职务:______________

地址:××市××路××号　邮编:31440×　电话:057×-12345678

委托代理人:王×　性别:男　年龄:40

身份证号:××××××××××××××××××

工作单位及职务:××市××有限公司副总经理

电话:138××××××××

委托代理人:______　性别:________　年龄:______　身份证号:______________

工作单位及职务:____________________　电话:________________

其他参加人:______　性别:________　年龄:______　身份证号:______________

工作单位及职务:__________________　电话:______________

听证记录:

宣布案由、听证纪律、当事人的权利和义务;

核对当事人或者其代理人、办案人员、证人及其他有关人员是否到场,并核实听证参加人的身份;

宣布主持人、听证员、书记员名单,询问是否提出回避申请;

第 1 页　共 2 页

宣布听证开始；

办案人员提出当事人违法的事实、证据，说明拟作出行政处罚的建议及法律依据；

当事人或其委托代理人对案件的事实、证据，适用法律，行政处罚裁量等进行申辩和质证；

主持人就案件的有关问题向当事人或其委托代理人、办案人员、证人询问；

经主持人允许，当事人或其委托代理人、办案人员就案件的有关问题可以向到场的证人发问；

办案人员、当事人或其委托代理人按顺序就案件所涉及的事实、各自出示的证据的合法性、真实性及有关的问题进行辩论；

辩论终结，听证主持人可以再就本案的事实、证据及有关问题向当事人或其代理人、办案人员征求意见；

中止听证的，主持人应当宣布再次进行听证的有关事宜；

当事人或其委托代理人作最后陈述；

主持人宣布听证结束。

听证申请人或其委托代理人签名及时间：王× 201×年6月19日11时30分

其他参加人签名及时间：＿＿＿＿年＿＿＿月＿＿＿日＿＿＿时＿＿＿分

案件调查人签名及时间：张××、王×× 201×年6月19日11时30分

主持人签名及时间：××× 201×年6月19日11时30分

听证员签名及时间：×××、××× 201×年6月19日11时30分

书记员签名及时间：××× 201×年6月19日11时30分

第2页 共2页

25.听证报告示范文本

听 证 报 告

案号:浙地海罚—FC〔201×〕×

案件名称:××市××有限公司涉嫌应申请许可证而未取得,擅自进行水上水下活动案

听证时间:201×年6月19日9时30分至201×年6月19日11时30分

听证地点:浙江省××市地方海事处六楼会议室　听证方式:公开

听证主持人:×××　听证员:×××、×××　书记员:×××

听证申请人:××市××有限公司　法定代表人(负责人):王五

委托代理人:王×

案件调查人:张××、王××　工作单位:浙江省××市地方海事处

听证会基本情况摘要:(详见听证会笔录,笔录附后)

此处填写听证主持人和听证参加人的基本情况;听证的时间、地点;听证的简要经过;案件事实等内容。关于案件事实,应写明调查人、当事人、第三人之间是否存在争议,如有,应分别写明各方共同认可的事实和存在争议的事实以及所持依据。

听证结论:当事人××市××有限公司涉嫌应申请许可证而未取得,擅自进行水上水下活动的行为,违法事实清楚,证据充分、确凿,当事人的行为已违反了《中华人民共和国内河交通安全管理条例》第二十五条第一款第(二)项的规定。

处理意见及建议:××市××有限公司实施的应申请许可证而未取得,擅自进行水上水下活动的行为,违反了《中华人民共和国水上水下活动通航安全管理规定》第二条第(二)项"公民、法人或者其他组织在中华人民共和国内河通航水域或者岸线上和国家管辖海域从事下列可能影响通航安全的水上水下活动,适用本规定:(二)构筑、设置、维修、拆除水上水下构筑物或者设施"和第五条"从事本规定第二条第(一)项至第(九)项的水上水下活动的建设单位、主办单位或者对工程总负责的施工作业者,应当按照《中华人民共和国海事行政许可条件规定》明确的相应条件向活动地的海事管理机构提出申请并报送相应的材料。在取得海事管理机构颁发的《中华人民共和国水上水下活动许可证》后,方可进行相应的水上水下活动"的规定,违法事实清楚,证据充分、确凿。根据《浙江省水路交通行政处罚裁量基准》的规定,当事人的行为造成堵航,违法程度一般。当事人的行为已导致航道堵塞约1小时30分,有35艘船舶被堵,危害程度一般。当事人听证提出"造成的后果比较轻微,且及时

改正违法行为”的理由不成立,且不符合《中华人民共和国行政处罚法》第二十七条和《浙江省交通运输行政处罚裁量权实施办法》(浙交〔2010〕272)规定的可以依法减轻行政处罚的情形。因此,对当事人提出减轻行政处罚的要求建议不予采纳。依据《中华人民共和国水上水下活动通航安全管理规定》第三十三条第(一)项“有下列行为或者情形之一的,海事管理机构应当责令施工作业单位、施工作业的船舶和设施立即停止施工作业,责令限期改正,并处五千元以上三万元以下的罚款。属于内河通航水域水上水下活动的,处五千元以上五万元以下的罚款:(一)应申请许可证而未取得,擅自进行水上水下活动的”的规定,建议给予当事人××市××有限公司罚款人民币壹万元整的行政处罚。

听证主持人签名:×××

听证员签名:×××、×××

201×年6月19日

注:本文书一式两份,一份交上级备案,一份存根。

26.不予受理听证通知书示范文本

××市港口管理局
不予受理听证通知书

案号:浙港政罚—BC〔201×〕×

听证申请人:××市××码头有限公司　　法定代表人(负责人):马六

地址:宁波市兴宁路×号　　联系电话:057×-8123×567

你(单位)关于××市××码头有限公司涉嫌未依法取得港口经营许可证从事港口经营一案,提出举行听证的要求。经审查,本机关认为不符合《中华人民共和国行政处罚法》第四十二条的规定,决定不予受理。理由如下:依据《浙江省人民政府法制办公室关于明确实施行政处罚适用听证程序较大数额罚款标准的函》(浙府法发〔2014〕10号),交通运输系统适用听证数额标准:组织10万元。案号为浙港政罚—BC〔201×〕×的《××市港口管理局行政处罚事先告知书》载明对你公司拟处人民币伍仟元整的行政处罚,该罚款数额少于10万元,不在适用听证数额标准范围内。

你(单位)如不服本通知,可以自收到本通知书之日起60日内,依法向浙江省交通运输厅或××市人民政府申请复议,或者在6个月内直接向××市××区人民法院起诉,但本通知不停止执行,法律另有规定的除外。

××市港口管理局

201×年3月1日

注:本文书一式两份,一份交听证申请人,一份存根。

27.听证公告示范文本

听 证 公 告

案号:浙地海罚—FC〔201×〕×

根据《中华人民共和国行政处罚法》的规定,本机关决定于201×年 6 月 19 日 9 时 30 分,在浙江省××市地方海事处六楼会议室就××市××有限公司涉嫌应申请许可证而未取得,擅自进行水上水下活动一案公开举行听证。

欢迎有关公民、法人或者其他组织的代表于201×年 6 月 18 日前向浙江省××市地方海事处提出书面申请。

请申请参加听证的人员、法人或者其他组织的代表于201×年 6 月 10 日至 6 月 18 日(每天 9 时至 17 时)持身份证件或者单位介绍信到浙江省××市地方海事处法制科向本机关办理听证报名手续。

参加本次听证须知:

1.全体参会人员凭身份证件或者单位介绍信入场参加听证,未经许可不得录音、摄像、摄影;

2.请提前10分钟进入会场,听证期间请关闭手机等通信工具;

3.保持会场整洁,不准吸烟、随地吐痰和乱扔果屑,不得随意走动和进入听证区域,旁听人员不得提问和发言,不得鼓掌、喧哗、吵闹或进行其他有碍听证秩序的活动;

4.听证主持人有权制止不遵守秩序的行为,对不听劝告的,责令其退出会场。

特此公告。

联系人:××× 联系电话:057×-××××××××

浙江省××市地方海事处

201×年6月7日

28.案件集体讨论记录示范文本

案件集体讨论记录

案件名称:××市××有限公司涉嫌应申请许可证而未取得,擅自进行水上水下活动案

案号:浙地海罚—FC〔201×〕×

讨论时间:201×年 6 月 20 日 10 时 00 分至 11 时 30 分

地点:××市地方海事处六楼会议室

集体讨论原因:拟处较大数额的罚款

主持人:××× 汇报人:××× 记录人:×××

出席人员姓名及职务:×××、×××、×××、×××、×××、×××、×××、×××、×××

案件简介:包括案件来源、违法事实、情节后果、调查经过、采集的主要证据、法律依据、当事人的意见等。

讨论记录:×××:调查部门先汇报本案调查结论及拟处意见。

×××:处罚部门就当事人的基本情况是否清楚,主体地位是否适格,应处理的单位和个人是否有遗漏;案件事实是否清楚,证据是否确凿、充分;定性是否准确;适用法律、法规、规章是否准确;行政处罚是否适当;办案程序是否合法等发表意见。

×××:法制部门就当事人的基本情况是否清楚,主体地位是否适格,应处理的单位和个人是否有遗漏;案件事实是否清楚,证据是否确凿、充分;定性是否准确;适用法律、法规、规章是否准确;行政处罚是否适当;办案程序是否合法等发表意见。

×××:其他与会人员就本案有关情况发表意见。

×××:分管领导就本案的处罚发表意见。

×××:单位主要领导综合与会人员的意见,决定处罚内容。

结论性意见:××市××有限公司实施的应申请许可证而未获取,擅自进行水上水下活动的行为,违反了《中华人民共和国水上水下活动通航安全管理规定》第二条第(二)项“公民、法人或者其他组织在中华人民共和国内河通航水域或者岸线上和国家管辖海域从事下来可能影响通航安全的水上水下活动,适用本规定:(二)构筑、设置、维修、拆除水上水下构筑物或者设施”和第五条“从事本规定第二条第(一)项至第(九)项的水上水下活动的建设单位、

主办单位或者工程总负责的施工作业者,应当按照《中华人民共和国海事行政许可条件规定》明确的相应条件向活动地的海事管理机构提出申请并报送相应的材料。在取得海事管理机构颁发的《中华人民共和国水上水下活动许可证》后,方可进行相应的水上水下活动"的规定,证据充分、确凿。根据《浙江省水路交通行政处罚裁量基准》的规定,当事人的行为造成堵航,违法程度一般。当事人提出"危害后果轻微",事实上已导致航道堵塞约1小时30分,有35艘船舶被堵;"停止违法行为"、"及时改正违法行为"等理由不符合《中华人民共和国行政处罚法》第二十七条的可以依法减轻行政处罚的情形。对当事人提出的理由建议不予采纳。依据《中华人民共和国水上水下活动通航安全管理规定》第三十三条第(一)项"有下列行为或者情形之一的,海事管理机构应当责令施工作业单位、施工作业的船舶和设施立即停止施工作业,责令限期改正,并处五千元以上三万元以下的罚款。属于内河通航水域水上水下活动的,处五千元以上五万元以下的罚款:(一)应申请许可证而未取得,擅自进行水上水下活动的"的规定,给予当事人××市××有限公司罚款人民币壹万元整的行政处罚。

出席人员签名及日期:×××201×年6月20日、×××201×年6月20日、×××201×年6月20日、×××201×年6月20日、×××201×年6月20日、×××201×年6月20日、×××201×年6月20日、×××201×年6月20日、×××201×年6月20日

29.不予行政处罚决定书示范文本

××市港航管理局
不予行政处罚决定书

浙航政罚—AC〔201×〕×

××市××建设有限公司：

经本机关于201×年 3 月 5 日至201×年 3 月 8 日对你(单位)向航道内倾倒砂石一案进行了调查核实。现已查明,你(单位)存在以下违法事实:201×年 3 月 3 日,你公司用农用拖拉机(车牌×××××,驾驶员张某)运载了砂石废料0.5 立方米,并将其倾倒在京杭运河××桥下方航道内。以现场照片、对公司工程部经理张华的询问笔录、现场笔录为证。

上述事实、行为违反了《浙江省航道管理条例》第二十四条第(二)项“禁止下列侵占、损害航道的行为:(二)向航道内倾倒建筑垃圾、砂石、泥土(浆)以及其他废弃物的”的规定,鉴于你公司的违法行为轻微并于3 月 6 日组织了清理,且没有造成其他危害后果,符合《中华人民共和国行政处罚法》第二十七条第二款的规定,根据《中华人民共和国行政处罚法》第三十八条第一款第(二)项的规定,现决定不予行政处罚。

如对本决定不服,你(单位)可以自收到本决定书之日起60 日内依法向××市交通运输局申请行政复议,或者自收到本决定书之日起 6 个月内依法直接向××市××区人民法院起诉。

××市港航管理局

201×年 3 月 9 日

注:本文书一式两份,一份交当事人,一份存根。

30.行政处罚决定书示范文本

浙江省××市地方海事处
行政处罚决定书

浙地海罚—FC〔201×〕×

当事人:××市××有限公司,法定代表人:王五,职务:总经理,社会信用代码:×××,地址:××市××路××号(根据当事人情况确定。如当事人为法人或其他组织的,应写明该当事人的法定名称、法定代表人或负责人姓名、职务、社会信用代码或组织机构代码、地址等内容;如当事人为公民的,应写明当事人的姓名、性别、身份证号、地址、工作单位等内容)

(立案部分)根据投诉举报,201×年6月2日10时5分,浙江省××市地方海事处执法人员张××、王××在××市袁硖港新塘桥航段进行检查,发现××市××有限公司正在进行拆除新塘桥作业,被堵船舶有35艘。执法人员要求现场负责人李四出示海事管理机构核发的《中华人民共和国水上水下活动许可证》,李四不能出示。(案件来源,一般根据案件发生的过程写,可引用立案审批表的案件基本情况,根据不同案件应进行适当调整,需要保密的除外)201×年6月2日(负责人批准立案的日期),本机关对你(单位)涉嫌应申请许可证而未获取,擅自进行水上水下活动(具体的违法行为名称)的行为予以立案调查。

(违法事实部分)现查明:你(单位)在未经海事管理机构批准并办理《中华人民共和国水上水下活动许可证》的情况下,于201×年6月2日8时开始在××市袁硖港新塘桥航段进行拆除新塘桥作业。9时起发生堵航,最终造成上下游35艘船舶被堵。执法人员到达现场时,你(单位)已停止拆桥作业,并积极采取清理障碍物等恢复通航的措施。该航段于当日10时30分起恢复通航。(陈述违法事实。载明违法行为发生的时间、地点、情节、构成要件、危害后果等内容。具体表述可引用案件处理审批表"以上证据表明"后的文字,并应注意称谓等文字的修改)

(采取措施部分。本机关在查办行政违法行为过程中所采取的措施应当在此处填写,如先行登记保存证据、责令改正等措施)

(证据部分)以上违法事实主要有以下证据证明:(来自证据材料清单)

1.现场笔录1份,证明新塘桥拆桥工程的现场情况和堵航情况;

2.现场照片1份,证明新塘桥拆桥工程的现场情况和堵航情况;

3.现场录像1份,证明新塘桥拆桥工程的现场情况和堵航情况;

4.现场监控录像1份,证明新塘桥拆桥工程的现场情况和堵航情况;

5.对李四的询问笔录1份,证明新塘桥拆桥工程的现场情况和堵航情况以及××市××有限公司未经海事管理机构批准并办理《中华人民共和国水上水下活动许可证》;

第1页 共3页

6.对张×的询问笔录1份,证明新塘桥拆桥工程的现场情况和堵航情况以及××市××有限公司未经海事管理机构批准并办理《中华人民共和国水上水下活动许可证》;

7.××市××有限公司营业执照复印件1份,证明当事人主体资格。

(陈述、申辩及听证部分)本机关于201×年 6 月 5 日依法向你(单位)送达了《政处罚事先告知书》。你(单位)于201×年6月6日向本机关进行了陈述、申辩,对违法事实认定、证据的采用、依据的适用等没有提出异议,对拟做出处罚的意见提出了如下异议:你(单位)的行为造成的后果比较轻微,且及时改正违法行为,故请求在量罚时予以酌情考虑,减轻处罚。**(进行了陈述、申辩的,表述为"对××等提出××",并同时提交了下列证据)**本机关充分听取了你(单位)的意见,并进行了复核。你(单位)于201×年6月7日向本机关提出了举行听证的要求,本机关于201×年6月19日依法举行了公开听证。听证时,你(单位)辩称:

1.×××××××××××××××××××××××××××。

2.×××××××××××××××××××××××××××。

(并同时提交了下列证据)

(对当事人提出的在调查阶段没有掌握的事实和证据,此处还应当叙述调查核实的经过和结论。)

[当事人没有提出听证(陈述、申辩的),表述为"你(单位)明确表示放弃进行陈述、申辩和要求举行听证的权利"或者"你(单位)在法定期限内没有提出陈述、申辩和举行听证的要求"。]

(法律适用和定性部分)本机关认为:你(单位)实施的应申请许可证而未获取,擅自进行水上水下活动**(具体的违法行为名称)**的行为,违反了《中华人民共和国水上水下活动通航安全管理规定》第二条第(二)项"公民、法人或者其他组织在中华人民共和国内河通航水域或者岸线上和国家管辖海域从事下来可能影响通航安全的水上水下活动,适用本规定:(二)构筑、设置、维修、拆除水上水下构筑物或者设施"和第五条"从事本规定第二条第(一)项至第(九)项的水上水下活动的建设单位、主办单位或者工程总负责的施工作业者,应当按照《中华人民共和国海事行政许可条件规定》明确的相应条件向活动地的海事管理机构提出申请并报送相应的材料。在取得海事管理机构颁发的《中华人民共和国水上水下活动许可证》后,方可进行相应的水上水下活动"**(禁止性条款及内容,无禁止性条款的除外,可饮用案件处理审批表调查结论)**的规定,已构成违法。你(单位)的行为已导致航道堵塞约1小时30分,有35艘船舶被堵,危害程度一般。你(单位)陈述、申辩(听证)提出"造成的后果比较轻微,且及时改正违法行为"的理由不成立,且不符合《中华人民共和国行政处罚法》第二十七条和《浙江省交通运输行政处罚裁量权实施办法》(浙交〔2010〕272)规定的可以依法减轻行政处罚的情形。因此,对当事人提出减轻行政处罚的要求建议不予采纳。**(此处表述对当事人异议采纳的理由及依据)[如有从重、从轻、减轻等情形的,在此处陈**

第2页 共3页

述理由依据。例如"鉴于,当事人及时停止违法行为,并主动消除危害后果,根据《中华人民共和国行政处罚法》第二十七条第一款第(一)项和《浙江省交通运输厅行政处罚裁量权实施办法》(浙交〔2010〕272)的规定,符合从轻处罚的要件"。情节理由样板来自《浙江省交通运输行政处罚裁量权实施办法》]

(处罚决定部分)现依据《中华人民共和国水上水下活动通航安全管理规定》第三十三条第(一)项"有下列情形或者之一的,海事管理机构应当责令施工作业单位、施工作业的船舶和设施立即停止施工作业,责令限期改正,并处五千元以上三万元以下的罚款。属于内河通航水域水上水下活动的,处五千元以上五万元以下的罚款:(一)应申请许可证而未获得,擅自进行水上水下活动的"**(处罚性条款及内容)**的规定,参照《浙江省水路交通行政处罚裁量基准》(610125)**(自由裁量基准)**,拟决定对你(单位)做出以下行政处罚:罚款人民币壹万元整。**(处罚内容分项写明)**。

[责令该写作体现在处罚决定书时,写明具体的责令改正内容。如你(单位)违法行为立即予以改正,你(单位)应对违法行为在5日内予以改正。]

(当事人被处以罚款的)你(单位)应自收到本处罚决定书之日起15内将罚款缴至中国工商银行××市支行××分理处(地点:××市××路××号),账号××××××,逾期不缴纳罚款的,依据《中华人民共和国行政处罚法》第五十一条第(一)项规定每日按罚款数额的3%加处罚款。

(当事人被处以扣留、吊销证书的)你(单位)应在收到本处罚决定书之15日内,将(证书名)送交本机关。

(当事人被处以没收船舶的)对被罚没船舶,本机关将依法处理。

你(单位)如不服本处罚决定,可以自收到本处罚决定书之日起60日内向××市交通运输局申请行政复议,或者在6个月内直接向××市人民法院起诉,但本决定不停止执行,法律另有规定的除外。逾期不申请行政复议,不提起行政诉讼又不履行本处罚决定的,本机关将依法申请人民法院强制执行或依照有关规定强制执行。

浙江省××市地方海事处
201×年6月20日

第3页 共3页

31. 当场行政处罚决定书示范文本

浙江省××县港航管理处
当场行政处罚决定书

浙地海罚—EA〔201×〕×

当事人:陈三　　　　性别:男

身份证号:××××××××××××××××××

法定代表人(负责人):　　　职务:　　　电话:0572-×××××××

地址邮编:××市××县××镇××村7号　××××××

201×年1月19日12:30时,你(单位)在京杭运河××大桥东侧约50米处因未如实填写运输单证的行为,违反了《浙江省水路运输管理条例》第二十五条第一款第(　　)项和《　　　　》第　　条第　　款第(　　)项的规定,事实确凿。本机关执法人员在做出当场处罚决定之前当场向你(单位)告知了违法事实、处罚理由、依据和你(单位)依法享有陈述申辩、申请回避的权利。

当事人意见及签名日期:对此,我没有陈述申辩意见,不申请回避。

陈三　201×年1月19日

现依据《浙江省水路运输管理条例》第四十六条第　　款第(五)项和《　　　　》第　　条第　　款第(　　)项的规定,本机关决定对你(单位)处以下行政处罚:□警告☑罚款人民币零千零百伍拾零元整。

你(单位)应对违法行为立即予以改正。罚款缴纳方式:自收到本处罚决定书之日起15日内将罚款缴至中国工商银行××县分行,账号×××××。

如你(单位)不服本处罚决定,可以自收到本决定书之日起60日内,依法向××县交通局申请行政复议,或者自收到本决定书之日起6个月内直接向××县人民法院起诉,但本决定不停止执行,法律另有规定的除外。逾期不申请行政复议、不提起行政诉讼又不履行的,本机关将依法申请人民法院强制执行或者依照有关规定强制执行。

执法人员签名及执法证号:×××,×××××××;×××,×××××××

当事人意见及签名、时间:要求当场缴纳罚款。

陈三　201×年1月19日13时10分

浙江省××县港航管理处

201×年1月19日

32.责令改正通知书示范文本

浙江省××市地方海事处
责令改正通知书

浙地海罚—FC〔201×〕×

××市××有限公司:

经检(调)查,你(单位)存在下列问题:1.在未经海事管理机构批准并办理《中华人民共和国水上水下活动许可证》的情况下,你公司于201×年6月2日8时开始在××市袁硖港新塘桥航段进行拆除新塘桥作业,使上下游35艘船舶滞留,造成堵航。你公司的行为违反了《中华人民共和国水上水下活动通航安全管理规定》第二条第(二)项和第五条的规定。根据《中华人民共和国水上水下活动通航安全管理规定》第三十三条的规定,现责令你(单位)对上述第1项问题立即改正;对第__项问于______年__月__日前整改完毕。

修改内容和要求如下:

1.你公司应当立即停止施工作业,清除碍航物,恢复航道正常通航;

2.你公司应当按照《中华人民共和国海事行政许可条件规定》明确的相应条件向浙江省××市地方海事处提出申请并报送相应的材料。在取得《中华人民共和国水上水下活动许可证》后,方可进行相应的施工作业。

被责令改正人签名及时间:××××××××

执法人员签名及执法证号:××××××××

本机关地址:××市××路××号

联系人及电话:×××　057×-××××××××

浙江省××市地方海事处

201×年6月2日

注:本文书一式两份,一份交当事人,一份存根。

33.文书送达回证示范文本

文书送达回证

浙地海罚—FC〔201×〕×

送达机关名称(盖章):浙江省××市地方海事处

案件名称	×市××有限公司应申请许可证而未获取,擅自进行水上水下活动案		
送达文书名称及文号	浙江省××市地方海事处行政处罚决定书(浙地海罚—FC〔201×〕×)		
受送达人	××市××有限公司		
送达地点	××市××路××号4楼403办公室		
送达方式	直接送达		
收件人签名或盖章	王五	收件日期	201×年6月19日16时30分
送件人签名或盖章	××× ×××	送达日期	201×年6月19日16时30分
见证人签名或盖章		见证日期	
见证人签名或盖章		见证日期	
备注	王五系××市××有限公司法定代表人,任总经理。		

注:1.文书应当直接送交受送达人。受送达人为公民的,交其本人,本人不在交其同住的成年家属签收;受送达人为法人或其他组织的,由法人的法定代表人、其他组织的主要负责人或其负责收件的人签收。除公民本人(公民为受送达人)签收的情况之外,其他情况均应在备注栏内写明签收人与受送达人的关系。

2.受送达人已指定代收人,交代收人签收,但应注明其与受送达人的关系。

3.留置送达须在送达回证上写明拒收事由和日期,由送达人、见证人签名或盖章;委托送达须附上委托书;邮寄和公告送达的,须附有关邮寄凭证、公告原件。

34.文书送达公告示范文本

××市港航管理局
文书送达公告

×××:

你(单位)因无有效水路运输经营许可证从事经营活动一案,本机关已于201×年6月5日做出行政处罚决定书(案号:浙运政罚—AC〔201×〕×)。该行政处罚文书的内容如下:当事人×××因无有效水路运输经营许可证于201×年1月1日至2月20日从事经营活动的行为违反了《浙江省水路运输管理条例》第十四条第一款“取得水路运输许可证或者水路运输服务许可证的单位或者个人,凭证向当地工商行政管理部门申请营业登记,经核准领取营业执照后,方可开业”的规定,依据《浙江省水路运输管理条例》第四十一条“违反本条例规定,无有效水路运输服务许可证从事经营活动的,由港航管理机构责令停止经营,没收违法所得,并处违法所得一倍以上三倍以下罚款;没有违法所得或者违法所得无法查清的,对个人处五千元以上三万元以下罚款,对单位处三万元以上二十万元以下罚款”的规定,本机关对你做出没收违法所得人民币伍仟元整,并处人民币伍仟元整的罚款的行政处罚。

因无法与你取得联系,无法送达你(单位),特此公告送达。

此公告自发布之日起,经过60日,即视为送达。你(单位)对本行政处罚决定不服的,可以自送达之日起60日内向××市交通运输局申请行政复议或者3个月内向××市××区人民法院提起行政诉讼。

你(单位)逾期不申请行政复议、不提起行政诉讼,又不履行义务的,本机关将申请人民法院强制执行或依法强制执行。

本机关地址:××市××路××号　　　　邮编:31001×

联系人及电话:×××　057×-12345678

××市港航管理局

201×年6月12日

35.罚没物品处理记录示范文本

罚没物品处理记录

浙地海罚—AG〔201×〕×

处理机关名称(印章):浙江省××市××地方海事处

处理时间:201×年 1 月 2 日 10 时 30 分

处理地点:××市××区××

处理物品执行人:×××、×××、×××

记录人:×××　　　见证人(监销人):×××

处理物品原持有人:×××

处理物品清单:

序号	处理物品名称	数量	规格
1	××船舶	1 艘	×××

处理物品的原行政处罚决定书及文号:浙江省××市××地方海事处行政处罚决定书(浙地海罚—AG〔201×〕×)

处理理由及依据:**(填写处理依据)**

处理方式及处理结果:对原为××所有的××船舶 1 艘依据××××××进行切割拆解处理,切割后的废铁交由××。[**三项内容:第一:处理标的(物品)名称、数量;第二,简要经过;第三,处理结果**]

执行人员签名:×××、×××、×××　　　201×年 1 月 2 日

见证人或监销人员签名:×××　　　201×年 1 月 2 日

批准机关负责人签名:×××　　　201×年 1 月 2 日

36.分期(延期)缴纳罚款申请书示范文本

分期(延期)缴纳罚款申请书

<table>
<tr><td>案件名称</td><td colspan="3">××超载运输货物案</td></tr>
<tr><td>处罚决定书文号</td><td colspan="3">浙地海罚—AC〔201×〕×</td></tr>
<tr><td>当事人</td><td>王一</td><td>联系方式</td><td>057×-82312345</td></tr>
<tr><td>违法事实及处罚决定</td><td colspan="3">我经营的××船舶,201×年9月5日,从××运载煤炭800吨前往××,实际吃水线已超过船舶载重线,9月5日15时45分在××处与××船发生碰撞,事故等级为大事故,双方付同等责任。因此,被你局处以罚款人民币伍万元整的行政处罚。</td></tr>
<tr><td>申请延期(分期)缴纳罚款的理由</td><td colspan="3">我是贷款跑运输的,眼前身边没有现金,货款也要等11月18日才能拿到,因此,申请延期到11月18日缴纳罚款。
申请人或其代理人签名或盖章:王一
申请日期:201×年9月19日</td></tr>
<tr><td>执法人员意见</td><td colspan="3">建议准予申请人延期到11月18日缴纳罚款。
执法人员签名:×××、×××
201×年9月19日</td></tr>
<tr><td>行政执法机关审批意见</td><td colspan="3">同意申请人延期201×年11月18日缴纳罚款。
负责人签名:×××
201×年9月19日</td></tr>
</table>

注:申请书需附书面证明材料。

37.同意分期(延期)缴纳罚款通知书示范文本

浙江省××市地方海事局
同意分期(延期)缴纳罚款通知书

王一:

201×年9月18日,本机关对你(单位)送达了浙地海罚—AC〔201×〕×《行政处罚决定书》,做出了对你(单位)罚款人民币伍万元整(大写)的处罚决定。根据你(单位)的申请,本机关依据《中华人民共和国行政处罚法》第五十二条的规定,同意你(单位):

延期缴纳罚款。延长至201×年11月18日止。

代收机构以本批准书为据,办理收款手续。

逾期缴纳罚款的,依据《中华人民共和国行政处罚法》第五十一条第(一)项的规定,每日按罚款数额的3%加处罚款。加处的罚款由代收机构直接收缴。

浙江省××市地方海事局

201×年9月19日

注:本文书一式两份,一份交当事人,一份存根。

38.不予分期(延期)缴纳罚款通知书示范文本

浙江省××市地方海事局
不予分期(延期)缴纳罚款通知书

张三:

201×年8月10日,本机关对你(单位)送达了浙地海罚—AG〔201×〕×《行政处罚决定书》,做出了对你(单位)款人民币壹万元整(大写)的处罚决定。你(单位)于201×年8月10日提出了分期(延期)缴纳罚款申请。

由于你经济较好,完全有能力即时支付罚款,因此,本机关认为你(单位)的申请不符合《中华人民共和国行政处罚法》第五十二条的规定,不同意你(单位)分期(延期)缴纳罚款。

逾期缴纳罚款的,依据《中华人民共和国行政处罚法》第五十一条第(一)项的规定,每日按罚款数额的3%加处罚款。加处的罚款由代收机构直接收缴。

浙江省××市地方海事局

201×年8月11日

注:本文书一式两份,一份交当事人,一份存根。

39.行政处罚结案报告示范文本

行政处罚结案报告

浙地海罚—FC〔201×〕×

<table>
<tr><td>案件名称</td><td colspan="8">××市××有限公司应申请许可证而未获取,擅自进行水上水下活动案</td><td colspan="2">案件来源</td><td>投诉举报</td></tr>
<tr><td rowspan="5">当事人信息</td><td rowspan="2">公民</td><td></td><td>性别</td><td colspan="2"></td><td>年龄</td><td colspan="2"></td><td colspan="2">身份证号</td><td></td></tr>
<tr><td colspan="2">工作单位</td><td colspan="8"></td></tr>
<tr><td rowspan="2">单位</td><td colspan="5">××市××有限公司</td><td colspan="3">社会信用代码</td><td colspan="2">××××</td></tr>
<tr><td colspan="3">法定代表人
(负责人)</td><td colspan="2">王五</td><td colspan="3">职务</td><td colspan="2">总经理</td></tr>
<tr><td>地址
邮编</td><td colspan="5">××市××路××号 31440×</td><td colspan="3">电话</td><td colspan="2">057×-12345678</td></tr>
<tr><td colspan="2">发案时间</td><td colspan="5">201×年6月2日10时5分</td><td colspan="3">案发地点</td><td colspan="2">××市袁硖港新塘桥</td></tr>
<tr><td colspan="2">立案时间</td><td colspan="5">201×年6月2日</td><td colspan="3">案件承办人</td><td colspan="2">张××、李××</td></tr>
<tr><td colspan="2">处理决定</td><td colspan="10">1.责令当事人立即停止施工作业,清除碍航物,恢复航道正常通航;当事人应当按照《中华人民共和国海事行政许可条件规定》明确的相应条件向浙江省海宁市地方海事处提出申请并报送相应的材料。在取得《中华人民共和国水上水下活动许可证》后,方可进行相应的施工作业。
2.给予当事人海宁市华山建设有限公司罚款人民币壹万元整的行政处罚。</td></tr>
<tr><td colspan="2">执行情况</td><td colspan="10">当事人已履行了法定的义务,缴清罚款。当事人已于×月×日向我处申请并办毕《中华人民共和国水上水下活动许可证》。本案处理完毕,建议结案。
执法人员签名:×××、××× 201×年6月25日</td></tr>
<tr><td colspan="2">执法机关审批意见</td><td colspan="10">同意结案归档。
负责人签名:××× 201×年6月26日</td></tr>
</table>

40.重大行政处罚案件报备表示范文本

重大行政处罚案件报备表

<table>
<tr><td>案件名称</td><td colspan="3">××市××有限公司应申请许可证而未获取,擅自进行水上水下活动案</td></tr>
<tr><td>案号</td><td>浙地海罚—FC〔201×〕×</td><td>当事人</td><td>××市××有限公司</td></tr>
<tr><td>处罚种类</td><td>罚款</td><td>处罚日期</td><td>201×年 6 月 20 日</td></tr>
<tr><td>备案时间</td><td>201×年 6 月 24 日</td><td>执法单位</td><td>浙江省××市地方海事处</td></tr>
<tr><td>案件调查处理经过及结果</td><td colspan="3">(此处摘引处罚决定书的主要内容及执行情况。)</td></tr>
<tr><td>备案意见</td><td colspan="3"></td></tr>
</table>

41.案件移送函示范文本

浙江省××市××地方海事处
案件移送函

浙地海罚—AG〔201×〕×

××市公安局××分局：

本机关于201×年3月3日对张××涉嫌未取得适任证件或者其他适任证件擅自从事船舶航行一案立案调查，遭调查中发现，3月3日，张××驾驶船舶浙货××从余杭驶至萧山，该船舶的所有人是王××，本航次张××未取得王××同意，系偷开，此案超出被机关管辖范围。

依照《中华人民共和国行政处罚法》第二十条和《中华人民共和国治安管理处罚法》第六十四条第(二)项规定，显见该案移送你单位处理。

附：

1.案件有关材料3件

(1)对××的询问笔录；

(2)浙货××照片；

(3)浙货××的船舶国籍证书复印件。

2.移送案件涉案物品清单

浙江省××市××地方海事处

201×年3月10日

联系人：×××　　　　　　电话：×××××××××

注：本文书一式两份，一份交主送单位，一份存根。

42.移送案件涉案物品清单示范文本

移送案件涉案物品清单

移送单位(公章):浙江省××市××地方海事处

名称	数量	品级	规格	型号	形态	备注
船舶	1	500总吨	钢质散货船			浙货××
以下空白						

移送案件接收人:×××　　　　201×年6月10日

移送案件移送人:××××××　　　　201×年6月10日

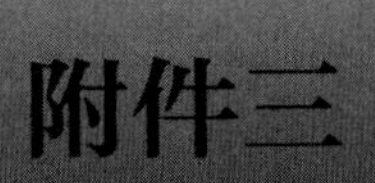

附件三　浙江省水路交通行政强制文书范本

目　录

1.行政强制审批表示范文本

行政强制审批表

案号:浙航政强—FF〔201×〕×

<table>
<tr><td colspan="2">案由</td><td colspan="7">张三拆除违反航道通航条件影响评价的规定建成的项目</td></tr>
<tr><td rowspan="5">当事人信息</td><td rowspan="2">公民</td><td>张三</td><td>性别</td><td>男</td><td>年龄</td><td>39</td><td>身份证号</td><td>按身份证填写</td></tr>
<tr><td>工作单位</td><td colspan="6">嘉兴市××有限公司</td></tr>
<tr><td rowspan="2">单位</td><td colspan="4"></td><td colspan="2">社会信用代码</td><td></td></tr>
<tr><td colspan="2">法定代表人(负责人)</td><td colspan="2"></td><td colspan="2">职务</td><td></td></tr>
<tr><td>地址
邮编</td><td colspan="5">××市××小区 9 幢 1 单元 301 室
33040×</td><td>电话</td><td>填写当事人
的手机号码</td></tr>
<tr><td colspan="2">审批
事项</td><td colspan="7">□查封场所、设施或者财物 □扣押财物 □其他行政强制措施:
□延长查封扣押期限 □解除行政强制措施
□加处罚款 √代履行 □排除妨碍、恢复原状
□拍卖或者依法处理查封、扣押的场所、设施或者财物
□其他强制执行方式:
□中止执行□终止执行□执行协议□恢复执行□申请人民法院执行</td></tr>
<tr><td colspan="2">事实
理由</td><td colspan="7">1.采取行政强制措施,填写具体事实、造成或可能造成的后果及相关证据等内容。2.延长查封、扣押期限,填写案件的基本情况及延长期限的理由等内容。3.解除行政强制措施,填写解除的理由。4.实施行政强制执行,填写依法做出的行政决定、当事人履行情况、催告情况、造成或可能造成后果等内容。5.申请人民法院强制执行,填写行政决定已生效且具有可执行的内容、当事人在法定期限内不申请行政复议或者提起行政诉讼、当事人在法定期限内不履行行政决定、本机关没有行政强制执行权、当事人是行政决定所确定的义务人、申请强制执行申请期限符合要求等内容。</td></tr>
<tr><td colspan="2">依据</td><td colspan="7">《中华人民共和国行政强制法》第五十条、《中华人民共和国航道法》第三十九第三款</td></tr>
<tr><td colspan="9">承办人意见:
(此处填写"拟对强制对象采取的行政强制内容",并建议由谁执行,费用如何承担)
签名:张××、王×× 日期:201×年 4 月 15 日</td></tr>
<tr><td colspan="9">法制部门审核意见(如需):
对事实理由、依据、意见等进行审核并提出具体的意见。
签名:宋×× 日期:201×年 4 月 15 日</td></tr>
<tr><td colspan="9">负责人审批意见:
同意。由××市××有限公司在 2016 年 4 月 16 日代为拆除张三违建的电缆线,拆除费用由张三承担。签名:余××(需特别注意审批权限,如查封等必须由单位主要负责人批准)
日期:201×年 4 月 15 日</td></tr>
<tr><td colspan="9">备注:</td></tr>
</table>

2.行政强制措施决定书示范文本

浙江省××市港航管理局
行政强制措施决定书

案号:浙港政强—FF〔201×〕×

当事人:××市××有限公司

地　址:××市某某路×××号××大楼××××室

经查,你(单位)涉嫌违法储存危险化学品,依据《中华人民共和国安全生产法》第六十二条第一款第(四)项、《危险化学品安全管理条例》第七条第一款第(四)项、《港口危险货物安全管理规定》第四十八条第一款第(五)项之规定,现决定对你(单位)的××市××有限公司××储罐[附证编号:(浙嘉)港经证(000×)号—C00×]予以查封,对××市××有限公司××储罐[附证编号:(浙嘉)港经证(000×)号—C00×]储存的××(×吨)予以扣押。

查封(扣押)期限为30日,自201×年3月2日起至201×年3月31日止。如因检测、检验、检疫或者技术鉴定需要顺延期限的,或因情况复杂依法需要延长期限的,本机关将另行书面告知。在查封(扣押)期限内,你(单位)不得使用××市××有限公司××储罐[附证编号:(浙嘉)港经证(000×)号—C00×],不得使用、销售、转移、损毁、隐匿××市××有限公司××储罐[附证编号:(浙嘉)港经证(000×)号—C00×]储存的××(×吨)。

扣押物品存放地点:××市××有限公司××储罐(附证编号:(浙嘉)港经证(000×)号—C00×)。

如不服本决定,你(单位)可以在收到本决定书之日起六十日内向××市交通运输局申请行政复议;也可以在六个月内直接向××市××区人民法院提起行政诉讼。

附件:扣押物品清单

浙江省××市港航管理局

201×年3月1日

执法机关地址:浙江省××市某某路×××号

联系人和联系电话:张××、王××,057×-1234××××

注:本决定书一式三份,一份交当事人,一份存档;如由第三人保管,增加一份给第三人。

3.查封/扣押/退还物品清单示范文本

浙江省××市港航管理局
扣押物品清单

案号:浙港政强—FF〔201×〕×

行政强制措施决定书名称及文号:××市港航管理局行政强制措施决定书(浙港政强—FF〔201×〕×)

序号	物品名称	规格型号	数量	物品特征	备注
1	××		×吨	液态	
	以下无正文				

当事人签字:以上内容经核对无误。林××201×年3月1日
见证人签字: 年 月 日
执法人员签字:张×× 执法证号:0600××××
执法人员签字:王×× 执法证号:0600××××
联系电话:057×-8213××××

浙江省××市港航管理局
201×年3月1日

注:本清单一式三份,一份交当事人,一份存档;如由第三人保管,增加一份给第三人。

4.行政强制措施现场笔录示范文本

行政强制措施现场笔录

时间:201×年×月×日××时00分至××时30分。

地点:××市××有限公司××储罐　　记录人:王××

当事人:××市××有限公司　　公民身份号码:

法定代表人(负责人):董××

地址:××市×××路×××号××大楼××××室　　联系电话:一般填手机号码

见证人:　　公民身份号码:

单位或者住址:　　联系电话:

现场情况:××市港航管理局行政执法人员张××、王××在场具体实施行政强制措施,通知××市××有限公司到场,××市××有限公司总经理林某某到场

标的物情况:××市××有限公司××储罐完好,内存××(×吨)

告知事项:我们是××市港航管理局的行政执法人员张××、王××,这是我们的执法证件,执法证号分别是0600××××、0600××××,请你过目确认。经查,你(单位)涉嫌违法储存危险化学品,依据《中华人民共和国安全生产法》第六十二条第一款第(四)项、《危险化学品安全管理条例》第七条第一款第(四)项、《港口危险货物安全管理规定》第四十八条第一款第(五)项规定,现依法对你(单位)的××市××有限公司××储罐[附证编号:(浙嘉)港经证(000×)号—C00×]予以查封,对××市××有限公司××储罐[附证编号:(浙嘉)港经证(000×)号—C00×]储存的××(×吨)予以扣押,请予以配合。你(单位)依法享有陈述、申辩的权利。如不服本决定,你(单位)可以在收到本决定书之日起六十日内向××市交通运输局申请行政复议;也可以在六个月内直接向××市××区人民法院提起行政诉讼。

当事人的陈述、申辩:当事人放弃陈述、申辩权。

现场处理情况:经现场确认,××市××有限公司××储罐储存了××(×吨),该物品不在编号为(浙嘉)港经证(000×)号—C00×的附证许可的范围。在××等处张贴了加盖××市港航管理局印章的封条予以查封。(以下无正文)

当事人签名:林××　　201×年3月1日15时35分

见证人签名:　　年　月　日　时　分

行政执法人员签名:张××、王××201×　　年3月1日15时35分

5.查封(扣押)告知书示范文本

浙江省××市港航管理局
查封(扣押)告知书

案号:浙港政强—FF〔201×〕×

××市××有限公司:

现因案件情况复杂,(填写具体理由),依据《中华人民共和国行政强制法》第二十五条第一款的规定,经本机关负责人批准,决定延长《行政强制措施决定书》(案号:浙港政强—FF〔201×〕×)中的查封(扣押)期限。延长期限为5日,自201×年4月1日起至201×年4月5日止。

特此告知。

浙江省××市港航管理局

201×年3月31日

6.解除查封(扣押)决定书示范文本

浙江省××市港航管理局
解除查封(扣押)决定书

案号:浙港政强—FF〔201×〕×

当事人:××市××有限公司

地　址:××市某某路×××号××大楼××××室

本机关于201×年3月1日,对你(单位)做出了《行政强制措施决定书》(案号:浙港政强—FF〔201×〕×)。现因:

□当事人没有违法行为;

□查封、扣押的场所、设施或者财物与违法行为无关;

√本机关对违法行为已经做出处理,不再需要查封、扣押;

□查封、扣押期限已经届满;

□其他不再需要采取查封、扣押措施的情形:

根据《中华人民共和国行政强制法》第二十八条的有关规定,决定对你(单位)被查封(扣押)的××市××有限公司××储罐[附证编号:(浙嘉)港经证(000×)号—C00×]及其储存的××(×吨),自2016年4月6日起依法予以全部解除行政强制措施。其中对你(单位)的××(×吨)(详见《退还物品清单》)予以退还。如有异议,可及时与本机关取得联系,以便妥善处理。

联系人:张××　　　　联系电话:057×-8213××××

浙江省××市港航管理局

201×年4月6日

注:本决定书一份交当事人,一份存档;如由第三人保管,增加一份给第三人。

7.催告书示范文本

浙江省××市港航管理局
催告书

案号:浙航政强—FF〔201×〕×

张三:

因你违反航道通航条件影响评价的规定在××处跨航道架设电缆线,损害了航道通航条件,本机关依据《中华人民共和国航道法》第三十九条第三款的规定,于20××年×月×日对你做出《责令改正通知书》(浙航政罚—FF〔201×〕×),要求你于20××年×月×日前,拆除在××处跨航道架设的电缆线,而你至今未履行该义务。

现依据《中华人民共和国行政强制法》第三十五条的规定,特做如下催告:

1.请你于本催告书送达之日起5日内履行上述义务,如对履行该义务有陈述、申辩意见,请在该期限内向本机关提出。

2.无正当理由,逾期仍不履行该义务的,本机关将依法决定行政强制执行。

浙江省××市港航管理局

201×年4月1日

执法机关地址:浙江省××市某某路×××号

联系人和联系电话:张×× 0573-8213××××

注:本催告书一式两份,一份交当事人,一份存档。

8.代履行决定书示范文本

浙江省××市港航管理局
代履行决定书

案号:浙航政强—FF〔201×〕×

当事人:张三

地　址:××市××小区×幢×单元×××室

因你违反航道通航条件影响评价的规定在××处跨航道架设电缆线,损害了航道通航条件,本机关于20××年×月×日对你做出《责令改正通知书》(浙航政罚—FF〔2016〕1),要求你于20××年×月×日前拆除在××处跨航道架设的电缆线。你未在规定期限内履行上述义务,本机关于20××年×月×日做出《催告书》(浙航政强—FF〔201×〕×),经催告后你仍未履行。

鉴于你拒不履行拆除在××处跨航道架设的电缆线的后果导致航道通航条件严重下降,已经危害交通安全,根据《中华人民共和国行政强制法》第五十条以及《中华人民共和国航道法》第三十九条第三款,决定由××市××有限公司代履行。

代履行的方式为拆除。

代履行的时间为20××年×月××日。

代履行的标的为在××处跨航道架设的电缆线。

代履行费用预算为××元(附预算清单)。依据《中华人民共和国行政强制法》第五十一条第二款的规定,代履行费用全部由你承担。

代履行人联系人及电话:王五137××××××××

如不服本决定,你可以在收到本决定书之日起六十日内向××市交通运输局申请行政复议,或者在六个月内依法向××市××区人民法院提起行政诉讼。

浙江省××市港航管理局

201×年4月15日

注:本决定书一式三份,一份交当事人,一份交代履行人,一份存档。

9.立即代履行事后通知书示范文本

浙江省××市港航管理局
立即代履行事后通知书

案号:浙港政强—FF〔201×〕×

当事人:马六

地　址:××市××镇××村

因20××年×月×日×时××分,你经营的浙×船通过××码头前沿水域时,货物××落入港口水域,严重影响了航行安全,需要立即清除。你未发现货物遗落的情况,已驾离现场。本机关根据《中华人民共和国行政强制法》第五十二条以及《浙江省港口管理条例》第三十九条第二款的规定,已决定由×××立即代履行,代履行费用为人民币贰仟元整(附费用清单)。根据《中华人民共和国行政强制法》第五十一条之规定,代履行费用全部由你承担。

如不服本决定,你可以在收到本决定书之日起六十日内向××市交通运输局申请行政复议,或者在六个月内依法向××市××区人民法院提起行政诉讼。

浙江省××市港航管理局

201×年×月×日

执法机关地址:浙江省××市××路×××号

联系人和联系电话:张××、王××　057×-××××××××

注:本决定书一式三份,一份交当事人,一份交代履行人,一份存档。

10.行政强制执行现场笔录示范文本

行政强制执行现场笔录

时间:201×年4月16日13时00分至14时12分。

地点:××(××大桥下游125米处)　　记录人:张××

当事人:张三　　公民身份号码:按身份证填写

法定代表人(负责人):

地址:××市××小区×幢×单元×××室　　联系电话:填当事人的手机号码

见证人:李四　　公民身份号码:按身份证填写

单位或者住址:××市××镇××村　　联系电话:填见证人的手机号码

现场情况记录:我们是××市港航管理局的行政执法人员张××、王××,这是我们的执法证件,执法证号分别是0600××××、0600××××,请张三、李四过目确认。此次行政强制执行,我们邀请了所在地××市××镇××村支部书记李四到场见证。××市××有限公司副总经理吕××现场指挥施工人员吴××、黄××对电缆线进行了拆除,恢复了航道原状。拆除的电缆线交由张三处置。此次行政强制执行过程中,当事人张三全程在场,配合较好。(以下无正文)

当事人签名:张三　　201×年4月16日14时15分

见证人签名:李四　　201×年4月16日14时15分

行政执法人员签名:张××、王××　　201×年4月16日14时15分

参 考 文 献

[1] 赵晓光,何建中,宋德星. 国内水路运输管理条例释义[M]. 北京:人民交通出版社,2012.

[2] 交通运输部水运科学研究院安全与应急技术研究中心. 港口危险货物安全管理与安全技术[M]. 北京:人民交通出版社,2013.

[3] 交通运输部职业资格中心. 港口散装固体危险化学品[M]. 北京:人民交通出版社股份有限公司,2016.

[4] 郭子坚. 港口规划与布置[M]. 北京:人民交通出版社,2011.

[5] 全国人大常委会法制工作委员会. 中华人民共和国航道法释义[M]. 北京:法律出版社,2015.

[6] 中华人民共和国海事局. 通航管理[M]. 北京:人民交通出版社,2006.

[7] 中华人民共和国海事局. 船舶管理[M]. 北京:人民交通出版社,2006.

[8] 中华人民共和国海事局. 船员管理[M]. 北京:人民交通出版社,2006.

[9] 吴丽华. 航道整治[M]. 北京:人民交通出版社股份有限公司,2015.

[10] 重庆市港航管理局. 重庆市交通执法人员培训教案——港航管理[R]. 2014.

[11] 中华人民共和国交通运输部海事局. 海事执法业务流程[R]. 2015.

[12] 赵刚,李玉如,顾伟红. 国际航运管理[M]. 大连:大连海事大学出版社,2008.

[13] 浙江省港航管理局. 浙江省水路交通行政处罚工作指南[M]. 杭州:浙江人民出版社,2012.

[14] 交通运输部政策法规司. 交通运输行政执法程序与文书实务[M]. 北京:人民交通出版社,2012.